Transtornos de Comportamento na Infância
Estudo de Casos

Dados Internacionais de Catalogação na Publicação (CIP)
(Câmara Brasileira do Livro, SP, Brasil)

Kearney, Christopher A.
  Transtornos de comportamento na infância : estudo de casos / Christopher A. Kearney ; traducão All Tasks ; revisão técnica Márcia Helena da Silva Melo -- São Paulo: Cengage Learning, 2012.

  Título original: Casebook in child behavior disorders.
  4. ed. norte-americana
  Bibliografia
  ISBN 978-85-221-1096-4

  1. Comportamento humano 2. Psicologia clínica - Estudo de casos 3. Psicologia infantil - Estudos de casos I. Título.

11-02295   CDD-155.40722

Índice para catálogo sistemático:

  1. Psicologia clínica comportamental infantil : Estudo de casos   155.40722

Transtornos de Comportamento na Infância

Estudo de Casos

Tradução da 4ª edição norte-americana

Christopher A. Kearney
University of Nevada, Las Vegas

Tradução
All Tasks

Revisão Técnica
Márcia Helena da Silva Melo

Doutora em psicologia clínica. Docente da graduação e do programa de pós-graduação em psicologia clínica da Universidade de São Paulo. Supervisora na prática clínica infantil.

CENGAGE Learning

Austrália • Brasil • Japão • Coreia • México • Cingapura • Espanha • Reino Unido • Estados Unidos

CENGAGE Learning

Transtornos de comportamento na infância – Estudo de casos

Christopher A. Kearney

Gerente editorial: Patricia La Rosa

Editor de Desenvolvimento: Fábio Gonçalves

Supervisora de Produção Gráfica e Editorial: Fabiana Alencar Albuquerque

Pesquisa iconográfica: Graciela Naliati Araújo

Título original: Casebook in Child Behavior Disorders – 4th edition

ISBN 13: 978-1-4390-4146-8

ISBN 10: 0-4390-4146-6

Tradução: All Tasks

Revisão Técnica: Márcia Melo Bertolla

Copidesque: Maria Alice da Costa

Revisão: Rinaldo Milesi e Marcelo da Silva Albuquerque

Diagramação: All Tasks

Capa: Estúdio Bogari

© 2012 Cengage Learning. Todos os direitos reservados.

Todos os direitos reservados. Nenhuma parte deste livro poderá ser reproduzida, sejam quais forem os meios empregados, sem a permissão, por escrito, da Editora. Aos infratores aplicam-se as sanções previstas nos artigos 102, 104, 106 e 107 da Lei nº 9.610, de 19 de fevereiro de 1998.

Para informações sobre nossos produtos, entre em contato pelo telefone **0800 11 19 39**

Para permissão de uso de material desta obra, envie pedido para **direitosautorais@cengage.com**

© 2012 de Cengage Learning. Todos os direitos reservados.

ISBN 13: 978-85-221-1096-4
ISBN 10: 85-221-1096-4

Cengage Learning
Condomínio E-Business Park
Rua Werner Siemens, 111– Prédio 20 – Espaço 04
Lapa de Baixo – CEP 05069-900
São Paulo-SP
Tel.: (11) 3665-9900
Fax: (11) 3665-9901
SAC: 0800 11 19 39

Para suas soluções de curso e aprendizado, visite
www.cengage.com.br

Impresso no Brasil.
Printed in Brazil.
1 2 3 4 5 6 7 13 12 11 10 09

Aos meus clientes e alunos

Sumário

Prefácio XI
Capítulo 1 – Caso misto 1 1
Sintomas 1
Avaliação 4
Fatores de risco e variáveis mantenedoras 6
Aspectos do desenvolvimento 8
Tratamento 11
Questões para discussão 13

Capítulo 2 – Ansiedade e retraimento social 15
Sintomas 15
Avaliação 17
Fatores de risco e variáveis mantenedoras 20
Aspectos do desenvolvimento 22
Tratamento 25
Questões para discussão 27

Capítulo 3 – Depressão 29
Sintomas 29
Avaliação 31
Fatores de risco e variáveis mantenedoras 34
Aspectos do desenvolvimento 37
Tratamento 39
Questões para discussão 41

Capítulo 4 – Transtorno bipolar com início precoce 43
Sintomas 43
Avaliação 45

Fatores de risco e variáveis mantenedoras 48

Aspectos do desenvolvimento 50

Tratamento 53

Questões para discussão 56

Capítulo 5 – Transtornos alimentares 57
Sintomas 57

Avaliação 59

Fatores de risco e variáveis mantenedoras 62

Aspectos do desenvolvimento 65

Tratamento 67

Questões para discussão 70

Capítulo 6 – Transtorno de déficit de atenção/ hiperatividade 71
Sintomas 71

Avaliação 73

Fatores de risco e variáveis mantenedoras 77

Aspectos do desenvolvimento 79

Tratamento 81

Questões para discussão 84

Capítulo 7 – Dificuldade de aprendizagem 85
Sintomas 85

Avaliação 87

Fatores de risco e variáveis mantenedoras 90

Aspectos do desenvolvimento 92

Tratamento 94

Questões para discussão 97

Capítulo 8 – Transtorno de conduta e agressão 99
Sintomas 99

Avaliação 101

Fatores de risco e variáveis mantenedoras 104

Aspectos do desenvolvimento 107

Tratamento 109

Questões para discussão 112

Capítulo 9 – Abuso de substâncias 113
Sintomas 113
Avaliação 115
Fatores de risco e variáveis mantenedoras 118
Aspectos do desenvolvimento 120
Tratamento 123
Questões para discussão 126

Capítulo 10 – Conflito familiar e transtorno desafiador de oposição 127
Sintomas 127
Avaliação 129
Fatores de risco e variáveis mantenedoras 132
Aspectos do desenvolvimento 134
Tratamento 136
Questões para discussão 139

Capítulo 11 – Autismo e retardo mental 141
Sintomas 141
Avaliação 143
Fatores de risco e variáveis mantenedoras 146
Aspectos do desenvolvimento 149
Tratamento 150
Questões para discussão 153

Capítulo 12 – Doença pediátrica/dor 155
Sintomas 155
Avaliação 157
Fatores de risco e variáveis mantenedoras 160
Aspectos do desenvolvimento 162
Tratamento 164
Questões para discussão 166

Capítulo 13 – Efeitos do abuso sexual e transtorno do estresse pós-traumático 169
Sintomas 169
Avaliação 171

Fatores de risco e variáveis mantenedoras 174
Aspectos do desenvolvimento 177
Tratamento 179
Questões para discussão 181

Capítulo 14 – Caso misto 2 183
Sintomas 183
Avaliação 185
Fatores de risco e variáveis mantenedoras 188
Aspectos do desenvolvimento 190
Tratamento 192
Questões para discussão 195

Capítulo 15 – Caso misto 3 197
Sintomas 197
Avaliação 199
Fatores de risco e variáveis mantenedoras 202
Aspectos do desenvolvimento 204
Tratamento 206
Questões para discussão 209

Referências 211
Índice remissivo 231

Prefácio

A explosão do conhecimento sobre os transtornos de comportamento na infância trouxe um grande senso de responsabilidade quanto à avaliação dos problemas que tais transtornos criam para as crianças, pais e todos os que lidam com elas.

Um dos objetivos deste livro, composto de estudo de casos, é sintetizar o pensamento atual sobre os transtornos de comportamento na infância, por meio de casos de crianças específicas e das pessoas mais significativas de seu convívio em casa, na escola e em outros ambientes. Meu objetivo é mostrar o quanto o cotidiano dessas crianças e de suas famílias pode ser doloroso e perturbado.

A amplitude da psicopatologia infantil

O livro apresenta uma grande variedade de casos para ilustrar o *continuum* da psicopatologia nos jovens. Esses casos tratam transtornos de internalização e externalização e sintomas mistos (ou diagnósticos mistos?). Os casos dos capítulos 1, 14 e 15 omitem propositalmente os diagnósticos, de modo que pais, estudantes e profissionais possam discutir as possibilidades. Um estudante pode obter um quadro clínico lendo os sintomas, os principais métodos de avaliação, os fatores de risco e as variáveis mantenedoras, os aspectos do desenvolvimento e as estratégias de tratamento. Esses tópicos fornecem as informações que os profissionais consideram mais importantes quando abordam um caso particular. Cada caso se encerra com questões que estimulam a análise do aluno e as discussões em grupo. A abrangência desses casos reflete-se também no fato de que os sintomas das crianças muitas vezes diferem dos critérios do DSM-IV-TR *(Diagnostic and Statistical Manual for Mental Disorders)* e de que há diferenças substanciais no resultado dos tratamentos.

Casos reais podem ser usados em ambientes diferentes e de modos diferentes

Este livro de estudo de casos foi planejado principalmente para estudantes e recém-formados em psicologia, mas o texto é escrito de modo que alunos de outras disciplinas e com outros interesses possam achá-lo útil e interessante. Os casos baseiam-se em histórias reais ou são compostos por casos atendidos por diferentes profissionais de saúde mental. Nomes e alguns detalhes foram alterados para preservar a privacidade das pessoas envolvidas. Por isso, qualquer semelhança com pessoas reais é mera coincidência.

Uma abordagem empírica

Este livro reflete uma abordagem empírica derivada da orientação familiar sistêmica cognitivo-comportamental. Isso não significa, porém, que outras formas de tratamento não sejam válidas para determinadas populações. Em geral, para resolver de modo bem-sucedido um determinado caso de psicopatologia infantil é necessário recorrer a complexas combinações de intervenções biológicas e de outros tipos.

Capítulo 1
Caso misto 1

Sintomas

Michael Rappoport, um menino branco, de 9 anos, foi levado pelos pais a uma clínica ambulatorial de saúde mental. No momento da avaliação inicial, ele estava na quarta série. Seus pais, Sr. e Sra. Rappoport, descreveram seu comportamento como "difícil" e "indisciplinado". Durante a entrevista de triagem feita por telefone, sua mãe disse que Michael não dava ouvidos nem a ela nem aos professores, ia mal na escola e, às vezes, era agressivo com a irmã de 5 anos. Ela mencionou também o fato de que a família estava vivendo em conflitos e passando por problemas financeiros desde que o pai perdera seu trabalho há várias semanas. A sessão de avaliação foi agendada para aquela mesma semana, mas a família, por três vezes, adiou a data ou não compareceu.

Uma psicóloga especializada em transtornos do comportamento infantil entrevistou Michael e seus pais separadamente. Primeiro, conversou com Michael e o achou educado, sociável e receptivo à maioria das perguntas. Ele contou detalhes sobre seus animais de estimação, time de futebol e amigos da vizinhança. Quando, porém, ela perguntou qual motivo, acreditava ele, o levara à clínica, Michael encolheu os ombros e disse que seus pais não gostavam muito dele. Disse que costumavam gritar com ele e o pai "bate em mim quando me comporto mal". Quando ela perguntou de que modo seu pai batia nele e com que frequência isso ocorria, Michael novamente encolheu os ombros e não respondeu.

A psicóloga perguntou a Michael quais dos seus comportamentos os pais consideravam ruins. Disse que costumava correr e se esconder no quarto quando os pais brigavam, o que era frequente, e que a mãe não gostava de correr pela casa. Ele estava sempre em apuros por não fazer o dever de casa e por tirar notas ruins na escola. Tinha dificuldade na maioria das matérias. Disse também que "não se dava bem" com a irmã mais nova.

Michael queixou-se de seus professores: "gritam comigo por qualquer motivo". A professora sempre o repreendia por não estar sentado em seu lugar, prestando atenção ou terminando seu dever de casa. Disse que a tarefa era difícil demais para ele, principalmente as tarefas de leitura, e que não conseguia concentrar-se nelas. Precisava, em geral, sentar-se perto da professora durante a aula, em razão desses problemas, e quase sempre perdia o recreio para terminar a lição.

A psicóloga percebeu que, à medida que a conversa se voltava para o mau comportamento, Michael tornava-se cada vez mais deprimido e sua interação com ela, mais arredia. Em certo ponto, chorou e disse que muitas vezes sentia-se "sozinho e triste". Sentia-se privado de tempo para ficar com os amigos na escola e que era constrangedor, para ele, levá-los para brincar em casa. Disse que os pais brigavam muito e estava preocupado com o que poderia acontecer no futuro. Negou que tenha pensado em causar mal a si próprio, mas realmente matutava sobre o que pensariam seus pais se ele morresse.

A psicóloga concluiu a entrevista inicial perguntando-lhe o que gostaria de mudar na sua vida. Respondeu que gostaria que o pai saísse de casa por causa das contínuas brigas. Disse também que gostaria de se sair bem na escola e evitar problemas. Ela perguntou a Michael se gostaria de se sentir de outro modo, mas ele simplesmente encolheu os ombros.

A psicóloga entrevistou então o casal. Eles estavam claramente irritados um com o outro. A Sra. Rappoport pediu desculpas por ter adiado a consulta e culpou indiretamente o marido. Como resposta, o Sr. Rappoport revirou os olhos e disse "Vamos continuar com isso". A psicóloga perguntou a ambos o que os levara à clínica. O Sr. Rappoport encolheu os ombros, mas a sua esposa rapidamente enumerou vários problemas relativos a Michael.

A Sra. Rappoport disse que era "impossível controlar" Michael. Ele era conflituoso, impetuoso e desobediente. Queixou-se de que o garoto não seguia as instruções dadas e frequentemente gritava obscenidades quando lhe pedia para fazer alguma coisa. Corria pela casa durante os acessos de birra, o que acontecia quase todos os dias. As birras – gritar, chorar e dar socos em alguma coisa – ocorriam com frequência depois que os pais davam uma ordem ou quando o casal estava "discutindo alguma coisa". Depois desses episódios, Michael acabava em geral em seu quarto ou apanhava do pai. Isso, porém, não era muito eficaz para controlar seu comportamento. Ele estava se tornando muito agressivo com a irmã de 5 anos – fora pego dando tapas no rosto dela em diversas ocasiões. Não podia mais ficar sozinho com ela.

A mãe disse também que Michael estava indo mal na escola. Tinha mau desempenho em quase todas as matérias e dificuldades para ler e soletrar. Isso era um tanto surpreendente, porque o menino havia sido bom aluno até a metade da terceira série (ano anterior). Era difícil controlá-lo na sala de aula, pois fazia muitas birras e reclamava que a tarefa era muito difícil. Recusava-se com frequência a fazer o dever de casa e precisava sentar perto da professora para que ela pudesse controlar melhor seu comportamento. Os problemas escolares e de mau comportamento haviam piorado tanto, que sua professora, a Sra. Greco, sugerira que ele fosse encaminhado à educação especial. Entretanto, o casal opusera-se firmemente a essa sugestão.

A Sra. Rappoport terminou seus comentários dizendo que Michael estava sempre de mau humor e seu comportamento, às vezes, era "estranho". Quase sempre chorava quando estava aborrecido e isolava-se no quarto. Estava preocupado em contrair Aids (síndrome da imunodeficiência adquirida). Um de seus colegas de classe havia voltado à escola depois de ter tido hepatite e isso provocou em Michael o medo da Aids e de outras doenças. Então, lavava as mãos cerca de dez vezes por dia para evitar um possível contágio.

A psicóloga fez perguntas aos pais sobre outros assuntos da família. Novamente, a mãe foi quem falou mais. Disse que o marido havia perdido o trabalho recentemente e que a família estava com problemas financeiros. Admitiu que ela e o marido brigavam "algumas vezes", mas não achava que isso influenciava o comportamento de Michael. Insistiu que a entrevista e a futura terapia deveriam concentrar-se em Michael, já que era ele quem apresentava o comportamento mais problemático. Ela e o marido não forneceram mais detalhes sobre seu casamento e estilo disciplinar, apesar das várias perguntas que gentilmente solicitavam tais informações.

Com a permissão dos pais, a psicóloga conversou também com a professora de Michael, Sra. Greco. Disse que ele havia sido um aluno relativamente bom durante o primeiro mês do ano, porém suas notas e seu comportamento haviam piorado muito a partir de então. Disse que ele tinha dificuldade em muitas tarefas, embora fosse inteligente e pudesse facilmente fazê-las, se estivesse motivado. Isso acontecia particularmente com as atividades que envolviam muita leitura e escrita. A professora disse ainda que jamais havia aconselhado uma educação especial para Michael, como haviam afirmado o Sr. e a Sra. Rappoport, mas realmente sentia que os pais precisavam assumir um papel mais ativo para resolver os problemas escolares do filho. Ela ainda levantou a hipótese de que os pais de Michael, que por si próprios já eram difíceis de abordar, fossem a causa principal dos problemas do garoto.

A Sra. Greco disse que o mau comportamento de Michael estava se tornando insuportável. Reclamou que seus alunos eram quase sempre desobedientes, desatentos e bagunceiros. Descreveu o modo como Michael se recusava a fazer a tarefa dada, atirando papéis, chorando e batendo os pés pela sala. Assim, ela o mandava para a sala do diretor aproximadamente uma vez por semana. Ele era também excessivamente ativo e só se sentava em seu lugar quando o "lembravam". Exigia muito de sua atenção fazendo com que sua capacidade de atender o restante da classe ficasse prejudicada.

A psicóloga percebeu que Michael e sua família tinham diversos problemas que precisavam ser tratados. O menino apresentava uma combinação de externalização, internalização e problemas escolares. A família mostrava um considerável conflito e encontrava-se sob intensos fatores de estresse. A psicóloga acreditava que a questão de um potencial abuso de castigos físicos deveria ser mais investigada.

Avaliação

O objetivo geral da avaliação ou da coleta de informações sobre uma criança e sua família, em um ambiente clínico, é responder a três questões básicas:

1. Qual é o problema de comportamento?
2. Por que o problema continua a ocorrer?
3. Qual é o melhor tratamento para o problema?

Parecem questões simples, mas, em geral, são difíceis de responder. O que acontece especialmente em um caso complicado como o dos Rappoport.

A primeira pergunta, "Qual é o problema de comportamento?", pode levantar outras questões. Existe um comportamento real que precisa ser abordado? Michael foi encaminhado para tratamento porque seu comportamento era realmente inadequado ou porque aborrecia seus pais e sua professora? Alguns de seus comportamentos podem ser adequados, do ponto de vista do desenvolvimento, para uma criança de 9 anos. E se o comportamento problemático da criança decorrer de variáveis familiares, como conflito, desajuste, maus-tratos ou atitudes negativas dos pais? E se o "comportamento problemático" estiver mais na família do que na criança? A tristeza de Michael pode ter sido causada pelas brigas entre os pais. Um psicólogo não supõe automaticamente que é a criança que precisa ser o alvo da atenção durante o tratamento.

Decidir se um comportamento é problemático ou não pode ser difícil se uma pessoa, a criança, por exemplo, disser que não há problemas, e outras pessoas, os pais, discordarem. O terapeuta deve procurar os comportamentos que indubitavelmente interferem no funcionamento cotidiano da criança. Muitos dos comportamentos de Michael faziam realmente isso e precisavam, portanto, ser tratados. Se a criança de fato tem comportamentos problemáticos, é preciso decidir quais deles são os mais graves e devem ser tratados antes dos demais. Sintomas diferentes, derivados de diferentes transtornos, sobrepõem-se em muitos jovens encaminhados para tratamento. Michael tinha certamente diversos sintomas evidentes, mas seus comportamentos de *acting-out* podiam estar ligados a problemas mais graves de internalização, como ansiedade e depressão.

A segunda pergunta, "Por que o problema continua a ocorrer?", que a avaliação deve responder oferece muitas dificuldades. O terapeuta deve determinar o que *mantém* cada comportamento problemático da criança. Tais variáveis mantenedoras – que serão mencionadas ao longo deste livro – incluem reforço, atenção, fuga de situações aversivas e recompensas tangíveis como dinheiro. Diferentes variáveis mantêm diferentes comportamentos, como pode ter acontecido com Michael. Suas birras e agressões contra a irmã podem ter sido um modo de obter atenção; lavar as mãos, um modo de evitar ou reduzir a preocupação com a contaminação; a desobediência pode ter sido um modo de obter vantagens junto a seus pais.

Essas duas perguntas referem-se à forma e à função do comportamento. Conhecer a forma e a função do comportamento de uma criança permite responder mais facilmente à última questão: "Qual é o melhor tratamento para o problema?". Suponhamos que os comportamentos mais graves de Michael fossem as birras em casa e na escola (forma). Eliminar esses problemas pode ajudar a reduzir outros problemas de comportamento, como a desobediência. Vamos supor também que as birras fossem motivadas pela atenção em casa, apesar da fuga na escola (função). Os pais de Michael podem passar a ignorar as birras em casa, mas a professora pode preferir trabalhar as birras na escola e não permitir que ele deixe a classe.

Os profissionais da saúde mental usam diversos métodos de avaliação para responder a essas perguntas; tais métodos estão descritos neste livro de estudo de casos. Esses métodos incluem entrevistas, autorrelatos e medidas cognitivas, automonitoramento, procedimentos fisiológicos e médicos, desempenho de papéis, medidas dos pais ou família e professores, avaliações sociométricas, observação direta e testes de inteligência, desempenho e personalidade. Para avaliar as diferentes áreas de funcionamento que podem apresentar problemas, muitas vezes é necessário usar uma avaliação multidimensional (social, acadêmica, intelectual e emocional, por exemplo).

Michael e seus pais responderam às versões do Anxiety Disorders Interview Schedule para o DSM-IV, uma entrevista semiestruturada que aborda vários transtornos de internalização e externalização (Silverman e Albano, 1996; Silverman et al., 2001). A psicóloga diagnosticou em Michael três transtornos incluídos no *Diagnostic and Statistical Manual for Mental Disorders* (DSM-IV-TR)[1] (American Psychiatric Association, 2000). Um dos transtornos envolvia um problema de internalização; o segundo, um problema de externalização; e o terceiro, problemas escolares. A psicóloga avaliou cada transtorno entre moderado e severo. Michael confirmou também medo de estímulos relacionados à área médica (por exemplo, doenças, germes, hospitais, injeções), situações sociais e de avaliação (como multidões, ser criticado) e briga entre os pais.

Aplicaram a Michael medidas de autorrelato como a *Multidimensional Anxiety Scale for Children* (MASC) e as *Revised Child Anxiety and Depression Scales* (Chorpita, Moffitt, Gray, 2005; March, 1997). Michael indicou que era, muitas vezes, choroso, indeciso, tímido e infeliz na escola. Preocupava-se com os trabalhos escolares, as avaliações feitas pelos outros, o futuro, o que seus pais diriam dele e com coisas ruins que pudessem lhe acontecer. Ele também tinha pesadelos, problemas de concentração e apresentava várias queixas somáticas, como náusea. Michael acreditava que coisas terríveis aconteceriam a ele, que estava só e que nunca seria tão bom como as outras crianças. Parecia ansioso e deprimido em relação a diferentes áreas da vida. As áreas que concentravam maior preocupação incluíam a situação familiar do momento, o estado de saúde, as avaliações sociais e os eventos futuros.

---

[1] *Manual diagnóstico e estatístico de transtornos mentais.* 4. ed. rev. São Paulo: ArtMed, 2002.

Seus pais preencheram o *Child Behavior Checklist* (CBCL)[2] (Achenbach e Rescorla, 2001), *Family Environment Scale* (FES) (Moos e Moos, 1986), *Parental Expectancies Scale* (PES) (Eisen et al., 2004) e a *Dyadic Adjustment Scale* (DAS) (Spanier, 2001), que é uma medida da satisfação conjugal geral. O Sr. e a Sra. Rappoport relataram altos níveis de problemas de atenção e de comportamentos agressivos no CBCL. Eles enfatizaram em seu filho a impulsividade, a irritabilidade, o desempenho escolar fraco, as brigas, a mesquinharia, a desobediência, os gritos, acessos de birra e a exigência de atenção. Referiram alguns sintomas de internalização. Classificaram a família como conflituosa no FES e confirmaram as expectativas de que Michael assumisse mais responsabilidades em casa, no PES.

No DAS, o casal indicou que muitas vezes discordava sobre diversos assuntos, principalmente sobre as finanças. Raramente mantinham conversas positivas ou demonstravam afeto recíproco. Essas respostas contrastavam um pouco com os relatos verbais feitos durante a entrevista. A família Rappoport encontrava-se claramente em dificuldade, mas o casal continuava a encarar os comportamentos de externalização de Michael como o principal problema. Insistiam, principalmente, na sua desobediência e no seu comportamento disruptivo.

Outros instrumentos de avaliação utilizados nesse caso foram o *Teacher's Report Form* (TRF)[3] (Achenbach e Rescorla, 2001), um teste de desempenho contínuo, e a *Wechsler Intelligence Scale for Children* (Wechsler, 2003). A professora, Sra. Greco, preencheu o TRF e enfatizou os problemas sociais e de atenção de Michael, especialmente o comportamento imaturo, o choro, a falta de concentração, impulsividade, desorganização e o desempenho fraco. Um teste de desempenho contínuo, que mede a impulsividade, indicou que a velocidade de resposta de Michael era semelhante à das crianças com transtorno de déficit de atenção e hiperatividade (TDAH). O resultado do teste de inteligência de Michael estava na faixa média alta, o que sugeria que seus problemas escolares não derivavam de déficit intelectual. Seu desempenho estava muito aquém de sua capacidade.

A psicóloga acreditou que Michael tinha diversos problemas de comportamento que não estavam bem-definidos. Diferentes funções mantinham muitos desses problemas. Acima de tudo, a situação familiar dele envolvia tensão conjugal, conflito, estresse financeiro e possíveis maus-tratos. Qualquer programa de tratamento precisaria envolver a família inteira, além de uma estratégia complexa.

Fatores de risco e variáveis mantenedoras

Diversos modelos propuseram-se a explicar as causas dos transtornos de comportamento na infância. Os psicodinâmicos enfatizam as pulsões sexuais inatas e os

---

[2.] Há uma versão, em processo de validação, em português desse questionário, nomeado pelos autores brasileiros de *Lista de verificação comportamental para crianças e adolescentes*. (NRT)

[3.] Este caso é similar ao da nota anterior, cujo título é *Lista de verificação comportamental para professores*. (NRT)

conflitos intrapsíquicos de personalidade como precursores das futuras psicopatologias. Os teóricos do apego especulam que uma falha por parte da pessoa encarregada de cuidar do bebê pode levá-lo a apresentar uma psicopatologia no futuro. Esses modelos podem ter alguma relevância para a juventude, mas a validade de ambos é questionável.

Um modelo etiológico mais amplamente difundido, e mencionado ao longo de todo este livro, é o comportamental. Os comportamentalistas afirmam que as crianças aprendem ou recebem reforço por comportamentos inadequados. Exemplos disso são pais que recompensam inadvertidamente a desobediência, familiares que dispendem simpatia para comportamentos depressivos e colegas que recompensam comportamentos delinquentes. Os teóricos da aprendizagem social propõem que as crianças imitam ou modelam seus comportamentos inadequados a partir dos outros. Por exemplo, a agressividade de uma criança pode aumentar depois de apanhar dos pais, ou é possível que ocorra abuso de substâncias depois de observar outros ingerirem bebida alcoólica ou usarem drogas ilícitas.

Os modelos de aprendizagem parecem aplicar-se realmente aos comportamentos de Michael. A atenção dos pais reforçou sua agressividade. A aprendizagem social deflagrou os episódios de ansiedade ligados à área médica, o medo da Aids e o ato de lavar as mãos. Vários colegas de classe de Michael discutiram o caso do aluno que havia tido hepatite, descrevendo sua permanência no hospital, o isolamento em relação aos outros, as injeções e a necessidade constante de limpeza. Como quaisquer garotos de 9 anos, exageraram ao contar as histórias. Michael levou-as a sério, tornou-se temeroso e adquiriu a compulsão de lavar as mãos.

Os cognitivistas acreditam que a psicopatologia infantil está relacionada a processos distorcidos de pensamento que desencadeiam ou mantêm problemas de comportamento. Exemplos disso são a ansiedade e a depressão geradas por pensamentos irracionais ou por avaliações negativas feitas por outros e os transtornos alimentares mantidos por crenças irracionais sobre a beleza ou a perda de peso. A teoria afetiva afirma que algumas pessoas têm dificuldade em regular suas emoções e terão, posteriormente, problemas de motivação, organização do comportamento ou comunicação com os outros. Alguém que sofreu abusos pode experimentar ansiedade persistente ou agitação diante de sinais que o façam lembrar dos abusos e isso pode levar a um transtorno de estresse pós-traumático.

Os problemas de Michael não consistiam claramente em processos distorcidos de pensamento, mas ele realmente se preocupava com os eventos presentes e futuros. Seu estado emocional era excitável e ele tinha, portanto, problemas para regular seu comportamento. Em razão de sua excitabilidade e impulsividade, tinha dificuldade em se concentrar nos deveres escolares, organizar materiais, manter conversas com outros e controlar birras. Esses problemas levaram subsequentemente a notas baixas, sentimentos de isolamento e punição por comportamento disruptivo na sala de aula.

A psicopatologia infantil está claramente relacionada a fatores biológicos. Os mecanismos causais compreendem predisposições genéticas, aberrações cromossômicas, alterações no sistema nervoso central, desequilíbrios neuroquímicos, estresse e irritabilidade. Evidências indicam que há predisposição genética em diversos transtornos, tais como a depressão. Aberrações cromossômicas como a síndrome de Down levam, em geral, a um retardo mental. Alterações no sistema nervoso central podem levar a deficiências específicas de desenvolvimento, como transtornos de aprendizagem, ou a deficiências generalizadas, como o autismo. Desequilíbrios neuroquímicos, estresse e irritabilidade influenciam problemas diferentes como ansiedade social e TDAH. Um exame médico não revelou problemas em Michael, que, se fossem menos óbvios, como leves alterações no cérebro ou estresse persistente, poderiam explicar, em parte, seus problemas de comportamento.

Os modelos de sistema familiar também podem explicar transtornos infantis que derivam da incoerência parental ou de uma disfunção familiar. O conflito existente na família Rappoport pode ter desencadeado o comportamento de Michael de diversos modos. O estresse do conflito pode ter deflagrado seu mau humor, distanciamento e isolamento. As ameaças verbais recíprocas de divórcio ou de violência física trocadas entre os pais podem ter alimentado as preocupações de Michael quanto ao futuro. Depressão e preocupação podem ter levado a dificuldades de concentração, falta de motivação e desempenho escolar fraco. As brigas entre o Sr. e a Sra. Rappoport ocuparam um tempo que poderia ter sido dedicado a disciplinar o comportamento de Michael. Suas birras e comportamentos disruptivos foram quase sempre ignorados até se tornarem graves.

Cada um desses modelos – psicodinâmico, apego, comportamental, aprendizagem social, afeto, biológico e sistemas familiares – afirma que percursos específicos de causalidade levam a transtornos no comportamento infantil. Entretanto, nenhum modelo explica satisfatoriamente todos os aspectos de um transtorno infantil. A complexidade de tais transtornos requer uma abordagem integrada. É necessário combinar variáveis das diferentes perspectivas, ou adotar percursos de causalidade múltiplos, para explicar completamente a etiologia do transtorno. Fatores como outras crianças, pais, colegas e professora influenciaram o comportamento de Michael. A presença de percursos de causalidade múltiplos sugere também que um tratamento bem-sucedido para crianças com problemas de comportamento precisa abranger diversos objetivos.

Aspectos do desenvolvimento

A psicopatologia do desenvolvimento refere-se ao estudo dos antecedentes e das consequências dos transtornos do comportamento na infância e a como tais transtornos se comparam ao desenvolvimento normal do comportamento (Hudziak, 2008). Uma tarefa importante dos especialistas em psicopatologia do desenvolvimento é identificar percursos que levam ao desenvolvimento normal, aos transtornos mentais ou a alguma oscilação entre ambos na criança. Um psicopatologista do desenvolvimento pode querer descobrir quais fatores familiares e da criança levam à depressão.

O profissional também pode querer conhecer os fatores que previnem o desenvolvimento da depressão, os que ajudam uma pessoa deprimida a recuperar a saúde mental e os que mantêm a depressão ao longo do tempo.

Uma tarefa importante do psicopatologista do desenvolvimento implica descobrir se os problemas de comportamento da infância são estáveis ao longo do tempo e se levam a problemas na idade adulta. Alguns desses problemas são bastante estáveis no tempo. Como consequência, interferem, em geral, no funcionamento na idade adulta. Exemplos disso são o autismo, o retardo mental severo e as formas agressivas de esquizofrenia. Formas severas de problemas no final da adolescência, como transtorno de conduta ou abuso de substâncias, podem continuar até a idade adulta e criar também dificuldades persistentes.

Outros problemas de comportamento da infância permanecem *relativamente* estáveis ao longo do tempo. Podem levar ou não a problemas na idade adulta; isso dependerá da gravidade do transtorno e do fato de ter ocorrido ou não uma intervenção precoce. Alguns exemplos são o TDAH, problemas de aprendizagem, agressão, recusa para ir à escola, transtornos alimentares, doenças pediátricas e efeitos de abusos.

Outros problemas de comportamento na infância tendem a ser *menos* estáveis ao longo do tempo. Podem dissipar-se, mas ainda assim causar problemas no decorrer do tempo, se forem agravados por eventos ambientais negativos. Alguns exemplos são o medo e a ansiedade, a depressão e o transtorno de eliminação.

Os transtornos de comportamento na infância podem ser estáveis no tempo, mas os sintomas dos transtornos podem mudar. Crianças com TDAH tendem a se tornar menos ativas à medida que crescem, porém a agitação persistente e o atraso no desenvolvimento social criam problemas na adolescência. Do mesmo modo, uma criança que quer forçar os membros da família a fazer alguma coisa poderá usar, para isso, a desobediência, mas na adolescência poderá usar a agressão. Uma criança comportamentalmente inibida, em idade pré-escolar, pode evitar novas situações sociais; contudo, na adolescência, pode se tornar deprimida.

A substituição de sintomas foi evidente em Michael. Seus problemas de comportamento, aos 9 anos, eram um pouco diferentes dos que tinha antes de ir à escola, mas alguns dos padrões gerais de comportamento permaneceram os mesmos. Os pais o descreveram como uma criança "geniosa" e agitada que reclamava do que tinha para comer. A Sra. Rappoport disse também que Michael era uma "criança muito sensível", que reagia de modo excessivo às críticas e ao contato inadvertido com os outros. Essas características gerais estavam, de algum modo, incorporadas aos problemas correntes de comportamento de Michael. Suas birras eram um modo regressivo de lidar com o estresse, e o medo repentino de doenças, uma reação excessiva às histórias de seus colegas de classe. Os comportamentos de Michael haviam sido diferentes ao longo do tempo, entretanto, seus padrões de comportamento eram bastante estáveis.

As variáveis que ajudam a determinar a estabilidade de um problema de comportamento na infância envolvem fatores proximais e distais (Mash e Dozois, 2003). Os fatores proximais são os que estão perto da criança e têm impacto direto sobre seu comportamento, como:

1. Desenvolvimento de um transtorno na fase inicial da vida, especialmente se afetar a linguagem.
2. Alterações cerebrais importantes na criança ou outras situações físicas.
3. Padrões de aprendizagem precoces e arraigados.
4. Fortes predisposições biológicas desencadeadas por eventos ambientais.
5. Experiências persistentes que ameaçam a autoestima da criança e sua competência social e acadêmica.
6. Obstáculos que levam a criança a se engajar em padrões de comportamento desadaptados.

Com relação ao último, obstáculos como conflito familiar ou abuso sexual podem dar início à desobediência do adolescente ou aumentar o consumo de álcool.

Michael não teve fatores de estresse importantes ou problemas biológicos na fase inicial da vida. Entretanto, realmente aprendeu que um dos melhores modos de obter a atenção dos pais era comportar-se inadequadamente. Michael efetivamente treinou seus pais, ao longo do tempo, a dar-lhe atenção quando era desobediente, agressivo em relação à irmã ou problemático na escola. Experimentou também diversos obstáculos quando tentou construir amizades duradouras, como a perda do recreio na escola e o mal-estar em levar potenciais amigos à sua casa. A falta de amizades levou-o a comportamentos desadaptados como o afastamento social e o humor deprimido.

Outros fatores que afetam a estabilidade dos problemas de comportamento na infância são os distais, aqueles que afetam indiretamente a criança. Os fatores distais compreendem:

1. Pobreza e/ou condição de sem-teto.
2. Conflito conjugal e/ou incoerência ou negligência parental.
3. Perda de um dos pais na fase inicial da vida.
4. Disfunção familiar severa.
5. Desorganização geral da comunidade.

O conflito conjugal é o mais pertinente no caso de Michael. Algumas de suas birras eram desencadeadas pelas brigas entre os pais ou visavam deliberadamente que parassem de brigar.

Tratamento

O tratamento da família Rappoport teve início turbulento. O pai tornou-se cada vez mais distante e, após três semanas, deixou de comparecer à terapia. Concordou, todavia, em conversar com a psicóloga por telefone e em ajudar a esposa nos procedimentos terapêuticos. Permaneceu inflexível quanto a manter o foco do tratamento no filho. A psicóloga, por sua vez, usou as primeiras quatro sessões para descrever à família os mecanismos existentes por trás de muitos dos comportamentos de Michael e a necessidade de incluir na terapia a mãe e a professora. A Sra. Rappoport relutou, mas afinal concordou em participar. Concordou também com a recomendação da psicóloga de que ela e o marido deveriam fazer terapia conjugal.

Durante essas quatro semanas, enquanto a Sra. Rappoport considerava seu papel na terapia, a psicóloga trabalhou com Michael para enfrentar seu medo de doenças e o lavar excessivo das mãos. Ele foi plenamente instruído sobre a transmissão de doenças em geral e da Aids em particular. A psicóloga concentrou-se nas causas externas e nos efeitos internos da doença, e Michael ficou fascinado. A ansiedade que havia relatado, referente a doenças e procedimentos médicos em geral, diminuiu um pouco durante esse período.

A psicóloga concentrou-se no fato de Michael lavar as mãos quando se sentava perto de alguém que "parecia doente". Inicialmente, fez com que ele se sentasse ao lado de diferentes pessoas na sala de espera da clínica. Ele só podia lavar as mãos se alguém a seu lado espirrasse, caso contrário deveria entrar em seu consultório e ficar sem lavar as mãos por pelo menos uma hora. Michael notou que a ansiedade diminuía quando ficava sem lavar as mãos durante esse intervalo de tempo. Nas sessões seguintes, pediu-se que esperasse um tempo ainda mais longo antes de lavar as mãos. Exercitou a espera também nas situações de vida real. Sua reação a essa abordagem foi imediata e positiva. Ao final de quatro semanas, lavava as mãos, todos os dias, com frequência normal.

A Sra. Rappoport concordou em desempenhar um papel mais ativo no tratamento, mas insistiu que a primeira área em que deveriam se concentrar era a desobediência, as birras e a agressão. A psicóloga explicou que Michael muitas vezes reagia às brigas dos pais com *acting-out* e então os pais concordaram em "discutir" privadamente, sempre que possível. Mostrou-se a eles que levavam tempo demais para reagir aos maus comportamentos do filho. Em vez disso, um dos pais deveria colocá-lo imediatamente em *time-out*, por dez minutos, caso não obedecesse a uma solicitação. A psicóloga imaginou que o *time-out* fosse uma boa alternativa à punição e às palmadas. Uma avaliação mais aprofundada não evidenciou maus-tratos, mas todos concordaram que as palmadas não eram a melhor opção. Três semanas de terapia foram concentradas no uso do *time-out* após a desobediência. Michael realmente deu mais ouvidos aos pais, embora possa ter sido mais obediente apenas em razão da atenção extra que recebeu.

As birras de Michael diminuíram nesse período, sugerindo novamente que a redução das brigas entre os pais e a quantidade maior de atenção recebida influenciavam seu comportamento. As agressões dirigidas à irmã, entretanto, pioraram nessa etapa inicial da terapia. A psicóloga recomendou aos pais que aumentassem a supervisão quando Michael e a irmã estivessem juntos. Grande parte da agressão podia assim ser evitada. A psicóloga não recomendou palmadas após as agressões, porque as crianças em geral se modelam a partir dessa reação agressiva. Em vez disso, aconselhou os pais a ignorar Michael quando batia na irmã e a dar mais atenção à filha, sendo mais gentis com ela. Essa combinação funcionou moderadamente durante as três semanas seguintes.

Nesse momento da terapia, os pais de Michael se separaram e o Sr. Rappoport saiu de casa. A mãe continuou a participar do tratamento de Michael, apesar de deprimida. A psicóloga decidiu fornecer-lhe ajuda e ajustar as recomendações das sessões anteriores. Ela não seria, assim, sobrecarregada com novas responsabilidades relativas ao tratamento, mas continuaria a ser capaz de controlar o comportamento de Michael. Por sorte, a reação dele à ausência do pai não foi excessivamente negativa, pois eles passavam os fins de semana juntos. Michael prometeu ajudar a mãe nas tarefas domésticas, já que o pai não estaria mais lá para fazer isso.

Em razão do estado emocional da Sra. Rappoport, a psicóloga concentrou-se mais nos problemas escolares de Michael. Essa mudança de foco levou-a a passar cerca de metade do tempo da terapia com a Sra. Greco, professora de Michael, que gentilmente se oferecera para participar. A mãe não queria que o filho tomasse medicamentos para seu comportamento e, assim, a psicóloga estabeleceu um sistema de economia de fichas. Michael receberia uma advertência pelo comportamento de *acting-out*; caso não o interrompesse, deveria substituir a ficha verde pela amarela. Se levasse adiante o *acting-out*, receberia outra advertência e, então, uma ficha vermelha. A ficha vermelha significava que teria de passar o resto do dia fazendo as tarefas escolares na sala do diretor. Uma ficha verde pelo dia inteiro significava que poderia receber diferentes prêmios ou privilégios na sala de aula.

Entretanto, após cinco semanas, os comportamentos de *acting-out* não haviam mudado. A Sra. Greco disse ainda que era difícil manter consistentemente a economia de fichas. Parte do problema estava em definir exatamente quais comportamentos de *acting-out* seriam levados em consideração. A psicóloga, então, mudou o foco da economia de fichas para os comportamentos escolares de Michael. Ele deveria permanecer na classe a despeito do comportamento e a professora o recompensaria ou o disciplinaria, em função da quantidade de trabalho completado. Infelizmente, o desempenho na lição de casa e as notas de Michael ainda não haviam mudado.

A ausência de mudanças pode ter sido em parte ocasionada pela piora na situação familiar de Michael. Os pais decidiram divorciar-se e o Sr. Rappoport mudou repentinamente para um trabalho localizado em outro estado. Em três semanas já havia ido embora e não manteve contato com Michael ou outros membros da família por algum tempo. Michael atravessou um período de um mês de tristeza e falta de motivação em relação à escola, aos amigos e aos esportes. Recuperou-se um pouco quando o pai retomou contato direto com ele, mas continuou desinteressado da terapia.

Sua mãe e ele compareceram à terapia de modo intermitente durante as seis semanas seguintes. Por fim, apesar das solicitações da psicóloga, Michael e a mãe não apareceram mais na clínica. A Sra. Rappoport consultou ocasionalmente a psicóloga, por telefone, durante o ano seguinte e disse que a situação familiar e o comportamento de Michael haviam se estabilizado. Os problemas escolares e o mau comportamento escolar de Michael, entretanto, em certa medida, continuavam.

Questões para discussão

1. Qual comportamento de Michael, em sua opinião, era o mais problemático e qual "incomodava" mais seus pais e professora? Quais dos "problemas" de comportamento de Michael parecem ser normais para um menino de 9 anos?
2. Quais eram os principais problemas de comportamento de Michael? Identifique os cinco que você considera mais importantes e explique seu raciocínio. Michael recebeu três diagnósticos baseados no DSM-IV-TR. Qual deles é o mais pertinente em sua opinião? Justifique a resposta.
3. Em casos como o de Michael, a família pode ser tão problemática quanto a criança. Como você explicaria aos pais e a outros que seus comportamentos também precisam mudar para que o comportamento da criança mude? Como convenceria uma família a permanecer no tratamento se acreditasse que isso os beneficiaria muito? Você acredita que se deve fazer isso quando os membros da família afirmam não estarem mais interessados na terapia? Por quê?
4. Um objetivo fundamental para os psicopatologistas é identificar os percursos que levam ao transtorno mental e os que afastam dele. Escolha um transtorno de comportamento na infância e desenvolva um modelo de causalidade para ele. Elabore uma teoria pela qual algumas crianças desenvolvem aquele problema específico e outras não. Discuta os fatores de proteção que ajudam as crianças a evitar tais comportamentos inadequados. Esboce fatores que podem eliminar um comportamento desadaptado ou melhorar seu prognóstico para o futuro.
5. Fora os membros da família Rappoport e a professora de Michael, quais pessoas poderiam ser importantes para abordar os problemas de comportamento dele? O que você gostaria de pedir ou dizer a essas pessoas? Por quê?

Capítulo 2
Ansiedade e retraimento social

Sintomas

Bradley Mavin, um menino branco, de 12 anos, foi levado a uma clínica especializada em jovens com ansiedade e retraimento social. Na época da avaliação inicial, cursava o oitavo ano. Seu padrasto e sua mãe, Sr. e Sra. Nelson, levaram-no à clínica após lerem um anúncio que convocava participantes para um projeto de terapia de grupo. O projeto envolvia o teste de um protocolo de avaliação e tratamento para jovens com problemas sociais. Durante a entrevista de triagem, por telefone, a Sra. Nelson disse que Bradley estava enfrentando problemas de adaptação em sua nova escola e parecia deprimido e retraído. Além disso, parecia aborrecido com o recente divórcio e o novo casamento da mãe. Ele estava perdendo mais aulas do que o normal e suas notas eram insuficientes.

Uma estudante de doutorado avançado em psicologia clínica infantil entrevistou Bradley na sessão de admissão. Ele se mostrou inicialmente cauteloso e inseguro, evitando contato visual e falando baixo. A estudante, que tinha experiência com crianças tímidas e com ansiedade social, falou primeiro sobre vários tópicos que Bradley parecia gostar, como seus animais de estimação, projetos escolares e as suas irmãs. Conduzindo a interação desse modo, o garoto pareceu mais relaxado. A estudante, então, o questionou sobre seus problemas sociais recentes.

Bradley disse que sua nova escola (havia mudado de escola e passado para o 2º ciclo do ensino fundamental) era bem diferente da que frequentara desde o jardim de infância. Disse também que muitos de seus amigos do ciclo anterior frequentavam agora outra escola e por isso ele não conhecia muita gente na escola em que estava estudando. Queria ser transferido para a outra e estar junto dos antigos amigos. Afirmou que poucos dos novos colegas falavam com ele ou o convidavam para almoçar ou fazer outras atividades. A entrevistadora descobriu que Bradley, entretanto, raramente tomava a iniciativa de estabelecer contato com os colegas. Ele disse que "odiava" as aulas de educação física quando todos "se divertiam à custa dele" em razão de seu tamanho; ele era ligeiramente menor que os outros alunos. Geralmente, sentia-se só, triste e "excluído".

Bradley queixou-se ainda das apresentações orais nas aulas de inglês, uma tarefa que nunca havia tido. Disse que sua apresentação oral fora ruim, pois deveria apresentar a história dos automóveis, mas ficou ansioso quando lhe pediram que ficasse de pé na frente dos colegas. Disse que tremia e tinha dificuldade de respirar, o que fazia suas mãos e sua voz tremerem visivelmente. Viu um colega sufocar uma risada e então decidiu que nunca mais faria outra apresentação. Infelizmente, ele teve de fazer outras três, do contrário, teria tido uma nota insuficiente.

Bradley começou a se recusar a ir à escola em decorrência dessas experiências. No início, faltava ocasionalmente à aula de educação física, mas, no último mês, perdeu um ou dois dias inteiros de aula por semana. Quando faltava, ficava em casa, fazia os deveres de casa e assistia à TV. Ele já havia pedido aos pais que o transferissem para outra escola ou que o colocassem em ensino domiciliar.

A entrevista concentrou-se também em outras áreas da vida social de Bradley. O menino afirmou que era bastante ativo nas relações de amizade que tinha na vizinhança, mas evitava qualquer pessoa nova. Tinha bom relacionamento com a mãe e com as duas irmãs. O relacionamento com o padrasto, entretanto, era tenso. Falou que o padrasto era rigoroso e não hesitava em bater nele por qualquer malcriação. Estava furioso com a sua recusa em ir à escola, e os pais muitas vezes brigavam por esse motivo. Telefonaram imediatamente para o número anunciado no jornal ao ver que era dirigido a crianças com problemas sociais.

O casal, quando entrevistado, confirmou as declarações de Bradley.

A mãe disse que ele era um filho bem comportado até aproximadamente dois anos antes, quando o primeiro marido e ela se separaram (o pai biológico de Bradley estava constantemente fora do Estado e não tinha contato com a família). O menino se tornara retraído e pouco propenso a brincar com outras crianças da vizinhança. Ao contrário do que ele havia afirmado, evitava muitos de seus antigos amigos da vizinhança e passava grande parte do tempo livre fazendo tarefas domésticas e jogando videogames. Participava dos jantares e passeios familiares, mas, em geral, preferia ficar perto da mãe e das irmãs.

A mãe afirmara que a situação de Bradley piorara nos últimos três meses. Ela confirmou o medo de Bradley em relação às aulas de educação física e às apresentações e concordou que ele tinha poucos amigos novos, se é que tinha algum. Confirmou também que Bradley queria estudar em casa *(home schooling)*, e que ela estava prestes a concordar com isso quando viu o anúncio da clínica. Decidiu então que a terapia traria mais benefícios ao filho e queria que a clínica a aconselhasse a esse respeito.

A mãe disse que Bradley era um ótimo aluno e em geral tímido. Disse também que ele gostava de fazer suas tarefas escolares do mesmo modo que outras crianças gostavam de jogar beisebol. Era um "solitário" que raramente interagia com outras crianças de sua idade e que preferia brincar com as duas irmãs mais novas. Em outros aspectos era um menino normal, obediente, gentil e cumpria suas responsabilidades nas tarefas domésticas.

O pai acrescentou que seu relacionamento com Bradley era difícil e que os dois "simplesmente não pareciam ter sintonia". Era inflexível quanto sua volta à escola, mas aceitara a opinião da mulher quanto à terapia. Disse que queria ajudar Bradley com seus problemas, mas não tinha certeza de que conseguiria. Ele esperava que a terapia o ajudasse a se tornar mais autoconfiante e melhorasse o relacionamento dos dois.

A terapeuta obteve permissão para entrevistar os professores de Bradley na escola. Todos disseram que ele era bom aluno, com potencial excelente, mas que era tímido e retraído. A professora de inglês, a Sra. Arnot, disse que ele se saíra bem em todas as tarefas, inclusive nas apresentações orais. A primeira apresentação oral não havia sido ruim, mas Bradley havia apresentado visíveis sintomas físicos de ansiedade. Ela disse também que havia uma regra severa na classe segundo a qual ninguém podia fazer piadas ou rir enquanto um aluno fazia uma apresentação oral e que ninguém havia feito isso durante a apresentação de Bradley. Ele, entretanto, a procurou, depois da aula, chorando copiosamente e pedindo para ser dispensado das apresentações seguintes.

O professor de educação física deu as mesmas informações, mas disse que os colegas, em certa medida, caçoavam de Bradley. Disse que o menino precisava "crescer", interagir mais com outras crianças e tornar-se mais seguro. As conversas com outros professores e com o orientador confirmaram que Bradley evitava muitas situações sociais, especialmente as que implicavam conhecer pessoas novas, trabalhar em colaboração com outros e realizar uma tarefa diante de uma plateia. A terapeuta inicialmente concluiu que Bradley apresentava retraimento social moderado e satisfazia critérios de fobia social / transtorno de ansiedade social.

Avaliação

A característica essencial da fobia social ou do transtorno de ansiedade social é um "medo acentuado e persistente de situações sociais ou de desempenho nos quais o indivíduo poderia sentir embaraço" (American Psychiatric Association, 2000, p. 450). O funcionamento social com pessoas conhecidas é bom e o medo social ocorre quando é preciso interagir com desconhecidos ou em situações em que possa se sentir negativamente avaliada, humilhada ou embaraçada. Em geral, a pessoa apresenta ataque de pânico ou sintomas de pânico quando exposta às situações sociais.

Crianças podem "chorar, fazer birra, ficar imóveis ou encolhidas em situações sociais com pessoas não familiares" (American Psychiatric Association, 2000, p. 456). Aqueles que têm fobia social reconhecem que o medo é irracional – embora as crianças possam não reconhecê-lo – e, quando não podem evitar, enfrentam as situações sociais com grande sofrimento. O transtorno deve interferir significativamente no funcionamento diário, ter duração de, pelo menos, seis meses e não deve ser atribuído a nenhum estado clínico ou aos efeitos de uma substância. A fobia social é generalizada quando ocorre na maioria das situações sociais.

Bradley parecia atender a esses critérios: tinha medo e ansiedade quando encontrava pessoas novas e relatava "nervosismo e mal-estar" em muitas situações sociais; ficava incomodado em situações que envolviam atenta avaliação de outros, como na aula de educação física e nas apresentações orais; relatou náusea e tremor durante essas situações e estava convencido de que os outros podiam perceber quando ele ficava perturbado. Desse modo, o nível de ansiedade e retraimento social de Bradley interferia em seu funcionamento acadêmico. Porém, as interações sociais com seus familiares e parentes eram adequadas.

A avaliação de jovens com ansiedade social envolve em geral entrevistas, medidas de autorrelato, automonitoramento, medidas dos pais e professores e avaliação fisiológica. Os terapeutas frequentemente usam diversas medidas porque os resultados destas nem sempre estão altamente correlacionados.

Uma criança pode não relatar sintomas cognitivos de ansiedade em situações estressantes, mas ter, ainda assim, excitação fisiológica significativa.

Assim, uma das entrevistas semiestruturadas para crianças com transtornos de ansiedade é a Anxiety Disorders Interview Schedule para o DSM-IV, discutida no Capítulo 1. Os clínicos usam-na quase sempre em pesquisas para identificar os sintomas de ansiedade e outros problemas relacionados em crianças e adolescentes. A terapeuta de Bradley trabalhava em uma clínica de pesquisa especializada e usou essa entrevista, que compreende perguntas relativas à preocupação quanto à avaliação dos outros e quanto aos sentimentos de embaraço ou vergonha em situações sociais. A terapeuta faz perguntas à criança sobre seu nível de medo em situações sociais, como responder a uma pergunta na sala de aula, fazer um teste, comer na frente de outros e namorar. O medo, nessas situações, é classificado em uma escala de 0 a 8, na qual 8 representa a maior intensidade do medo. As perguntas investigam também se o medo social da criança diminui quando determinadas pessoas (por exemplo, crianças menores) estão presentes e quanto a ansiedade social interfere no funcionamento diário.

Bradley disse que tinha medo de fazer algo estúpido ou desajeitado em diferentes situações sociais, especialmente quando encontrava pessoas novas ou realizava alguma tarefa diante de outros. Preocupava-se também com a possibilidade de os outros rirem dele e em sentir-se embaraçado nesses momentos. Ele identificou as situações sociais que o faziam se sentir nervoso: apresentações orais, aula de educação física, comer na lanchonete, começar ou manter conversas e responder perguntas na sala de aula.

A avaliação de jovens com ansiedade social inclui também medidas de autorrelato como a *Social Anxiety Scale for Children-Revised* (La Greca, 1998) e *Social Phobia and Anxiety Inventory for Children*[1] (Beidel et al., 2000).

---

[1] Copyright © 1998 Multi-Health Systems Inc. Todos os direitos reservados. Nos Estados Unidos, P.O. Box 950, North Tonawanda, NY 14120-0950, 1-800-456-003. No Canadá, 3770 Victoria Park Ave., Toronto, ON M2H 3M6, 1-800-268-6011. Internacional, +1-416-492-2627. Fax, +1-416-492-3343. Reprodução autorizada.

Alguns itens desse último instrumento são:

- Sinto medo quando preciso estar em uma situação social com um grande grupo de meninos e meninas.
- Sinto medo quando encontro crianças que não conheço.
- Sinto muito medo de fazer perguntas na sala de aula.
- Retiro-me de situações sociais (festas, escola, brincar com outros) em que há meninos e meninas que não conheço.
- Quando estou em algum lugar em que outras pessoas estão (festa, escola, jogo de futebol ou qualquer outro lugar), meu coração bate forte.

Os sintomas relatados por Bradley incluíam preocupações em fazer alguma coisa na frente de outros, em ser alvo de provocações, com o que os outros pensavam dele, nervosismo ao falar com alguém pouco conhecido, sentimentos de timidez, impressão de que zombavam dele e dificuldade em convidar outros para brincar.

A terapeuta também pediu a ele que automonitorasse diversos comportamentos. Bradley foi instruído a registrar, durante o dia, as situações sociais que o faziam se sentir mal ou nervoso. Ele classificou, em uma escala de 0 a 10, quanto se sentia nervoso nessas situações. A terapeuta, além disso, descreveu vários pensamentos que Bradley poderia ter durante essas situações e pediu a ele que as registrasse.

Ele anotou também outras preocupações que tinha ao longo do dia.

Após duas semanas, o automonitoramento de Bradley revelou duas descobertas:

- Sua ansiedade social era maior quando entrava na escola, passava de uma aula para outra e almoçava na lanchonete. Não classificou as aulas de inglês ou de educação física como altamente ansiosas, a menos que precisasse realizar alguma tarefa na frente dos outros.
- Os pensamentos de Bradley durante as situações sociais desagradáveis eram um tanto distorcidos. Ele acreditava que os outros muitas vezes o observavam de perto e o avaliavam negativamente. E, pior, pensava que "conspiravam contra ele" e roubavam seus livros e materiais.

A terapeuta usou também medidas de pais e de professores para avaliar crianças com ansiedade social, principalmente o *Child Behavior Checklist* e *Teacher's Report Form* (Achenbach e Rescorla, 2001). Os pais notaram que Bradley era demasiadamente apegado/dependente, desajeitado, preferia brincar com colegas mais jovens e que os outros o provocavam. A professora de inglês, a Sra. Arnot, lembrou que Bradley chorava e mostrava-se ressentido durante as situações de avaliação. Avaliações fisiológicas, como frequência cardíaca e taxa de transpiração, são usadas às vezes para avaliar jovens com ansiedade social, mas não foram solicitadas no caso de Bradley.

A avaliação de crianças socialmente retraídas pode incluir medidas sociométricas e observação direta. As medidas sociométricas envolvem a avaliação dos companheiros de uma criança que se suspeite ser rejeitada ou negligenciada. As medidas sociométricas podem conter nomeações, para as quais as crianças simplesmente fazem uma lista dos companheiros com os quais gostam, mais ou menos, de estudar e brincar. Professores ou crianças também podem fazer classificações gerais de cada aluno na sala de aula. A finalidade é identificar o nível de popularidade e de interação social de uma criança em particular. (Kearney, 2005). Podem-se usar as comparações aos pares, em que cada criança é diretamente comparada com todas as outras. As medidas sociométricas são feitas cuidadosamente, de modo a não sujeitar a criança a mais rejeição. No caso de Bradley, entretanto, essas medidas não foram solicitadas.

A terapeuta, em vez disso, fez uma observação direta em relação ao menino na escola, em determinados momentos. Bradley sabia que a terapeuta compareceria à escola para observá-lo, mas não sabia quando isso aconteceria. Ela o observou durante a hora do almoço e na aula de educação física. Notou que Bradley ficava geralmente sozinho, rejeitava as interações com os outros e parecia emocionalmente deprimido. Ela confirmou que ele ficava ansioso nessas situações e que lhe faltavam algumas habilidades básicas de interação social.

Fatores de risco e variáveis mantenedoras

Muitos fatores podem levar à ansiedade e ao retraimento nos jovens e talvez envolvam uma combinação de vulnerabilidade biológica, fatores familiares, eventos estressantes da vida e características da criança (Hayward et al., 2008). Estudos indicam que há uma contribuição genética para a ansiedade social em gêmeos e que o risco de fobia social é mais elevado em parentes de pessoas que apresentam tal transtorno do que na população em geral (Stein e Stein, 2008). Os dados genéticos podem, porém, refletir parcialmente um fator ambiental, por exemplo, pais ansiosos que criam filhos ansiosos.

Os fatores familiares parecem realmente ter forte influência sobre o desenvolvimento da ansiedade e do retraimento social em crianças. Crianças ansiosas tendem a desenvolver percepções de ameaça social a partir do modelo dos pais (Kashdan e Herbert, 2001). Observam a prudência, a cautela e a esquiva apresentadas pelos pais e imitam esses comportamentos em suas situações sociais. Isso é o que parece ter acontecido com Bradley. Sua mãe era uma mulher tímida e reservada que presumivelmente apreciava seu papel tradicional de esposa e mãe. Boa parte de sua vida social envolvia o marido e os filhos, e ela dificilmente interagia com outras pessoas. Além disso, aparentava ansiedade quando conhecia um novo membro da equipe da clínica. Bradley pode ter adotado da mãe muitos de seus retraimentos e comportamentos de interação com base na ansiedade.

Outras variáveis familiares relacionadas à ansiedade social nas crianças incluem superproteção, falta de afeto dos pais e apego perturbado (Kearney, 2005; Lieb et al., 2000). A mãe de Bradley era nitidamente superprotetora, queria sempre saber onde o filho estava durante o dia e escolhia suas roupas de manhã. Mantinha-o fisicamente próximo a ela quando fazia compras e quando trabalhava fora. Porém, o relacionamento do menino com a mãe era afetuoso e a fase inicial de apego a ela fora segura. Ele tinha mais dificuldade em estabelecer um bom relacionamento com o padrasto, como havia acontecido também com o pai biológico, entretanto isso não parecia relevante para a ansiedade ou o retraimento social que apresentava.

Crianças com transtornos de ansiedade podem ter pais com transtornos de ansiedade, depressão ou que abusam de substâncias. O pai biológico de Bradley tinha problemas de alcoolismo e possivelmente de depressão. A mãe disse que se sentia deprimida e se isolava no quarto quando "estava pra baixo". Bradley talvez tenha modelado seu comportamento ao observar outras pessoas, no passado.

Vários acontecimentos estressantes da vida, especialmente os que se relacionam a traumas sociais, também podem influenciar no desenvolvimento da ansiedade e do retraimento. Bradley recentemente experimentara dificuldades durante as apresentações orais e nas aulas de educação física. As conversas com o menino e a mãe haviam revelado, entretanto, que o número de amizades do garoto tinha diminuído a partir do quinto ano. Alguns acontecimentos daquele período haviam interrompido as amizades de Bradley. Muitos de seus primeiros amigos de escola haviam mudado de cidade quando a principal indústria da região fora transferida. Outros caçoavam dele, no segundo e terceiro anos do ensino fundamental, quando ele molhava as calças.

Alguns precursores da ansiedade e do retraimento social na infância incluem também características das crianças como a apreensão social, sensação de incontrolabilidade e inibição comportamental (Kearney, 2005). Muitas crianças como Bradley esperam o pior resultado possível em situações sociais. Quando confrontado com situações sociais ou de avaliação, Bradley queixava-se afirmando que os outros queriam prejudicá-lo ou não gostavam dele. Estava convencido de que os colegas ridicularizariam sua apresentação oral, embora nenhuma evidência apoiasse essa crença. Bradley disse ainda que não chamava outras crianças para brincar ou estudar com ele porque "elas provavelmente me empurrariam ou roubariam minhas coisas".

Crianças com ansiedade social muitas vezes relatam a sensação de incontrolabilidade. Descrevem uma sensação generalizada de desamparo aprendido que as faz sentir que suas ações terão pouco impacto sobre o meio.

Isso pode explicar por que muitas delas apresentam sintomas de depressão. Bradley apresentava incontrolabilidade quando dizia que não fazia sentido começar a conversar com os outros ou relaxar quando falava na sala de aula. A terapeuta observou que Bradley às vezes ficava sozinho e caminhava de cabeça baixa. Esse comportamento sugeria que ele acreditava que não conseguiria modificar positivamente as situações sociais.

A ansiedade e o retraimento social infantil estão intimamente relacionados à inibição comportamental, que é um tipo de temperamento marcado por alta excitação e retraimento em situações novas, incluindo as sociais. A inibição comportamental atinge aproximadamente de 10% a 15% das crianças e pode estar ligada a vários transtornos de ansiedade infantis (Hirshfeld-Becker et al., 2008). Isso acontece porque o temperamento está associado a comportamentos de fuga, esquiva, dependentes e passivos. Bradley apresentava claramente esses comportamentos. Era tímido e ficava envergonhado em situações que envolviam pessoas que não faziam parte da família e afastava-se rapidamente de situações não familiares. Parecia dependente da mãe em relação a apoio emocional e era um tanto inseguro.

Vários fatores contribuem, assim, para causar a ansiedade e o retraimento social em crianças. O problema começa muitas vezes com temperamento irritadiço e retraído e vulnerabilidade biológica moderada à alta excitação. À medida que a criança cresce, eventos sociais negativos podem predispô-la a desenvolver sensação de desamparo aprendido ou de incontrolabilidade sobre o ambiente ao seu redor. Esses eventos podem desencadear alta excitação biológica. A pessoa pode tornar-se socialmente apreensiva e passar a examinar o ambiente em busca de potenciais ameaças. Evitará, cada vez mais, as situações sociais (Kearney, 2005).

Diversos fatores mantêm a ansiedade e o retraimento social. A criança pode se queixar aos pais de ser maltratada na escola e receber atenção positiva. Tal atenção pode chegar sob a forma de compaixão, elogios ou afeto físico. Por outro lado, uma criança pode querer fugir de situações diferentes que envolvam mais trabalho ou estresse, por exemplo ajudar a mãe em uma festa. Queixas de sintomas de ansiedade social e físicos, como dor de estômago, podem ajudar a criança a livrar-se de algumas responsabilidades (Kearney e Drake, 2002). No caso de Bradley, a busca de atenção e o comportamento de fuga eram evidentes.

Aspectos do desenvolvimento

Um dos aspectos centrais da ansiedade e do retraimento social – inibição comportamental – tem um curso moderadamente estável (Hirshfeld-Becker et al., 2008). Bebês inibidos ou com temperamento difícil mostram com frequência padrões irregulares de sono e de alimentação, retraimento em situações novas, pouca adaptabilidade, humor irritável e reações intensas a estímulos aversivos como ruídos altos. Ao contrário, bebês menos inibidos ou com temperamento "fácil" têm humor mais positivo e boa adaptabilidade.

Essas características – inibição e adaptabilidade – continuam a ser aspectos centrais da personalidade da pessoa ao longo dos anos. Crianças inibidas tendem a tornar-se mais tímidas e temerosas que outras, cautelosas e introvertidas durante os anos pré-escolares. Tornam-se mais caladas e permanecem apegadas por mais tempo aos adultos, especialmente quando surgem novas situações sociais. Apresentam também, nessas situações, mais excitação fisiológica adversa, como frequência cardíaca mais alta e reatividade emocional, do que as crianças adaptadas (Kagan, 2001).

Um modelo desenvolvimental do retraimento social indica que essas primeiras inibições tornam as crianças em idade escolar mais hesitantes em explorar novas situações sociais fora de casa (Rubin et al., 2003). Essa relutância afeta negativamente os momentos de recreação e impede que a criança adquira as habilidades sociais e cognitivas necessárias para os relacionamentos sociais avançados. Ela se torna, assim, cada vez mais ansiosa durante as interações sociais, evita-as e sente-se isolada. Ao reconhecer esse insucesso social, pode desenvolver sensação de insegurança e baixa autoestima. Pode estar predisposta a desenvolver condições como ansiedade de separação ou transtorno de ansiedade social.

A Sra. Nelson disse que Bradley foi um bebê um pouco "enjoado", mas não era difícil cuidar dele. Disse também que ele brincava adequadamente com outros na fase pré-escolar e nunca era agressivo. Lembrou-se de que as professoras do maternal diziam que ele era tímido e esperava que os outros se aproximassem dele antes de interagir. Abria exceção para alguns adultos, dos quais gostava mais do que de seus pares. Isso era evidenciado pelo excesso de gentileza, obediência e sensibilidade ao *feedback* dos adultos. Ela admitiu ainda que seus problemas conjugais haviam-na levado a ser superprotetora e emocionalmente dependente do filho, e que o mantinha muitas vezes fisicamente próximo.

A mãe relatou que Bradley apresentara alguma ansiedade de separação durante os primeiros anos de escola, mas que isso passara com o tempo. A maior preocupação eram os problemas conjugais que haviam piorado e causado grande perturbação na família. Os problemas haviam se intensificado depois da chegada das duas irmãs mais novas de Bradley. Ela admitiu que o fato de o marido não conseguir ajudá-la com as crianças fez com que ela dependesse mais de Bradley, que se tornara responsável por algumas das tarefas de alimentação, lavagem de roupas e limpeza da casa. O tempo que deveria ter sido gasto para desenvolver as amizades havia sido usado para executar as tarefas familiares. Esses eventos familiares estressantes haviam reforçado também a ligação emocional entre Bradley e a mãe.

Esses padrões haviam se intensificado durante os últimos anos do 1º ciclo do ensino fundamental. A mãe divorciou-se e transferiu ainda mais responsabilidades para o garoto. Bradley contou com as tarefas escolares como fonte de autoestima, o que o afastou das atividades de grupo da igreja, participação nos esportes e outros eventos sociais. A terapeuta acreditava que ele havia perdido algumas oportunidades de construir habilidades sociais melhores durante esse período e tinha dificuldades para entender como abordar as pessoas ou manter uma conversa.

Os aspectos desenvolvimentais dos comportamentos específicos de brincar podem ter também importantes ramificações no tratamento de crianças socialmente retraídas e ansiosas. Crianças muito pequenas são altamente egocêntricas, concentradas nos adultos e orientadas para as regras. A cooperação, o compartilhamento e a valorização dos outros tornam-se mais evidentes durante o último período da pré-escola. Uma criança que se envolve em uma brincadeira com outras aprende a esperar por sua vez. Esses comportamentos são muitas vezes a base do desenvolvimento posterior das habilidades sociais; por essa razão pode ser crucial, nesse momento, tratar as crianças socialmente retraídas.

O desenvolvimento bem-sucedido desses primeiros comportamentos de brincar pode estar relacionado a comportamentos sociais posteriores, como adiar a gratificação imediata, dar ouvidos e apreciar o ponto de vista dos outros, entender o conceito de amizade, resolver problemas sem agressão, comunicar-se com eficiência, ser assertivo. Crianças que não têm essas habilidades terão provavelmente deficiências em seus relacionamentos sociais e talvez precisem de tratamento. As habilidades de autodisciplina e de conversação de Bradley com os adultos eram bem desenvolvidas, mas a compreensão do relacionamento com colegas não. Ele não sabia dizer quantos amigos a maioria das pessoas tem ou sobre como as amizades se desenvolvem, antes de tudo. Ele também não relacionava o desenvolvimento de amizades a melhor qualidade de vida. Suas habilidades de comunicação com os colegas, especialmente a articulação, também precisavam ser melhoradas.

Diferenças de gênero aparecem no brincar e nos comportamentos sociais. Os meninos em idade pré-escolar têm probabilidade mais alta de brincar com carrinhos, caminhões, aviões, barquinhos etc.; já as meninas preferem bonecas. As meninas têm probabilidade mais alta de brincar com brinquedos tradicionalmente masculinos ou femininos; já os meninos preferem principalmente os brinquedos masculinos. Eles também tendem a ser fisicamente mais ativos e passam mais tempo fora de casa do que elas, o que leva a contatos sociais mais competitivos, porém mais frequentes e duráveis (Alexander, 2003; Martin e Ruble, 2004). Bradley ficava frequentemente dentro de casa, ou por perto, durante os anos da pré-escola e no começo do ensino fundamental. Isso pode ter impedido alguns contatos sociais com outros meninos. Seu perfil social era também mais feminino. Era meigo, mais inclinado para os adultos e atraído pelas atividades solitárias do que a maioria dos meninos. A terapeuta concluiu que essas características contribuíam para que ele fosse rejeitado pelos outros meninos.

E quanto ao desenvolvimento em longo prazo da criança com ansiedade e retraimento social? O isolamento social e o fraco desenvolvimento de habilidades sociais estão relacionados a vários problemas na adolescência, como depressão, baixa autoestima e solidão (Rubin et al., 2003). Outras consequências possíveis são o abuso de substâncias, dificuldades acadêmicas e profissionais persistentes e relacionamentos interpessoais cada vez mais fracos. Um ambiente familiar acolhedor, competência acadêmica e percepção de estar suficientemente envolvido em atividades sociais podem, contudo, mediar esses efeitos de longo prazo. Bradley apresentava alguns desses mediadores que podiam atenuar os efeitos nocivos de seu retraimento social inicial. O progresso escolar e o apoio familiar podiam permitir um desabrochar tardio e o desenvolvimento de amizades duradouras no ensino médio e na faculdade.

Tratamento

Os terapeutas que tratam crianças socialmente ansiosas ou retraídas observam, em geral, se o problema se deve a (1) falta de habilidades sociais ou (2) ansiedade social que bloqueia a manifestação de habilidades sociais já desenvolvidas. Bradley havia originalmente frequentado um grupo de terapia para as habilidades sociais. Entretanto, seu problema imediato era a fobia social e o comportamento de recusa em ir à escola, de modo que começou a fazer terapia individual para tratar a ansiedade em situações específicas.

A terapia para jovens com ansiedade social envolve quase sempre a exposição às situações sociais que provocam a ansiedade e o desenvolvimento de habilidades para lidar com ela ou reduzi-la. Os clínicos podem usar também terapia cognitiva para ajudá-los a pensar de modo mais realista nas situações sociais. Uma estratégia comum é construir uma "hierarquia social" ou lista de situações específicas de interação que a criança evita. Essas situações são ordenadas a partir da menos para a mais ansiógena (Garcia-Lopez et al., 2006).

Bradley enumerou quatro situações: entrar na lanchonete para comprar algo e comer, participar da aula de educação física, encontrar pessoas novas e fazer uma apresentação oral (a mais aversiva era a última).

A criança enfrenta, então, cada situação da hierarquia social, no ambiente terapêutico, começando pelo que provoca menos ansiedade. A primeira situação de Bradley envolvia o comportamento na lanchonete, e discutiu seus medos nesse ambiente, incluindo derrubar a comida, andar muito devagar na fila, não ter dinheiro suficiente para pagar e ser observado enquanto comia. A terapeuta ajudou-o a identificar pensamentos que não tinham fundamento, perguntando-lhe se alguns dos comportamentos "na fila" que mencionara já haviam ocorrido. No entanto, eles nunca tinham acontecido. A terapeuta então demonstrou que Bradley não tinha evidências suficientes sobre esse pensamento e precisava desenvolver outro, mais realista. Bradley disse que poderia derrubar a comida ou não ter dinheiro suficiente para pagar, mas concordou que era muito improvável que isso ocorresse. A terapeuta ressaltou que ele raramente olhava para alguém enquanto comia e, portanto, não podia esperar que outros olhassem para ele. Para confirmar isso, levou-o a uma lanchonete da região e mostrou que ninguém olhava para ele enquanto comia.

A terapeuta abordou as situações mais difíceis da hierarquia de Bradley. Ele discutiu seus medos durante a aula de educação física e as apresentações orais. Esses medos eram extraordinariamente semelhantes: ele acreditava que os outros o expulsariam injustamente ou fariam comentários maldosos sobre seu desempenho.

Quanto à aula de educação física, Bradley queixou-se de não ser escolhido para os times, embora fosse bom nos esportes. Quanto à aula de inglês, queixou-se de que seus colegas o ignoravam ou faziam pouco caso de sua apresentação oral. A terapeuta ressaltou que Bradley tinha tendência a superestimar as críticas e avaliações ruins dos outros, como fizera com o ambiente da lanchonete. Ressaltou também que o retraimento imposto sobre si talvez fizesse outras crianças desconfiarem dele ou evitá-lo.

Ela pediu a Bradley que se aproximasse mais dos colegas na aula de educação física e pedisse, antes da aula, para ser escolhido para o time. Ajudou-o a exercitar diferentes linhas de conversa para se apresentar e a falar com as pessoas sobre a habilidade especial que tinha para jogar basquete. Com a permissão dele, a terapeuta entrou em contato com o professor de educação física para perguntar-lhe se Bradley podia escolher os times com mais frequência e assumir papéis de liderança quando possível. Ele se adaptou bem à nova situação, e a ansiedade durante as aulas de educação física diminuiu acentuadamente.

Uma grande preocupação era sua recusa em fazer outras apresentações orais. A terapeuta instruiu-o a fazer uma série de apresentações orais em seu consultório. A primeira foi ler o jornal e artigos de revistas. Em seguida, deu-lhe a tarefa de fazer breves relatos sobre assuntos que tinha de pesquisar. Deu-lhe, também, amplos feedbacks sobre suas habilidades de apresentação durante os relatos, especialmente sobre a projeção da voz, contato visual com o público, pronúncia de sílabas e controle dos sintomas físicos de ansiedade. Bradley aprendeu a contrair e relaxar os grupos musculares que eram mais problemáticos durante a fala, como estender os músculos faciais e dos maxilares e controlar as pernas que tremiam.

As habilidades de apresentação oral de Bradley no consultório estavam boas após um mês de sessões frequentes. A terapeuta então o submeteu a uma plateia maior de pessoas desconhecidas, algumas das quais previamente instruídas para introduzir fatores de distração como suspirar, não prestar atenção e caçoar. No início, Bradley achou essas distrações perturbadoras, mas depois trabalhou na presença delas e fez suas apresentações sem muitos problemas. A terapeuta usou técnicas cognitivas para que ele não "catastrofizasse" a situação. Bradley finalmente reconheceu, observando seus colegas, que nem todos riam durante as apresentações orais. Percebeu também, com a ajuda da terapeuta e da professora, que mesmo quando riam as consequências não eram trágicas. Bradley fez então suas apresentações orais na sala de aula (a professora havia gentilmente adiado as apresentações remanescentes). Fez três apresentações em um período de três dias e, embora seu desempenho fosse apenas razoável, a ansiedade diminuiu a cada apresentação. Bradley voltou a frequentar a escola em tempo integral.

Posteriormente, ele participou de um grupo de terapia com outras crianças com déficits em habilidades sociais e retraimento social. O objetivo principal era construir as habilidades de Bradley para conhecer pessoas novas. Os membros do grupo de terapia aprenderam a abordar uma pessoa e a se apresentar. Eles se voltavam para a pessoa que estava à esquerda, olhavam-na nos olhos, diziam "oi", diziam o nome e ofereciam um aperto de mão. Muitos membros do grupo achavam que isso provocava ansiedade, mas todos se saíram razoavelmente bem, desenvolvendo outras habilidades, como manter uma conversa, fazer um elogio, sair de uma situação social com elegância e controlar os sintomas da ansiedade. O grupo fez também alguns passeios sociais para praticar as habilidades nos ambientes da vida real. Cada membro do grupo recebeu mais tarde a tarefa de ir a duas atividades sociais na igreja, escola ou vizinhança.

A terapia em grupo para pessoas com ansiedade e retraimento social apresentam duas vantagens principais: (1) permitem descobrir que outras pessoas têm problema semelhante e (2) fornecem suporte social. Ambas as vantagens eram reconfortantes para Bradley e dois membros desse grupo tornaram-se bons amigos dele. Participando de um programa de terapia de seis meses, ele melhorou significativamente em áreas específicas de preocupação como falar diante de outras pessoas e manter conversas. Porém, continuava a ser um pouco tímido e ainda evitava algumas situações sociais quando ficava ansioso. Participou de diversas sessões de reforço nos dois anos seguintes. Ao final desse período, seu funcionamento social geral foi avaliado entre razoável e bom.

Questões para discussão

1. O que diferencia crianças que são (a) naturalmente tímidas, (b) socialmente ansiosas, (c) socialmente retraídas, (d) negligenciadas ou (e) rejeitadas? Explore os fatores familiares, os relativos a outras crianças, bem como as características da criança.
2. Quais características tornam uma criança mais "popular" que as outras?
3. A ansiedade e o retraimento social de Bradley eram mais atribuídos a fatores pessoais ou familiares? De que modo um pai ou uma mãe podem encorajar comportamentos sociais adequados na criança? Quais atividades são mais eficientes para ajudá-la a desenvolver habilidades sociais positivas? Quais são as habilidades sociais mais importantes que a criança deve ter?
4. Que tipo de expectativas geralmente temos em relação ao comportamento social da criança? Explore as atividades consideradas "proibidas" para meninos e meninas. Como isso pode prejudicar o desenvolvimento das habilidades sociais?
5. Quais aspectos de seu próprio comportamento social você gostaria de melhorar? Qual é o melhor modo de fazer isso? Como solicitaria a ajuda de outras pessoas? Como poderia ajudar alguém que é tímido, mas quer ser socialmente mais ativo?

6. Como reagiria a uma criança que não tem amigos, mas diz que não se importa com isso?
7. Como você orientaria uma criança que decidisse se juntar a uma gangue ou andasse com "as pessoas erradas"? Quais são as vantagens e desvantagens desse comportamento social?
8. O que você acrescentaria ao programa de tratamento de Bradley? Como incluiria os membros da família no tratamento? O que faria para melhorar seu relacionamento social com o padrasto?
9. O que as escolas podem fazer para ajudar as crianças com ansiedade e retraimento social?

Capítulo 3
Depressão

Sintomas

Anna Thompson, uma menina afro-americana de 16 anos, foi encaminhada à unidade de adolescentes de um hospital psiquiátrico, por sua mãe, Sra. Thompson, após encontrá-la na cama com os pulsos sangrando. A quantidade de sangue não era grande, mas a mãe a levou ao pronto-socorro. O médico que a atendeu disse que Anna não estava gravemente ferida, porém recomendou que ela fosse internada em um hospital psiquiátrico para avaliação. A mãe concordou com uma breve internação, em razão dos comportamentos depressivos recentes da filha. Um psiquiatra especializado em transtornos do comportamento em adolescentes entrevistou a menina no dia seguinte.

Anna hesitou a princípio em falar com o psiquiatra e estava zangada com a mãe por havê-la internado. Depois de algumas conversas iniciais, estava, porém, mais acessível. Ela disse que mudara recentemente para uma nova escola, depois do divórcio da mãe, e que ninguém parecia gostar dela. Estava perturbada por fazer parte da minoria racial e por ter poucos amigos. Quando questionada se algum evento específico a perturbara recentemente, disse sentir que os outros adolescentes faziam comentários depreciativos sobre seu peso enquanto ela almoçava sozinha (Anna estava bem acima do peso). Não conseguiu, entretanto, ser mais específica, de modo que não ficou claro se os comentários tinham realmente acontecido.

Anna disse também que os últimos 13 meses haviam sido difíceis. Seus pais se separaram e, finalmente, se divorciaram depois de passarem por conflitos conjugais. Por razões que ela não compreendia inteiramente, sua mãe mudara de cidade com ela, separando-a do pai e do irmão de 13 anos. Isso foi traumático para Anna, pois era ligada ao pai e ao irmão e não podia mais ter contato com eles. Ela foi matriculada na nova escola em agosto e começou a frequentá-la em setembro. Perdera aproximadamente um terço das aulas nos dois primeiros meses e não frequentara a escola nas últimas duas semanas. Anna disse que se sentia só, porque sua mãe saía quase sempre para trabalhar, e a adolescente não tinha novas amizades.

O humor de Anna havia piorado nas duas últimas semanas. Ela sentia muita falta de ter consigo a família inteira e queixava-se de que não poderia passar o Dia de Ação de Graças com o pai e com o irmão (sua mãe já a avisara que seria impossível). Anna tornou-se, então, menos ativa, apenas andava pela casa, assistia à TV e navegava na internet para conversar com outras pessoas. Saíra de casa apenas duas vezes na semana anterior e estava comendo e dormindo demais. A mãe trabalhava muito e havia conversado pouco com ela nas últimas duas semanas. Quando por fim conversaram, a mãe tentou persuadir Anna a voltar para a escola.

O psiquiatra abordou também o fato de ela ter se machucado no dia anterior. Anna disse que estava se sentindo mal e imaginava como seria se ela se suicidasse. Imaginou como a família se sentiria e quem iria a seu enterro. Também disse não ser otimista com relação ao futuro e que, às vezes, o suicídio parecia preferível à vida. Porém, insistiu que seu comportamento não havia sido de fato uma tentativa de suicídio. Afirmou ter feito alguns arranhões com a faca da manteiga para ver o que aconteceria. Acabou ferindo-se, mas não achava que os ferimentos fossem graves (o relatório médico confirmou suas afirmações). Anna disse que a mãe entrou no quarto, viu o sangue e "surtou". Disse para ela entrar no carro, e as duas foram ao pronto-socorro. O médico que a atendeu perguntou-lhe sobre os ferimentos, e Anna contou o que realmente havia acontecido. Ela foi então transferida para aquela unidade, na qual havia uma pessoa sentada fora do quarto que a mantinha sob vigilância.

O médico perguntou a Anna se pensava com frequência em fazer mal a si mesma e ela negou. Repetiu que não quisera se matar no dia anterior e que queria sair daquela unidade. Pediu para ver a mãe e foi informada de que a veria à noite. Anna prometeu ao psiquiatra que não faria mal a si mesma e que falaria imediatamente com ele se tivesse pensamentos ou impulsos suicidas. Ele lhe deu um sedativo leve e ela dormiu pelo resto da tarde.

O psiquiatra entrevistou também a mãe de Anna, que forneceu mais informações sobre a situação familiar. Disse que ela e o marido haviam tido muitas discussões sobre diversas questões, principalmente a respeito do consumo de álcool e da situação financeira da família. A última gota d'água, contudo, foi quando ela o pegara curvado sobre Anna enquanto a menina dormia. A mãe suspeitava de um possível abuso sexual, embora isso não tivesse sido comprovado. Conversando com a mãe, Anna negou, mas a Sra. Thompson achou que elas deviam deixar a cidade. Disse também que havia deixado o filho porque ele era indisciplinado, e eles tinham um relacionamento ruim.

A mãe confirmou alguns relatos de Anna sobre eventos recentes, como o trabalho que a ocupava muito e que ela não conseguia dar à filha o tipo de atenção à qual estava acostumada. Passavam o fim de semana juntas, embora isso não tivesse acontecido nas últimas três semanas, e tinham um bom relacionamento. Confirmou ainda que a filha tinha pouco contato com o pai e com o irmão e que isso continuaria a ser assim nas férias que estavam se aproximando.

A Sra. Thompson notou que Anna havia perdido muitos dias de aula nos últimos dois meses e que não havia feito novas amizades. Estavam ambas preocupadas com o peso de Anna, e a mãe sabia que essa era a maior fonte de embaraço e frustração para a filha. Apesar disso, afirmou ter levado um choque quando encontrou a filha sangrando no quarto. Ela nunca havia considerado a possibilidade de suicídio, mas a aparente gravidade da situação a levara a aceitar a internação da filha.

Com a permissão da mãe, o psiquiatra conversou também com a orientadora de Anna na escola, que estava preocupada com a condição da adolescente e disse que ela havia falado em suicídio no mês anterior. Anna fora à sala da orientadora, Sra. Deetz, e se queixara de que, na aula de educação física, os alunos haviam zombado de seu peso. Ela havia chorado e se queixado de que não conseguia fazer amigos, dizendo que "preferia estar morta". A professora mudou os horários dela de modo que não precisasse participar daquela aula específica de educação física. Fez diversas recomendações sobre atividades extracurriculares, mas Anna as rejeitara porque faria parte da minoria racial. A Sra. Deetz insistira, entretanto, no fato de que essas preocupações sobre rejeição social eram infundadas. Ficou preocupada com Anna e se ofereceu para ajudar o psiquiatra de todos os modos possíveis.

O psiquiatra entrevistou Anna novamente, no dia seguinte, para confirmar se ela não havia tido pensamentos ou impulsos suicidas. Deu-lhe uma dose mínima de medicamento antidepressivo e pediu-lhe que participasse das sessões de terapia em grupo naquela manhã e à noite. Anna concordou, e o psiquiatra notou que seu humor estava um pouco melhor do que no dia anterior. Entretanto, em razão das informações recebidas até aquele momento, suspeitou que Anna tivesse acabado de passar por um episódio depressivo maior e achou que ela deveria continuar sob vigilância contra suicídio.

Avaliação

A característica essencial de um episódio depressivo maior é "um período de, pelo menos, duas semanas com humor deprimido ou perda de interesse ou prazer em quase todas as atividades" (American Psychiatric Association, 2000, p. 349). Em crianças e adolescentes, o humor pode ser irritável em vez de triste. Para ser classificado como episódio depressivo maior, o indivíduo deve experimentar pelo menos cinco dos sintomas a seguir, durante duas semanas:

- Humor constantemente deprimido.
- Falta de interesse em atividades anteriormente consideradas agradáveis.
- Perda ou ganho significativo de peso.
- Dificuldade para dormir ou dormir demais todos os dias.
- Agitação ou sensação de lentidão.
- Fadiga diária.
- Sensação de culpa e de falta de valor inadequados.
- Dificuldade de concentração e em tomar decisões.
- Pensamentos ou tentativas de suicídio.

Os sintomas podem interferir significativamente no funcionamento diário e não são causados pelo uso de substâncias, estados clínicos ou uma compreensível reação a eventos da vida, como a morte de um membro da família.

Muitos desses sintomas se aplicavam a Anna. Nos últimos meses, seu humor estivera deprimido e raramente envolvia-se em atividades para se divertir. Não apresentava ganho significativo de peso, mas estava comendo e dormindo demais. Esta última atividade – hipersonia – é comum em pessoas com depressão que querem fugir dos eventos aversivos da vida. Despertar muito cedo também é comum nessa população, mas Anna não o relatou. Disse que se sentia muito "lenta" e quase sempre cansada. Sentia-se culpada pelo rompimento dos pais, embora isso não se justificasse. Não tinha problemas de concentração, mas talvez isso se devesse ao fato de que ela não frequentava regularmente a escola. Todos esses sintomas depressivos combinados com os pensamentos suicidas e o gesto que apresentara haviam levado o psiquiatra ao diagnóstico inicial.

A avaliação da depressão em adolescentes pode ter várias formas, como testes de laboratório, entrevistas, medidas de autorrelato e observação direta. Anna foi submetida a diversos exames médicos no hospital para identificar as diferentes condições que poderiam explicar a depressão. Diversos estados clínicos e neurológicos podem produzir sintomas de depressão, entre eles, alterações cerebrais e hormonais, problemas cardiovasculares, doenças graves etc. (Babin, 2003). Há também várias substâncias que podem causar depressão. Porém, doenças e uso de substâncias não se aplicavam ao caso de Anna.

Um teste laboratorial de depressão é o teste de supressão com dexametasona (TSD), em que se avalia a capacidade do indivíduo de suprimir a secreção de cortisol. Indivíduos com depressão tendem a ter níveis mais elevados de cortisol, um hormônio ligado ao estresse. O teste TSD, porém, identifica apenas de 40% a 70% dos jovens deprimidos (Kaufman et al., 2001). Além disso, um resultado positivo no TSD não significa necessariamente que o indivíduo tenha depressão, mas apenas que um marcador está presente. Anna apresentou um TSD negativo.

A entrevista é particularmente importante para avaliar pessoas com provável depressão. Profissionais clínicos usam entrevistas para obter informações e estabelecer uma relação com alguém que inicialmente não está disposto a compartilhar seus problemas pessoais. As entrevistas estruturadas para essa população compreendem *Schedule for Affective Disorders and Schizophrenia for School-Aged Children* (Kaufman et al., 1997) e a *Children's Interview for Psychiatric Syndromes* (Weller et al., 2000). A maioria dos profissionais da saúde mental, incluindo o psiquiatra desse caso, baseia-se em entrevistas não estruturadas para explorar características únicas de determinado caso.

Quando se entrevista uma pessoa com possível depressão, é preciso investigar diversos temas, entre eles a descrição e o histórico dos sintomas, o histórico familiar e problemas associados, como ansiedade, uso de substâncias e comportamentos de *acting-out*. A percepção do jovem sobre seus sintomas, situação familiar e outras questões também pode ser discutida. O entrevistador deve avaliar, além disso, se o indivíduo tem pensamentos a respeito de fazer mal a si mesmo. Muitas pessoas que tentam se suicidar estão dispostas a anunciar sua intenção e a comunicar detalhadamente o plano que têm para isso. Quanto mais detalhado for o plano, maior é o risco de se ferir. Outros sinais importantes também devem ser examinados, como mudanças repentinas de comportamento e fatores recentes de estresse ambiental, como o fim de um relacionamento.

O histórico dos sintomas de Anna já foi descrito. Sua percepção da situação e das pessoas importantes em sua vida foi discutida durante as sessões de terapia em grupo. Anna estava confusa sobre os acontecimentos recentes de sua vida, especialmente pelo fato de a mãe ter-se afastado rapidamente de seu irmão e de seu pai. Disse que sentia falta do resto da família e dos amigos de então. Admitiu ainda que estava assustada e perturbada quanto à unidade de psiquiatria, mas reconheceu ter mais contatos sociais agora do que nos últimos seis meses.

Em muitos hospitais e ambulatórios, é comum usar também medidas de autorrelato para avaliar a depressão. Os principais exemplos compreendem a *Reynolds Adolescent Depression Scale* (Reynolds, 2004) e o *Children's Depression Inventory* (CDI)[1] (Kovacs, 1999). Anna foi submetida ao CDI durante a internação e o aconselhamento ambulatorial posterior. O CDI contém 27 itens referentes a sintomas depressivos recentes, como sentimento de tristeza, vontade de chorar, sentimento de culpa, indecisão, fadiga, comer e dormir demais e solidão. Alguns exemplos de subitens do CDI:

- Estou sempre triste.
- Quero me matar.
- Sinto-me sempre sozinho.

O resultado de Anna no CDI, assim que entrou no hospital, estava na faixa clínica (27). Ela confirmou diversos itens, especialmente aqueles relacionados a tristeza, cansaço, solidão e desmotivação. O resultado, porém, diminuiu para 15 (faixa normal) após três semanas de internação. O psiquiatra avaliou também a desesperança, um constructo muitas vezes associado à depressão em geral e ao suicídio em particular. A *Hopelessness Scale for Children* é um instrumento com 17 questões de verdadeiro ou falso que se concentra nos sentimentos em relação ao futuro (Thurber et al., 1996). Anna não foi submetida a essa escala, mas as respostas que deu às perguntas do psiquiatra indicaram alto nível de desesperança.

---

[1] Copyright© 1982. Maria Kovacs, Ph.D., 1991, 1992 sob licença exclusiva de Multi-Health Systems Inc. Todos os direitos reservados. Nos Estados Unidos, P.O. Box 950, North Tonawanda, NY 14120-0950, 1-800-456-3003. No Canadá, 3770 Victoria Park Ave., Toronto, ON M2H 3M6, 1-800-268-6011. Internacional, +1-416-492-2627. Fax, +1-416-492-3343. Reprodução autorizada.

A observação direta do comportamento também pode ser usada para avaliar a depressão. Os avaliadores devem procurar:

- Expressões faciais tristes.
- Diminuição das atividades motoras e sociais, como falar e brincar menos ou interagir menos com os outros.
- Excesso de comportamento solitário, como ler ou assistir à TV.
- Falar baixo.
- Diminuição do contato visual.
- Envolvimento em discussão.
- Afeto negativo na forma de testa franzida, queixas ou ausência de sorrisos.

Os membros da equipe hospitalar inicialmente notaram algumas dessas características em Anna. Disseram que ela ficava isolada, a menos que alguém a incentivasse a participar das atividades do grupo. Parecia triste e falava baixinho com os outros.

Outras formas de avaliação dessa população incluem as avaliações por pares e as avaliações por adultos (Hintze et al., 2000). A avaliação por pares não foi feita no caso de Anna, porque seus colegas não a conheciam bem. A mãe, entretanto, respondeu ao *Child Behavior Checklist* (Achenbach e Rescorla, 2001), durante o tratamento ambulatorial posterior. Essas avaliações indicaram um grau de moderado a alto de solidão, tristeza, choro e sentimento de culpa por parte de Anna.

Fatores de risco e variáveis mantenedoras

Muitos casos de depressão resultam de uma mistura de fatores biológicos e psicológicos. Indivíduos com depressão podem apresentar alterações neuroendócrinas, como regulação inadequada do cortisol ou secreção reduzida do hormônio do crescimento. Alterações nos neurotransmissores como a noradrenalina e a serotonina também influenciam a depressão. Nessa população, os níveis de tais neurotransmissores são baixos e as substâncias que os elevam são os bons antidepressivos (Kapornai e Vetro, 2008). Anna não apresentava nenhum problema físico importante, mas um fator fisiológico não detectado pode ter causado alguns de seus sintomas depressivos. Ela não respondeu bem à medicação antidepressiva, o que sugere que sua depressão era mais exógena, de base ambiental, em vez de endógena, biologicamente determinada.

Os fatores genéticos também podem predispor adolescentes à depressão, porém não explicam todas as variáveis associadas a esta. Os gêmeos idênticos têm probabilidade duas vezes mais elevada de compartilhar sintomas depressivos do que gêmeos fraternos. Jovens cujos pais naturais têm depressão apresentam probabilidade mais elevada de apresentar depressão, mesmo se forem criados por pais adotivos não deprimidos. Os parentes próximos de adolescentes deprimidos têm probabilidade mais elevada de serem deprimidos do que a população em geral

(Shih et al., 2004). Por sua vez, os fatores ambientais em geral desencadeiam predisposições biológicas para a depressão.

O histórico de depressão da família de Anna era irregular. A mãe havia tido sintomas depressivos, mas não ficou claro se estes eram simplesmente reações normais aos recentes eventos de sua vida. Imaginava-se que também o pai tivesse um histórico de depressão e alcoolismo, mas a mãe não sabia se ele havia tido um episódio depressivo maior. Anna também nunca tinha tido um episódio maior. Seu estado, naquele momento, podia ter bases no ambiente. No entanto, elas conheciam poucos membros da família, impossibilitando o acesso a um histórico familiar detalhado da depressão.

No caso de Anna, as teorias psicológicas da depressão pareciam ser mais pertinentes. A teoria psicodinâmica sustenta que a depressão resulta de um excesso de dependência em relação aos outros. Quando um indivíduo excessivamente dependente perde alguém próximo por morte, abandono, separação ou mesmo que se trate apenas de uma percepção de perda, esse indivíduo se engaja na introjeção, um processo pelo qual se internalizam sentimentos de raiva e ódio em relação à pessoa perdida. Ocorrem, assim, sentimentos de culpa e de falta de valor e tem início a depressão.

Um modelo psicológico de transtorno do humor mais amplamente aceito é o comportamental. Esse modelo sustenta que a depressão geralmente resulta de uma diminuição do reforçamento de comportamentos ativos e pró-sociais e aumento do reforçamento de comportamentos deprimidos. Uma adolescente pode fazer tudo o que dela se espera, como ir à escola, realizar as tarefas, fazer o dever de casa e trabalhar meio período. Se, porém, os outros considerarem esses comportamentos como óbvios, a jovem recebe pouca atenção positiva. Ao contrário, se ela se tornar deprimida e seu desempenho nessas atividades cair, os outros, então, talvez notem, reajam com compaixão e apoio e, inadvertidamente, recompensem os sintomas depressivos. Gestos suicidas como o que Anna apresentou também podem ser tentativas de obter atenção.

Anna não estava deprimida apenas para obter atenção, mas realmente apreciou o contato social que a situação proporcionou. Disse à mãe que agora estava mais interessada na vida do que antes da internação. Gostou de conversar com outros adolescentes e membros da equipe da sua ala do hospital. Algumas enfermeiras reclamaram que ela era um completo incômodo; à medida que sua alta se aproximava, Anna fazia constantemente perguntas pessoais e expressava o desejo de manter contato com elas. A mãe e o psiquiatra também notaram isso e concordaram que ela devia incentivar e recompensar os comportamentos sociais futuros da filha com seus colegas.

Uma teoria comportamental relacionada à depressão sustenta que a inabilidade social tem importância central nesse transtorno (Eberhart e Hammen, 2006). Anna foi capaz de conversar e fazer novos amigos quando estava motivada para isso, ainda que fosse na ala de internação. Um modelo de autocontrole especifica que indivíduos com depressão ocupam-se seletivamente dos eventos negativos da vida, punem-se excessivamente, recompensam-se pouco e concentram-se em objetivos não realistas e em resultados em curto prazo (Spence e Reinecke, 2004). Esse modelo se aplicava realmente à Anna, que se concentrava quase exclusivamente nos aspectos negativos de sua família e de sua vida social. Quando se concentrava no futuro, suas expectativas eram "quiméricas". Pensava que a mãe e ela finalmente se reconciliariam com o pai e que poderia cumprir suas obrigações escolares depois que entrasse na faculdade.

A teoria cognitiva de Beck é um modelo psicológico de depressão muito popular que enfatiza os modos disfuncionais de ver a si mesmo, de ver o mundo e o futuro (Beck, 2005). Alguns jovens com depressão apresentam distorções cognitivas sobre os eventos ao redor e acreditam que as coisas sejam piores do que realmente são. Um adolescente pode acreditar que todos rirão dele durante uma apresentação oral, apesar de haver clara evidência do contrário – isso é a catastrofização. Anna apresentou personalização ou atribuição de eventos externos a si mesma, sem causa. Pensou que os colegas que cochichavam pelos corredores estivessem necessariamente falando dela e fazendo comentários maldosos. Mas nenhuma evidência sustentava esse pensamento.

Uma teoria cognitiva relacionada à depressão é a do desamparo aprendido que atribui a tristeza a fatores internos imprecisos com relação a diferentes eventos da vida. (Abramson et al., 2002). Indivíduos com depressão podem atribuir as causas de um evento negativo a fatores internos, globais e estáveis. O insucesso em um teste pode resultar em afirmações negativas sobre si mesmo referentes aos atributos internos (por exemplo, "Foi culpa minha"), globais ("Sou um fracasso em tudo") e estáveis ("Sempre vou me sair mal nesses testes"). Tal pensamento é quase sempre o resultado de experiências em que a pessoa sente ter pouco controle sobre os eventos do ambiente. Anna muitas vezes se culpava pelos eventos incontroláveis da vida, como o divórcio dos pais. Era pessimista sobre sua vida social futura. Todavia, adolescentes não deprimidos têm pensamentos como esses; é por isso que, às vezes, é difícil avaliar os sintomas cognitivos da depressão.

Outros fatores relacionados ao surgimento e à manutenção da depressão são a falta de assertividade, impulsividade, ansiedade, pouco apego aos colegas, pouco suporte social, impopularidade, déficits na solução de problemas, estilos ineficientes de enfrentamento *(coping)*, desempenho escolar fraco, pais emocionalmente distantes, famílias hostis ou desorganizadas, reações negativas aos fatores de estresse da vida e desvantagem econômica (Hammen e Rudolph, 2003). Muitos desses fatores se aplicavam a Anna, especialmente a situação familiar problemática, impulsividade, falta de amizades e a crença de que tinha pouco apoio dos outros.

Alguns teóricos combinam vários fatores de risco em um modelo integrativo da depressão (Hammen e Rudolph, 2003). Alguns indivíduos têm predisposição genética à depressão, bem como experiências familiares problemáticas, habilidades interpessoais e estilos de enfrentamento deficientes e sentimentos de inadequação. Eventos estressantes de vida podem, mais tarde, desencadear essas predisposições psicológicas e biológicas e produzir, então, depressão. Contudo, hormônios do estresse, atribuições, contatos e suporte sociais e grau de desesperança podem, entre outras variáveis, mediar a severidade da depressão. A predisposição geral de Anna para a depressão pode ter se desenvolvido a partir das interações familiares negativas. A estressante mudança para a escola nova, a falta de suporte social e as distorções cognitivas podem ter conspirado para produzir o episódio depressivo maior.

Aspectos do desenvolvimento

O percurso de desenvolvimento da depressão é controvertido. Alguns afirmam que apenas adolescentes e adultos podem experimentar uma "verdadeira" depressão clínica baseada na cognição. Mas os pesquisadores investigaram também os sintomas de depressão em crianças pequenas e pré-escolares. A prevalência e os sintomas da depressão entre diferentes grupos de idade não são dramaticamente diferentes, porém algumas importantes distinções, como os fatores cognitivos, existem.

Em crianças pré-escolares, a depressão pode envolver tristeza, irritabilidade, retraimento, lentidão de movimentos, choro e queixas somáticas como dores de estômago (Luby et al., 2003). Esses sintomas podem, no entanto, derivar de outros transtornos, e os sintomas da depressão manifestam-se, às vezes, por meio do comportamento de oposição nessa idade. Assim, um diagnóstico de depressão é quase sempre difícil em crianças pré-escolares.

Crianças em idade escolar tornam-se mais capazes e dispostas a se expressar quando emocionalmente perturbadas. Os sintomas depressivos em crianças de 6 a 12 anos podem incluir queixas somáticas, como dor de cabeça e dor de estômago, tristeza, desempenho escolar fraco, choro, irritabilidade, fadiga, insônia, aumento ou diminuição da atividade motora, preocupação e baixa autoestima. Pensamentos e tentativa de suicídio também se tornam mais prevalentes à medida que as crianças crescem (Steele e Doey, 2007), e tais sintomas, às vezes, indicam outros transtornos. Algumas crianças com depressão não apresentam sintomas evidentes. A Sra. Thompson afirmou que Anna nunca havia tido problemas de comportamento.

Na adolescência e na idade adulta, a depressão está mais próxima da depressão "clássica" representada pelos critérios do DSM-IV-TR. Adolescentes e adultos tendem a mostrar mais humor deprimido, atraso psicomotor e problemas de sono do que na idade pré-escolar ou escolar. Outros sintomas comuns em adolescentes com depressão eram evidentes em Anna. Ela era socialmente retraída, especialmente depois da mudança. Indivíduos com depressão às vezes fogem de novos estímulos ou têm falta de energia para enfrentar novas situações interpessoais. Anna apreciou o contato social, mas era inibida pelo medo da rejeição e da humilhação. Sintomas como preocupação e ansiedade são comuns em adolescentes com depressão. Ela estava constantemente preocupada com sua situação de vida, em especial com a situação financeira da família, seu *status* social e com o bem-estar geral da mãe. Atingia tecnicamente os critérios diagnósticos para transtorno de ansiedade generalizada que envolve preocupação generalizada. Suas distorções cognitivas exacerbavam essa ansiedade.

Outros sintomas particularmente comuns em adolescentes com depressão são comportamentos disruptivos, queixas somáticas, baixa autoestima em relação à imagem corporal e ideação suicida (Hammen e Rudolph, 2003). Anna não apresentava problemas de comportamento de *acting-out*, mas tinha queixas somáticas como dor de cabeça e dor de estômago. Estava também altamente preocupada e deprimida por causa do peso. Ganhara uma quantidade substancial de peso nos últimos meses e, como resultado, sentia-se socialmente rejeitada. Comer demais e não participar de atividades de grupo não estava ajudando muito, afinal. O controle do peso tornou-se, assim, parte de seu tratamento ambulatorial. Anna tinha obviamente pensamentos suicidas e seu gesto indicava que o risco de se ferir era, para ela, mais alto do que para a população em geral. O psiquiatra acreditava que o gesto de Anna fora, em grande parte, resultado de um desejo de atenção e estava relacionado ao seu comportamento ocasionalmente impulsivo.

Muitas pessoas experimentam seu primeiro episódio depressivo maior na adolescência, e a duração média de um episódio é de 12 semanas (Eaton et al., 2008). As depressões longas podem estar relacionadas à gravidade dos eventos da vida, grau de ideação suicida e enfraquecimento, além da comorbidade com outros transtornos como a ansiedade e o abuso de substância. Anna realmente tinha uma substancial ansiedade. O risco de depressão aumenta na presença de disfunções familiares, como no seu caso. O alto nível de emoções expressas ou de hostilidade entre os membros da família agravam a depressão nos jovens e a baixa autoestima também prediz depressão (McLeary e Sanford, 2002; Southall e Roberts, 2002).

Aproximadamente 50% daqueles que experimentam um episódio depressivo maior acabarão por vivenciar um segundo episódio no prazo de um ano (Eaton et al., 2008). Uma grande porcentagem dos que apresentam um episódio depressivo continuarão a apresentar distimia ou humor depressivo persistente sem maior interferência no funcionamento diário (Nobile, Cataldo, Marino e Molteni, 2003). Anna continuou a experienciar humor deprimido ocasionalmente e retraimento social mesmo após a terapia ambulatorial.

Os adolescentes podem apresentar sintomas depressivos persistentes ao longo do tempo. Isso se aplica especialmente a meninas e jovens com saúde debilitada, queixas somáticas, ideação suicida e suspensões escolares (Rushton et al., 2002). O acesso contínuo a tratamento e o suporte familiar e social também permitem prever se o adolescente continuará deprimido. O encaminhamento de Anna à terapia ambulatorial e o desenvolvimento do apoio de outros adolescentes foram aspectos cruciais de sua internação. O apoio de seus pares foi particularmente pertinente porque a mãe continuou a negar-lhe o contato com o pai e o irmão.

Tratamento

O tratamento de adolescentes com depressão pode ser feito em ambientes ambulatoriais ou de internação, como no caso de Anna. O objetivo da terapia durante a internação era reduzir os sintomas depressivos graves, a ideação suicida e a possibilidade iminente de ferir-se. Os tratamentos para atingir esse fim, além da terapia individual e familiar, incluem medicação antidepressiva, terapia em grupo e terapia ambiental. A terapia ambiental implica estabelecer um ambiente que incentive o indivíduo a assumir responsabilidade por sua internação e participar ativamente das atividades do tratamento. O psiquiatra, as enfermeiras e outros membros da equipe incentivaram Anna a participar das sessões de terapia em grupo e manter uma boa higiene pessoal.

A terapia em grupo concentra-se, em geral, em resolver os problemas interpessoais, construir apoio social e desenvolver habilidades sociais de conversação e de solução de problemas (Mufson et al., 2004). Terapias breves em grupo constituem a norma em ambientes de internação como o de Anna. Ela permaneceu na unidade por três semanas, como muitos adolescentes. Desse modo, os terapeutas do grupo enfatizaram a discussão e o apoio. Anna falou sobre seus problemas e medos recentes e descobriu que suas preocupações muitas vezes coincidiam com as de outros membros do grupo. Nenhum de seus problemas principais foi completamente resolvido, mas seu humor melhorou durante a internação hospitalar.

Os medicamentos antidepressivos para adolescentes são os tricíclicos, os inibidores seletivos de receptação da serotonina (ISRS) e os inibidores da monoamina oxidase (MAO). Há diversos antidepressivos tricíclicos disponíveis como imipramina, amitriptilina, nortriptilina e desipramina. Entretanto, a eficácia destes em adolescentes não é grande. O ISRS mais estudado em adolescentes com depressão é a fluoxetina (Prozac), substância eficaz, principalmente se associada a procedimentos cognitivo-comportamentais (March et al., 2007). Os psiquiatras podem usar os inibidores da MAO quando os antidepressivos tricíclicos e os ISRS não funcionam, mas esses últimos têm efeitos colaterais perigosos.

Anna recebeu uma dose mínima de fluoxetina enquanto estava no hospital. Disse ao psiquiatra que seu humor melhorara durante as três semanas de internação, mas não ficou claro se isso se devia à substância ou ao aumento dos contatos sociais. Relatou, contudo, diminuição substancial da ansiedade, que pode ser resultado da fluoxetina.

Uma psicóloga clínica atendeu Anna, mais tarde, na terapia ambulatorial. Terapias ambulatoriais para a depressão de adolescentes envolvem muitas vezes uma abordagem comportamental complementada pela medicação. Anna continuou a tomar fluoxetina por seis meses e, então, a substância foi suspensa. Terapias comportamentais para indivíduos com depressão incluem, em geral, programação de atividades complementares, aumento do reforçamento positivo por parte dos outros, desenvolvimento de habilidades sociais e de solução de problemas, e prática de habilidades sociais em diferentes ambientes (Hopko et al., 2003).

A psicóloga, Anna e a sua mãe discutiram diversos objetivos de tratamento, incluindo voltar a frequentar a escola, melhorar o humor, socializar-se e perder peso. A psicóloga conversou com a adolescente a respeito de suicídio. Anna concordou em entrar em contato com ela ou com a mãe quando tivesse pensamentos suicidas ou imaginasse fazer mal a si mesma.

A psicóloga ajudou Anna a desenvolver formas de aumentar a autoestima e a socialização. Usando uma abordagem de solução de problemas, as duas decidiram que Anna poderia procurar uma clínica de perda de peso nas redondezas, voltar a frequentar a escola em meio período e a participar de pelo menos uma atividade com colegas. Ela adotou essas soluções e depois de dois meses havia perdido um pouco de peso, recebido créditos acadêmicos parciais por meio de um programa pós-escola e começado a cantar no coral da escola. O terapeuta trabalhou também com a mãe para aumentar o tempo que passava com Anna no fim de semana e para que participasse de pelo menos uma atividade com a filha fora de casa. A mãe incentivou a filha a convidar pessoas para jantar.

A terapeuta concentrou-se nas habilidades sociais de Anna que eram boas, mas precisavam ser "aperfeiçoadas". A garota tinha dificuldade em se aproximar de pessoas que não conhecia bem, principalmente meninos. Trabalhou com ela para ajudá-la a iniciar e manter conversas, integrar comportamentos verbais e não verbais e aplicar tais habilidades com quem encontrava na escola. Anna teve alguma dificuldade em falar com pessoas que via pela primeira vez, mas foi, enfim, capaz de se relacionar com membros do coral e do pós-escola. Evitava, às vezes, essas situações e passava mais tempo com a mãe, porém o terapeuta continuou a incentivá-la a manter contatos sociais com outros adolescentes.

A psicóloga reconheceu que alguns problemas mais profundos também precisavam ser abordados na terapia. Anna continuava a menosprezar-se, a queixar-se da situação familiar e a suspeitar de que os outros fizessem coisas ruins. A psicóloga achava que Anna era inteligente e capaz de absorver os aspectos da terapia cognitiva, e este se tornou o foco principal das etapas posteriores do tratamento. A terapia cognitiva envolve diversos passos, como os seguintes (Friedberg e McClure, 2002):

1. Automonitorar os pensamentos.
2. Compreender a ligação entre pensamentos e comportamentos.
3. Avaliar cada pensamento com precisão.
4. Substituir os pensamentos imprecisos por outros mais positivos e realistas.

Uma das distorções cognitivas presentes em Anna era a personalização ou a crença de que os outros agiam propositalmente contra ela. O terapeuta pediu-lhe que mantivesse um registro diário das vezes em que sentia que outros faziam comentários depreciativos ou eram grosseiros com ela. Ressaltou também de que modo seus pensamentos estavam às vezes relacionados com seu comportamento de esquiva e com a depressão. Anna, por exemplo, via os colegas zombando e olhando para ela e pensava que estavam falando dela. Generalizava, então, esse incidente para outras pessoas que conhecia e passava a evitar determinadas situações sociais. Ficava deprimida e seu retraimento social aumentava. A partir do registro diário, o terapeuta identificou outros exemplos de como os pensamentos de Anna podiam levar a comportamentos depressivos.

O terapeuta solicitou a ela que desafiasse diretamente os pensamentos negativos. Pediu-lhe que examinasse as evidências favoráveis e contrárias a cada pensamento. Se não conseguisse achar evidências que apoiassem o pensamento, pedia-lhe que encontrasse uma explicação mais realista e lógica (por exemplo, as meninas estão falando de outra coisa). Ajudou-a a pensar no que fazer quando alguém era grosseiro com ela. A desconfiança de Anna e os sintomas depressivos diminuíram gradualmente ao longo do tempo.

Anna continuou na terapia ambulatorial por um ano aproximadamente. Depois desse tempo, o terapeuta avaliou que ela estava suficientemente bem para encerrar o tratamento. Alguns problemas, entretanto, não foram solucionados. A mãe continuou inabalável quanto à situação familiar, proibindo Anna de ver o pai e o irmão. Às vezes, ela se sentia triste por causa disso, mas se adaptou a seu novo estilo de vida e tinha agora alguns bons amigos. Um contato telefônico com Anna, seis meses depois da terapia, revelou que não houve recorrência de nenhum episódio depressivo maior nem tentativa de suicídio.

Questões para discussão

1. Você acredita que realmente existe depressão em crianças de idade escolar e pré-escolar? Justifique sua resposta. Quais sintomas você acredita serem mais indicativos da depressão nas diferentes idades?
2. Por que acha que mais meninas do que meninos apresentam depressão? Não deixe de explorar as questões de socialização. Acha que as mulheres relatam mais depressão que os homens? Em caso afirmativo, por quê?
3. Por que os homens tendem a escolher métodos mais letais que as mulheres para cometer suicídio?
4. Que tipo de pessoa tem mais probabilidade de cometer suicídio fazendo com que o ato pareça um acidente? O que você supõe que seja a motivação para fazer isso?

5. Quais perguntas você gostaria de fazer a alguém que parecesse deprimido? Como faria para descobrir se a pessoa está pensando em suicídio e o que faria com essa informação?
6. Todos ficam deprimidos em algum momento. Quais eventos da vida o levam a se sentir triste ou "pra baixo"? O que diferencia a depressão "normal" da depressão "anormal"? A depressão de Anna era normal ou anormal? Por quê?
7. Quais são as questões éticas principais envolvidas em medicar crianças e adolescentes com depressão? Uma vez que a depressão é muitas vezes um sinal de que algo está errado, discuta de que modo o medicamento pode impedir alguém de resolver seus sérios problemas de vida.
8. Como trataria um adolescente com depressão que não quisesse conversar com você? Como poderia mudar seu plano de tratamento para um adolescente que tivesse também problemas com álcool, tivesse sido vítima de abuso ou apresentasse sintomas de transtorno de conduta?

Capítulo 4
Transtorno bipolar com início precoce

Sintomas

Dustin Lowell, um menino branco, de 14 anos, foi levado a uma casa do serviço de proteção à criança, após a prisão da mãe, Natalie Chapman, presa por posse e distribuição de drogas e negligência materna. Dustin e ela viviam juntos em uma pequena casa e os vizinhos haviam dito que o garoto ficava sozinho e se comportava de modo estranho. Segundo o relatório da polícia, ele ficava sentado no jardim no meio da noite, escutava música em alto volume a todo o momento e ameaçava os vizinhos que passavam. Não havia frequentado a escola nas últimas quatro semanas, e os vizinhos afirmaram também que quase não viam a mãe nos últimos tempos.

Um dos vizinhos chamou a polícia, que encontrou Dustin sozinho em casa, com pouca comida à disposição. Ele não sabia onde estava a mãe e não se lembrava de quando a vira pela última vez. Os policiais disseram que Dustin estava magro e parecia irritado e nervoso. Levaram-no, então, à unidade de serviço de proteção à criança para receber cuidados e ser avaliado. Sua mãe foi localizada no dia seguinte, no centro da cidade, e foi presa após a polícia descobrir que ela usava e distribuía grandes quantidades de metanfetamina.

O comportamento de Dustin na unidade de serviço de proteção à criança – um campus com pequenos grupos de casas – foi estranho nos primeiros dias. Estava muito irritado, era ríspido com vários membros da equipe e com outros residentes, embora não ameaçasse ninguém. Ele também era extremamente ativo e parecia ter muitos problemas para dormir; os membros da equipe relataram tê-lo visto no meio da sala de recreação às 3 horas da madrugada. Estava inquieto, nervoso e tinha dificuldade em se concentrar. Tinha muita energia, dificuldade em se acalmar e seu humor oscilava – em um momento, parecia dócil e, logo em seguida, irritável e ansioso.

A equipe de psicólogos, trabalhando em conjunto com dois alunos de doutorado em psicologia clínica da universidade local, avaliou Dustin. Ele foi reservado, no início, e ofereceu poucas indicações sobre sua situação de vida ou seu comportamento. Foi solicitado a preencher alguns instrumentos de autorrelato relativos a sintomas do transtorno de estresse pós-traumático e problemas correlatos como dissociação, cognições ligadas ao trauma, depressão e raiva. Os estudantes de doutorado aplicavam esse protocolo de avaliação aos adolescentes encaminhados à unidade, para identificar problemas de adaptação e outros, derivados de abuso ou ligados à transferência para aquela unidade. Os resultados da avaliação de Dustin, porém, foram inexpressivos.

A psicóloga da equipe observou o menino durante os dias seguintes para entender melhor seus comportamentos estranhos. Cogitou, como possíveis explicações, o consumo de drogas, sintomas persistentes de estresse relacionados ao trauma e problemas de adaptação à nova estrutura. Excluiu, posteriormente, o uso de drogas, pois o comportamento de Dustin mudara pouco durante a permanência na unidade e o exame toxicológico não havia revelado uso de substâncias ilícitas. Os outros membros da equipe e ela tentavam regularmente falar com o menino que permanecia, porém, calado, nervoso e distraído.

Dustin permaneceu na unidade por cinco dias. Depois disso, uma família adotiva temporária ofereceu-se para abrigá-lo e cuidar dele enquanto a equipe do serviço de proteção não encontrasse uma solução de longo prazo. Essa família era composta por um jovem casal, Senhor e Sra. Boswell, e sua filha de 7 anos, Emma. O casal havia participado recentemente de um curso de capacitação para pais adotivos e estava empolgado em dar a Dustin um lar estável, ainda que temporário.

Uma assistente social do serviço levou o garoto ao lar de acolhimento para que encontrasse o casal. Porém, o encontro inicial não correu bem. Dustin entrou e começou a correr pela casa, olhou todos os quartos e logo perguntou onde dormiria. Os Boswell ficaram um pouco assustados com sua energia, entretanto, educadamente, mostraram-lhe o quarto. Dustin entrou e começou a pular na cama até que a assistente social lhe pediu que parasse. Ele parou, mas pareceu ansioso e foi até o banheiro.

A assistente social explicou a história recente do menino ao casal e encorajou-os a conversar com ela caso surgissem problemas. Não demorou muito para que isso acontecesse. À mesa, durante o jantar, Dustin falou o tempo todo sobre suas experiências recentes, uma mudança evidente em relação ao comportamento na unidade. Balançava-se para a frente e para trás na cadeira e contou que sua mãe entrava e saía de casa com pessoas diferentes e que, muitas vezes, temia pela própria segurança. Dustin descreveu um incidente no qual estava na cama e ouvira vozes "que saíam da parede", como se houvesse fantasmas. O casal percebeu que a filha estava aterrorizada com a história e pediu ao menino que parasse.

Os Boswell estavam na cama quando outros comportamentos estranhos ocorreram. A mulher acordou com o barulho de uma porta batendo e foi ao quarto de Dustin, que estava vazio. Encontrou-o, por fim, sentado no jardim, balançando-se para trás e para a frente. Ela se aproximou, mas ele rapidamente se levantou e gritou com ela. Disse para deixá-lo em paz e começou a chorar. Disse também, estranhamente, que "eles estavam chegando para pegá-lo" e que era melhor que ela entrasse ou iria se machucar. A Sra. Boswell não entendeu se o menino quis dizer que a machucaria, porém acordou o marido. Ele conseguiu convencer Dustin a entrar e ir dormir.

A família notou outros comportamentos estranhos nos sete dias seguintes. O humor de Dustin mudava constantemente, passando em geral de calmo a irritável. E isso era especialmente preocupante: muitas vezes, Dustin gritava com a menina de 7 anos e pedia a todos que o deixassem sozinho. Comia com irregularidade, parecia às vezes agitadíssimo e tinha grandes problemas de sono. Recusava-se a ir à escola, o que significava que alguém tinha de ficar em casa durante o dia para vigiá-lo.

A última gota para o casal aconteceu no oitavo dia em que o menino estava com eles. A família estava trabalhando no quintal quando notou que Dustin tinha desaparecido. A busca frenética pela casa, quintal e vizinhanças não deu nenhum resultado. A família alertou a assistente social da unidade e também a polícia, que acabou encontrando o garoto sentado no canto de uma loja de conveniências, a três quilômetros de casa. Um policial disse que Dustin estava altamente agitado e sua fala parecia incoerente. Levaram-no de volta para casa, mas ele correu imediatamente para a rua. O policial o pegou novamente e levou-o à unidade de serviço de proteção à criança, onde recebeu um sedativo para acalmar a agitação.

A psicóloga investigou mais a fundo o repertório de Dustin para poder lidar melhor com o que possivelmente causava os comportamentos estranhos. Ela obteve permissão para ter acesso aos registros escolares do garoto. Parecia um aluno inteligente que, porém, faltava muito. Suas notas, nos primeiros anos de escola e até o começo do segundo ciclo, eram satisfatórias, mas a chegada ao ensino médio, naquele ano, estava marcada pelo excesso de faltas e desempenho acadêmico fraco. A psicóloga notou ainda que os registros de Dustin indicavam sintomas de um possível transtorno de déficit de atenção e hiperatividade.

A psicóloga entrevistou também a mãe de Dustin, Natalie Chapman. A conversa revelou algumas informações interessantes que ajudaram a explicar alguns dos comportamentos estranhos do garoto. Essas informações, associadas ao exame dos registros escolares, levaram a psicóloga a concluir, preliminarmente, que Dustin apresentava sintomas de transtorno bipolar com início precoce.

Avaliação

A característica essencial do transtorno bipolar envolve um ou mais episódios maníacos ou mistos que ocorrem com um ou mais episódios depressivos maiores (American Psychiatric Association, 2000, p. 382). Um episódio maníaco é um "período distinto durante o qual existe humor expansivo ou irritável, persistente e anormalmente elevado, com duração de pelo menos uma semana" (ibidem, p. 362). Alguns sintomas comuns durante um episódio maníaco são a autoestima inflada, necessidade de sono reduzida, verborragia, pensamento rápido, distrabilidade, aumento nas atividades dirigidas a objetivos ou agitação e envolvimento excessivo em atividades prazerosas com alto potencial para consequências dolorosas. Exemplos desse último são compras desenfreadas, dirigir perigosamente, ou indiscrições sexuais (ibidem, p. 362). Um episódio misto envolve rápida alternância entre humor depressivo e mania, por pelo menos uma semana. Os sintomas do episódio depressivo maior foram discutidos no Capítulo 3.

Os sintomas do transtorno bipolar são menos claros em adolescentes do que em adultos. Os adolescentes com esse tipo de transtorno não atendem aos critérios clássicos do DSM-IV-TR em 70% dos casos (Ahn e Frazier, 2004) e muitas vezes não apresentam episódios claros de mania e depressão (maníaco-depressivo) como os adultos. Em vez disso, o quadro clínico apresenta humor irritável, autoestima inflada, aumento de energia, distrabilidade, fala premente, pensamentos rápidos e redução da necessidade de sono. O transtorno bipolar em adolescentes está mais próximo dos critérios do DSM-IV-TR para episódio misto, com rápida alternância do estado de humor (Kowatch et al., 2005; Weller et al., 2003).

Dustin parecia apresentar muitos desses sintomas. Estava, muitas vezes, nitidamente irritadiço e quase sempre distraído. Os Boswell e a psicóloga da equipe perceberam que ele tinha dificuldade em ficar calmo e manter conversas. Em particular, sentiam estar "pisando em ovos" em relação a Dustin e começaram a ter medo de "fazê-lo explodir", dizendo ou fazendo alguma coisa errada. Era o que aparentemente acontecia, com muita frequência, com Emma, a menina de 7 anos. Em outros momentos, contudo, Dustin parecia tranquilo. Os membros da equipe da unidade e o casal disseram à psicóloga que nunca conseguiam prever como Dustin reagiria às suas atitudes.

Dustin apresentava também aumento de energia e diminuição da necessidade de sono. Como mencionado anteriormente, ele às vezes corria pela casa e pulava na cama, um estranho comportamento para um menino de 14 anos. Parecia ter um histórico de comportamento motor excessivo – os registros da escola indicavam que a psicóloga de lá havia sugerido, em certa ocasião, o diagnóstico de transtorno de déficit de atenção e hiperatividade (tipo hiperativo-impulsivo). Outro elemento fundamental de seus problemas era o fato de que ele dormia muito pouco. Ele dissera que dormia apenas quatro ou cinco horas por noite, no jardim, porque isso o acalmava.

Dustin, entretanto, não apresentava outros sintomas de transtorno bipolar em alto grau. Não relatou pensamentos rápidos e não apresentou fala premente embora dissesse coisas estranhas, às vezes. O policial e os Boswell haviam notado que, em algumas ocasiões, ele dizia coisas incoerentes ou estranhas a respeito de "vozes" ou ameaças. A psicóloga, porém, suspeitou de que talvez ele tivesse pensamentos rápidos nos momentos em que estava distraído e não conseguia se concentrar em uma conversa.

Muitos transtornos mentais ocorrem em concomitância com os sintomas bipolares e complicam ainda mais o quadro clínico dos adolescentes. Exemplos comuns são as condições pré-psicóticas, uso de substâncias, problemas de sono, ansiedade, além de transtornos do déficit de atenção e hiperatividade (Duffy et al., 2007; Goldstein et al., 2008). Dustin não apresentava transtorno psicótico em toda a sua expressão, como a esquizofrenia, e sim possíveis sintomas característicos desse transtorno. Seus relatos sobre "vozes" que vinham das paredes e sua preocupação infundada de que alguém "estava chegando para pegá-lo" podiam ser sinais precoces de alucinação e delírio. Dustin não relatava nem apresentava esses sintomas com regularidade, não tinha transtorno de uso de substâncias e, certamente, nem sintomas de transtorno de sono e de ansiedade.

A psicóloga da equipe não o diagnosticou formalmente com nenhum tipo de transtorno, mas era nítido que o garoto tinha problemas para dormir, assim como apreensão excessiva e agitação física. Esses sintomas eram, porém, provavelmente secundários para o diagnóstico de transtorno bipolar. Conversas posteriores com funcionários da escola revelaram que Dustin demonstrara sintomas claros de transtorno de déficit de atenção e hiperatividade no primeiro e no segundo ciclos de escola. Tais sintomas incluíam hiperatividade, impulsividade, distrabilidade, desatenção, inquietação e falar em demasia.

O transtorno bipolar tem fortes bases genéticas, de modo que as avaliações devem incluir o histórico familiar e entrevistas. A psicóloga da equipe do serviço de proteção à criança entrevistou a mãe e descobriu que ela tivera um longo histórico de mudança de humor e uso de substância. Ela disse que crescera em uma "casa devastada", marcada por brigas e dramas constantes e que começou a apresentar alterações severas de humor com pouco mais de 20 anos, e acabava fazendo uso excessivo de bebida alcoólica para enfrentar o problema. Deu à luz Dustin aos 23 anos e admitiu que cuidar do filho era difícil para ela. Disse que ele tinha, muitas vezes, problemas na escola e que ela ficava oprimida por ter de cuidar de uma criança. O abuso de substâncias havia piorado ao longo dos anos, a tal ponto que se envolvera muito na cultura local de drogas. Nunca havia recebido um diagnóstico formal de transtorno bipolar, mas assentiu com a cabeça quando a psicóloga enumerou os sintomas possíveis. Não havia informações disponíveis sobre o pai biológico de Dustin.

A avaliação do transtorno bipolar pode incluir também inventários de comportamento e medidas de autorrelato sobre o humor. O *Child Behavior Checklist* (Achenbach e Rescorla, 2001) é útil para distinguir entre transtorno bipolar e transtorno de déficit de atenção e hiperatividade. Os resultados dos pais, em muitas escalas desse inventário, são mais altos quando as crianças têm transtorno bipolar, incluindo ansiedade/depressão, problemas sociais e de pensamento, além de agressão (Diler et al., 2007). Outra medida de relato de pais mais específica é o *Child Bipolar Questionnaire*, que abrange sintomas do transtorno de humor e de déficit de atenção e hiperatividade para traçar um quadro claro de um caso particular (Papolos et al., 2006).

Outras medidas importantes são a *Parent Young Mania Rating Scale* e o *Parent General Behavior Inventory-Hypomanic/Biphasic* (Gracious et al., 2002; Youngstrom et al., 2001). Avaliações das interações entre pais e criança, quanto a brigas e pouca expressão de afeto, também podem ser instrutivas (Schenkel et al., 2008). A mãe de Dustin, porém, não foi submetida a essas medidas.

Os profissionais clínicos devem procurar diversos "avisos" que podem indicar uma forma particularmente séria de transtorno bipolar com início precoce. Esses avisos podem ser depressão com início precoce, depressão incomum, características psicóticas, comportamento agressivo episódico e histórico familiar de transtorno bipolar (Youngstrom, 2007). Dustin apresentava muitos deles e tinha humor instável e, às vezes, deprimido, embora tendesse a ser mais ativo que letárgico. Pode ter apresentado características psicóticas precoces que a psicóloga julgou que fosse ainda cedo para ter certeza. Não manifestava agressão física, mas ameaçou, por vezes, os vizinhos, a Sra. Boswell e outros residentes da unidade. A entrevista com Natalie revelou, além disso, um histórico familiar de provável transtorno bipolar.

Fatores de risco e variáveis mantenedoras

A genética é a base fundamental do transtorno bipolar. Estudos sobre famílias revelam que parentes de primeiro grau de pessoas com transtorno bipolar também apresentam esse transtorno em 3% a 15% dos casos. Essa prevalência é mais alta que a da população geral para adolescentes (1,0%) e adultos (3,9%). O risco de desenvolver transtorno bipolar é muito mais elevado nos casos de transtorno com início precoce. Estudos sobre gêmeos revelaram taxas de concordância muito mais altas entre gêmeos idênticos que entre gêmeos fraternos. O transtorno bipolar com início precoce pode estar mais estreitamente relacionado a alterações dos cromossomos 9, 12, 14, e 15 (Faraone et al., 2006; Kessler et al., 2005; Kloos et al., 2008; Pavuluri et al., 2005; Shih et al., 2004).

A psicóloga sentiu que a prova mais forte do diagnóstico de transtorno bipolar para Dustin era o histórico familiar de alterações do humor, uso de substância e transtorno de déficit de atenção e hiperatividade. Natalie revelou, posteriormente, mais detalhes que confirmavam o diagnóstico. Seus pais a haviam expulsado de casa quando tinha 17 anos. Afirmou que sua mãe brigava constantemente com ela e que com frequência "uma se irritava com a outra". Explicou mais tarde que o temperamento explosivo da mãe desencadeava suas próprias alterações intensas de humor e agressão. Disse que seu humor oscilava com frequência entre irritabilidade, exaltação e depressão. Achava que o único modo de lidar com essas alterações era fazer uso de substância. Concordou, além disso, que, quando criança, apresentara muitos sintomas do transtorno de déficit de atenção e hiperatividade. Ficou arrasada ao saber que Dustin tinha problemas semelhantes.

As influências genéticas provavelmente preparam o terreno para alterações cerebrais importantes no transtorno bipolar – que pode estar relacionado a deficiências no cíngulo anterior, no córtex órbito-frontal e no hipocampo (Bearden et al., 2008; Konarski et al., 2008). Essas áreas do cérebro, juntamente com outras estruturas cerebrais, influenciam a inibição e a atividade motora e, portanto, a inquietação, os movimentos e as atividades dirigidas a objetivos observadas em indivíduos com transtorno bipolar. Além do mais, essas áreas estão intimamente envolvidas com a emoção e podem explicar as repentinas mudanças de humor observadas nesse transtorno.

Indivíduos com transtorno bipolar têm níveis baixos de serotonina, mas possuem níveis de noradrenalina mais elevados que o normal. Os ciclos rápidos do transtorno bipolar estão relacionados a menor atividade da tireoide. Jovens com transtorno bipolar apresentam, além disso, déficits neurocognitivos de atenção, de planejamento e de memória visuoespacial. Apresentam ainda transtornos do sono, como menos sono REM (movimento rápido dos olhos), mais despertares e mais períodos longos de sono de ondas lentas que os sujeitos-controle. Algumas privações de sono podem desencadear episódios maníacos e, particularmente, ciclos rápidos (Kupka et al., 2003; Mehl et al., 2006; Newberg et al., 2008).

A neurobiologia de Dustin não era conhecida, mas ele apresentava nitidamente problemas cognitivos e de sono. Às vezes, entrava e saía de conversas ou começava, de modo estranho, a falar de outro assunto. Era impulsivo, como quando saiu repentinamente da casa dos Boswell e foi para a loja de conveniência sem ter planejado. Tinha obviamente muitos problemas de sono, raramente dormia a noite inteira e sim apenas poucas horas, e relatava poucos sonhos, o que está associado a menos sono REM.

Os fatores de risco psicológicos contribuem para o transtorno bipolar. Jovens com esse transtorno tendem a ter poucas habilidades sociais e de solução de problemas, além de poucos amigos; também são alvos de gozações por parte dos outros. As habilidades sociais de Dustin estavam num nível apenas regular. Mantinha conversas, ainda que de modo estranho, mas apresentava pouco contato visual direto e mantinha a cabeça baixa enquanto falava, às vezes muito baixo, e ameaçava os outros. Não ficou claro, porém, se esses problemas eram a causa ou a consequência do transtorno. Os problemas sociais de Dustin podem ter resultado de um *feedback* parental insuficiente e os contatos sociais fracos por conta de um absenteísmo excessivo da escola (Pavuluri et al., 2005).

Filhos de pais com transtornos de humor, como o transtorno bipolar, mostram, com frequência, determinadas características de personalidade, como a busca por novidades, um traço que envolve comportamentos impulsivos, exploratórios e comportamentos de busca por sensações (Rogers et al., 2004). Dustin gostava de explorar a vizinhança, como muitos adolescentes, mas não buscava muitas sensações. Sua mãe, contudo, mostrava muitos comportamentos de busca de sensações, como uso de drogas e sexo frequente. Outros jovens, cujos pais têm transtornos de humor, apresentam aumento de neuroticismo e hostilidade (Wilson et al., 2007). A ansiedade e o nervosismo de Dustin, assim como a agressão verbal dirigida aos outros, evidenciavam esses traços.

Jovens com transtorno bipolar brigam frequentemente com pais e irmãos e dispõem de pouco afeto na família. O relacionamento de Dustin com a mãe, embora esporádico, era caloroso. Raramente brigavam, mas isso podia derivar do fato de que não interagiam muito. O relacionamento de Natalie com seus próprios pais, entretanto, envolvia intenso conflito, pouco apego e violência. Ela exprimia pouca afetividade por eles e os descrevia como "frios" e "indiferentes". Disse que não falava com os pais há anos e não sabia ao certo se estavam vivos.

Aspectos do desenvolvimento

O percurso de desenvolvimento do transtorno bipolar envolve estudos com crianças de idade escolar e pré-escolar, adolescentes e adultos. Os pesquisadores escolhem, em geral, para os estudos, crianças pré-escolares que tenham pelo menos um dos pais com sintomas de mania ou transtorno bipolar ou transtorno severo do humor. Nesses estudos, as crianças pré-escolares geralmente apresentam sintomas de mania e depressão ao mesmo tempo, em um tipo misto. Muitas dessas crianças apresentam atividade motora frenética, como se pendurar nas coisas, correr de um lado para o outro, agitação e inquietação. Boa parte do comportamento motor parece caótico. Muitas crianças pré-escolares são ativas, porém a atividade é de algum modo dirigida a objetivos (ao praticar esportes, por exemplo). Por outro lado, jovens com sintomas de mania apresentam quase sempre comportamento motor com pouco propósito (Dilsaver e Akiskal, 2004; Wilens et al., 2003).

Natalie disse que Dustin fora, na idade pré-escolar, "difícil de controlar", problema que contribuíra para o uso de álcool por parte dela. Disse que ele estava sempre "em movimento" e era difícil de acalmar. Subia pelos móveis, acordava cedo, mesmo indo dormir tarde, "falava sem parar" e a importunava constantemente pedindo coisas. Notara também que Dustin tinha poucos amigos na creche e precisou sair de uma delas porque era "muito difícil de lidar". A psicóloga perguntou-lhe sobre esportes e jogos, mas a mãe respondeu que Dustin nunca havia se interessado por jogos de equipe e preferia atividades solitárias, embora isso talvez dependesse do fato de que outras crianças o rejeitassem.

As crianças em fase pré-escolar com sintomas de mania apresentam, além disso, prejuízo no desempenho escolar e no funcionamento social (Luby e Belden, 2006). Podem ter dificuldade em adaptar-se a rotinas e regras de creches, além de problemas em controlar emoções.

Normalmente, desenvolvem um processo de controle emocional, de modo que algumas crianças levam mais tempo que outras para amadurecer nessa área. O fato de uma criança ser emocionalmente instável e ter acessos de birra, por exemplo, não significa que tenha transtorno bipolar. Crianças em fase pré-escolar com sintomas de mania têm dificuldade de desenvolver habilidades sociais e amizades, talvez por terem pouco controle emocional e por serem impulsivas. Elas são, às vezes, descritas como prepotentes e hostis em seus relacionamentos interpessoais (Maia, Boarati, Kleinman e Fu-I, 2007).

Natalie disse que Dustin era "emotivo" e chorava muito nos anos pré-escolares. Tinha frequentemente acessos de birra quando não conseguia o que queria e ficava aborrecido por longos períodos. Afirmou que sempre tomara cuidado para que ele "não explodisse" e, em geral, dava ao filho o que queria. Acrescentou que estava, na época, lidando com suas próprias alterações de humor e depressão e, então, ingeria álcool e deixava o filho fazer o que quisesse. Ficou bastante contente quando ele entrou na escola maternal porque, desse modo, outras pessoas cuidariam dele durante o dia. Disse ainda que ele não agredia fisicamente as outras crianças, mas, às vezes, "esbofeteava-as".

Pesquisadores examinaram grupos de jovens com transtorno do déficit de atenção e hiperatividade para identificar crianças pré-escolares com possíveis sintomas maníacos, em razão da grande sobreposição que há entre os dois transtornos. Transtornos bipolares ocorrem em 26% dessas crianças e em 18% das crianças em idade escolar com transtorno de déficit de atenção e hiperatividade. O transtorno bipolar que apresenta comorbidade com o transtorno de conduta – problema com frequência associado à agressão – ocorre em 10% das crianças pré-escolares e em 6% das que estão em idade escolar e têm transtorno de déficit de atenção e hiperatividade. Essas crianças enfrentam em geral um curso crônico de transtorno mental (Wilens et al., 2002).

O comportamento de Dustin, da escola maternal até o 1º ciclo da escola fundamental, apresentava realmente hiperatividade e impulsividade. As entrevistas e os registros da escola indicavam que era difícil controlá-lo na sala de aula; ele estava sempre fora do lugar, distraía-se e não prestava atenção às instruções. Uma psicóloga da escola avaliara-o quando estava no terceiro ano do ensino fundamental. Achava que ele não atendia a todos os critérios do transtorno de déficit de atenção e hiperatividade; seus sintomas incomodavam, mas era possível lidar com eles. A professora criou um sistema de incentivo para o bom comportamento de Dustin na sala de aula e ele reagiu bem.

Os registros da escola e o relato de sua mãe indicaram também que a comunicação entre os funcionários da escola de Dustin e ela era insuficiente. Disse que o uso de drogas havia piorado naquele período e deixava Dustin sozinho grande parte do tempo. Ele, porém, saíra-se bem durante o 1º ciclo e era autossuficiente em casa. A mãe admitiu que levava diversos homens para casa naqueles anos e que alguns deles interagiam com o garoto. Admitiu, além disso, pelo menos dois incidentes assustadores que podiam explicar por que Dustin havia dito que, às vezes, temia por sua segurança, sem, porém, dar detalhes sobre isso.

As crianças em idade escolar com transtorno bipolar muitas vezes demonstram mais humor irritável, hipomania, sintomas pré-psicóticos, depressão e ciclos rápidos do que as pré-escolares. A idade média de início do primeiro episódio de mania é por volta de 6,9 anos e a duração é, em geral, de 79 semanas. A taxa de recaída em outro episódio é de aproximadamente 70%; um bom preditor de recaída nesse grupo etário é a pouca afetividade materna (Geller, Tillman et al., 2004). Sintomas evidentes nos anos pré-escolares, como hiperatividade e problemas de amizade, podem continuar. Aproximadamente 90% das crianças com transtorno bipolar têm histórico familiar de transtorno de humor ou de uso de substância, como Dustin (Faedda et al., 2004).

Natalie e Dustin confirmaram que seu humor no 1º ciclo escolar era muito mais irritável que anteriormente. A mãe disse que Dustin era "resmungão" e "teimoso" e discutia muito com ela quanto a tarefas domésticas e outras obrigações. Nesse caso, também, depois de uma briga, ela o deixava fazer o que quisesse. Dustin era mais triste durante o 1º ciclo que no período pré-escolar, mas isso pode estar relacionado, em parte, à instabilidade do ambiente em que vivia. A mãe e ele tinham se afastado emocionalmente durante os anos escolares, o que havia piorado nitidamente a situação. Dustin não apresentara, contudo, sintomas pré-psicóticos até entrar na puberdade.

Os adolescentes com transtorno bipolar apresentam mais hospitalizações, psicose, comportamento suicida e funcionamento social pobre do que crianças em idade escolar. Além disso, fazem mais uso de substância, vivenciam problemas familiares e legais e outros transtornos mentais, como transtorno desafiador de oposição. Alguns apresentam depressão mais severa, mania e depressão com duração mais longa, ciclos de humor mais frequentes e sintomas mais próximos à forma adulta "clássica" de transtorno bipolar. Problemas de concentração, distrabilidade e interromper os outros tornam-se características frequentes (Birmaher e Axelson, 2006; Birmaher et al., 2006; Masi et al., 2006; Miklowitz e Cicchetti, 2006; Rucklidge, 2008).

Dustin nunca fizera uso de substâncias ilícitas e nunca fora hospitalizado ou apresentara comportamento suicida. Mas, quando entrou na puberdade, tornou-se realmente mais deprimido e seu humor mudava com mais frequência. Passava quase sempre da irritabilidade para a calma e, então, para a tristeza. Seu comportamento tornou-se mais opositor, como demonstrou ao não obedecer aos Boswell. Estava obviamente tendo problemas familiares e a mãe enfrentava um sério problema com a lei. Dustin continuou a ter grande dificuldade de concentração e já apresentava comportamentos estranhos, semelhantes aos psicóticos.

O prognóstico de longo prazo para adolescentes com transtorno bipolar quando chegam à idade adulta é misto e geralmente não é favorável. A taxa de recuperação da mania é de apenas 37%, aproximadamente, e pessoas com transtorno bipolar apresentam um curso crônico. O início precoce do transtorno bipolar está associado a outros cursos crônicos assim como à probabilidade mais alta de tentativas de suicídio posteriores, violência, transtorno de ansiedade e uso de substância (Geller et al., 2001; Judd et al., 2002; Perlis et al., 2004). O prognóstico de Dustin, nesse ponto, permanece indefinido e seu histórico familiar de transtorno de humor e início precoce de sintomas não é um bom indício.

Tratamento

O tratamento do transtorno bipolar em adolescentes geralmente envolve medicamentos estabilizadores do humor, intervenção cognitivo-comportamental e terapia familiar. Dustin recebeu medicação e intervenção cognitivo-comportamental da psicóloga da equipe na unidade de serviço de proteção à criança, assim como terapia familiar com a assistente social, mais tarde, quando voltou a ficar sob os cuidados da família Boswell. Natalie finalmente concordou com um acordo judicial e, embora pretendesse permanecer em contato com Dustin, não viveria com ele por bastante tempo.

A medicação é, em geral, o primeiro tratamento para quem tem transtorno bipolar. Adolescentes com transtorno bipolar recebem muitas vezes substâncias estabilizadoras do humor como lítio, valproato ou lamotrigina, especialmente no caso de adolescentes que não apresentam sintomas psicóticos. Dustin, porém, parecia ter comportamentos psicóticos ou pré-psicóticos como pensamentos delirantes e possíveis alucinações. Os adolescentes com quadros clínicos semelhantes ao dele podem receber uma substância com algum antipsicótico atípico como olanzapina e risperidona. Usa-se terapia eletroconvulsiva quando a medicação não é eficaz, mas isso não foi utilizado nesse caso (Leibenluft e Rich, 2008).

Dustin recebeu uma prescrição de lítio e olanzepina. A resposta à medicação foi razoável. As alterações de humor melhoraram em certa medida e não houve mais evidência de sintomas psicóticos. O nível de agitação e inquietação, entretanto, continuou igual, assim como os problemas de sono. Um psiquiatra prescreveu-lhe um medicamento para dormir. A equipe do serviço de proteção disse que as interações de Dustin com os outros, na unidade, eram geralmente positivas ou, pelo menos, sem ameaças ou hostilidade. Às vezes, ele parecia deprimido, mas era nítido que sentia falta da mãe.

Para os adolescentes com transtorno bipolar, a medicação não representa a cura, por isso usam-se abordagens psicológicas para lidar melhor com os sintomas e melhorar as relações familiares (Leibenluft e Rich, 2008). A terapia cognitivo-comportamental para essa população envolve diversos componentes importantes (Pavuluri et al., 2004):

- Manter uma rotina regrada, com sono regular.
- Automonitorar o humor e obter *feedback* tranquilizador de outros.
- Gerar autoafirmações positivas para aumentar a motivação e a solução de problemas.
- Expressar e procurar lidar com a tristeza e os sentimentos de ressentimento em relação aos outros.
- Desenvolver habilidades sociais e amizades que sejam fontes de apoio.
- Resolver problemas nos momentos de calma e não de humor perturbado.
- Buscar o apoio de outros em situações difíceis.

A psicóloga e a assistente social trabalharam bem de perto com Dustin para melhorar seus hábitos de sono. Ele mantinha uma rotina específica à noite, acalmando-se antes da hora de dormir programada e evitando ver TV até tarde, ingerir cafeína e praticar exercícios. Quando necessário, tomava seu medicamento para dormir e conseguia dormir mais horas por noite. Dustin passou a relatar melhor aos outros seu mau humor e permitiu que a psicóloga, a assistente social e outros membros da equipe lhe dessem um *feedback*, em particular, quando se mostrava muito turbulento ou barulhento. Fez algumas amizades durante as aulas na unidade do serviço de proteção e passou a procurar os professores ou outros quando se sentia mal. Os efeitos colaterais desses medicamentos podem ser graves e, desse modo, Dustin aprendeu a procurar ajuda quando surgiam.

A terapia familiar para adolescentes com transtorno bipolar concentra-se muito em informar os membros da família sobre os sintomas e outras características do transtorno.

Eles também são informados sobre as causas, curso, tratamento e curso em longo prazo do transtorno bipolar. Esse processo, chamado psicoeducação, enfatiza o fato de que o adolescente não tem culpa do transtorno bipolar e tem quase sempre pouco controle sobre os sintomas. Esse processo ajuda a reduzir o estigma e implica uma discussão sobre como os membros da família, incluindo o próprio adolescente, precisam assumir responsabilidade pelos cuidados de longo prazo (Young e Fristad, 2007).

Depois de várias semanas na unidade, Dustin voltou para a família adotiva. É preciso reconhecer que os Boswell estavam entusiasmados em ajudar Dustin a lidar com seus sintomas. A assistente social teve duas longas sessões com a família, antes da reintegração do garoto. Explicou-lhes os sintomas do transtorno bipolar e ressaltou que os adolescentes com esse transtorno apresentam sintomas diferentes dos adultos. Falou sobre as alterações de humor, irritabilidade, histórico familiar, possíveis sintomas psicóticos e sobre a necessidade de manter a medicação e observar os efeitos colaterais. Respondeu às muitas perguntas da família sobre o transtorno e certificou-se de que Dustin participasse da conversa, para que não se sentisse estigmatizado ou excluído. Ele estava impressionado com o nível de afeto e cuidados dos Boswell e prometeu manter o regime de medicação.

As terapias para adolescentes com transtorno bipolar concentram-se, além disso, nas habilidades de comunicação e de enfrentamento (*coping*), para reduzir o conflito e minimizar as deficiências derivadas do transtorno (Young e Fristad, 2007). Os membros da família são incentivados a falar abertamente sobre as preocupações relativas ao humor do adolescente e a dar-lhe *feedback* quando seu comportamento fosse inapropriado ou excessivo. Dustin e os Boswell concordaram que determinados comportamentos eram inaceitáveis, entre eles, correr pela casa, sair de casa sem supervisão e ameaçar a menina de 7 anos. A assistente social pediu a Dustin que registrasse as mudanças de humor durante o dia e prestasse atenção a como se sentia a cada momento. Caso se sentisse muito irritado, os membros da família lhe dariam algum espaço.

A terapia familiar envolve também o modo de enfrentar os eventos estressantes da vida, especialmente aqueles que podem levar a uma recaída dos sintomas. Dustin sabia que voltar para a escola seria muito estressante e poderia desencadear alguma irritabilidade e raiva. A assistente social e os Boswell marcaram um encontro com a psicóloga e o orientador da nova escola para informá-los sobre as condições de Dustin, monitorar seu comportamento na escola, estabelecer uma programação inicial de aulas apenas em meio período, envolvendo assuntos de que ele gostasse e apresentando-o a atividades extracurriculares em que pudesse fazer amizades. Os Boswell providenciaram recompensas tangíveis para que ele frequentasse a escola. Durante quatro semanas, o menino assistiu a cinco aulas por dia.

Respeitar as prescrições da medicação é um aspecto fundamental da terapia familiar. Os Boswell e Dustin concordaram com um programa estabelecido de medicação que envolvia supervisão estrita dos pais, de modo a garantir que ele tomasse a medicação. A assistente social ressaltou com vigor a necessidade de respeitar as prescrições, porém os Boswell, que haviam anteriormente visto o comportamento bizarro do garoto quando não tomava medicação, precisaram ser incentivados. A família relatou, mais tarde, que o regime de medicação de Dustin tivera êxito e que haviam feito visitas regulares a um psiquiatra.

Dustin e os Boswell receberam visitas regulares da assistente social do serviço de proteção durante os seis meses seguintes. Dustin frequentava a escola em período integral e faltava ocasionalmente, quando se sentia particularmente irritado ou doente. Não manifestava agressões nem fazia ameaças e seu padrão de sono era bastante regular. Os Boswell disseram que, às vezes, ele era desobediente, mas atribuíam isso mais à adolescência do que ao transtorno bipolar. Dustin ficaria com eles indefinidamente e tinha até oportunidade de visitar a mãe. O prognóstico de curto prazo para ele parecia bom, dada a gravidade do transtorno bipolar e o histórico familiar. O prognóstico de longo prazo dependerá amplamente do uso da medicação e do apoio dos outros.

Questões para discussão

1. Qual é a diferença entre o transtorno bipolar e os comportamentos "volúveis" da adolescência? De que modo os sintomas do transtorno bipolar podem ser erroneamente diagnosticados em um adolescente rebelde ou irritável?
2. Em sua opinião, como os primeiros anos de vida em casa afetaram o transtorno de Dustin? Natalie ou alguma outra pessoa poderiam ter feito alguma coisa para evitar os sintomas do garoto? De que modo?
3. Você acredita que crianças em idade pré-escolar podem apresentar sintomas de transtorno bipolar, especialmente as alterações de humor, o traço mais característico do transtorno? Qual sintoma você acha que mais se aplica, e qual o que menos se aplica, às crianças em idade escolar?
4. Um problema fundamental relativo ao transtorno bipolar com início precoce é que diferentes dispositivos de avaliação podem levar a resultados e diagnósticos diferentes. Quais outros diagnósticos existem para o transtorno bipolar? Qual protocolo de avaliação pode ajudar a distinguir o transtorno bipolar de outro transtorno mental?
5. Como você conversaria com Dustin e o que lhe diria quando seu humor estivesse irritável, raivoso, maníaco ou calmo?
6. Imagine um adolescente com transtorno bipolar que apresentasse também diversos sintomas psicóticos e comportamento suicida. O que os profissionais da saúde mental fazem nesse caso? Discuta as questões de segurança e crises que podem ocorrer.
7. Esboce as razões pelas quais a prevalência do transtorno bipolar em crianças aumentou repentinamente nos últimos anos, principalmente nos Estados Unidos. Quais seriam as razões culturais, biológicas e sociais para isso?
8. Discuta as vantagens e desvantagens de usar medicação para controlar o transtorno bipolar em crianças e adolescentes. Discuta o motivo pelo qual os indivíduos tomariam uma medicação para controlar o humor quando se sentissem eufóricos.

Capítulo 5
Transtornos alimentares

Sintomas

Andrea Weston é uma jovem, branca, de 17 anos. Ela foi encaminhada a um psicólogo clínico especializado em ansiedade, depressão e transtornos alimentares. Estava no último ano do ensino médio no momento de sua avaliação inicial. Segundo seus pais, o Sr. e a Sra. Weston, Andrea apresentava um "comportamento muito incomum". O pai teve uma conversa inicial, por telefone, com a psicóloga e disse que a irmã de Andrea a pegara comendo grandes quantidades de doces. O incidente fora particularmente preocupante, pois Ana esbofeteara a irmã, coisa que nunca havia feito. O pai afirmou também que Andrea estava se tornando mais irritável, retraída e discutia muito. O relacionamento com o namorado era tempestuoso e fonte de tensão entre os pais e ela. Ele disse também que ela relutava em fazer terapia e havia concordado apenas porque toda a família estava envolvida.

Na entrevista inicial, a psicóloga achou Andrea um pouco magra e miúda, mas não seriamente abaixo do peso; entretanto, o maior sintoma parecia ser depressivo. Andrea disse que havia passado por diversos eventos estressantes, os quais haviam se intensificado durante o ano escolar (era início de fevereiro[1]). Explicou que os pais interferiam constantemente em sua vida, aconselhando-a sobre como se vestir, agir e trabalhar, tendo em vista o futuro. A mãe, muitas vezes, "enfiava o nariz" na vida dela, particularmente quanto a sua aparência, tarefas escolares, vida social e namoros. Andrea disse ainda que estava se saindo mal na escola; afirmava sentir profundamente a típica falta de motivação dos alunos que estão acabando o curso. Sentia-se só e rejeitada, porque muitos amigos estavam entrando em outros grupos sociais.

A psicóloga perguntou sobre os eventos recentes que haviam levado ao telefonema do pai. Ela respondeu que os pais estavam insatisfeitos com o rapaz que namorava havia cinco meses. Ambos se opunham ao namoro porque ele era mais velho que ela (20 anos), tinha modos grosseiros e discutíveis; características, estas, que ela parecia apreciar. Quando a psicóloga pediu mais detalhes, Andrea simplesmente disse que ele era seu primeiro namorado de verdade e que os pais "não queriam que ela tivesse nenhuma independência". Não admitiu abertamente que aborrecer os pais era um benefício adicional proporcionado pelo namoro, mas seu tom permitiu que a psicóloga chegasse a essa conclusão.

---

[1] Segundo semestre escolar nos Estados Unidos. (NT)

A psicóloga fez perguntas sobre os vários sintomas depressivos e Andrea parecia ter muitos: estava triste, cansada, tinha baixa autoestima e, ocasionalmente, pensava em suicídio. Depois, fizeram um acordo no qual Andrea a procuraria se tivesse ideia suicida, ou antes de tentar suicídio. Andrea estava também preocupada com o peso e com as dimensões do corpo, que descrevia como "gorducho" e pouco atraente para os outros.

A psicóloga notou que ela estava um pouco magra, mas seu peso era adequado à idade, ao sexo e à altura. Andrea disse que seus pais, principalmente a mãe, faziam comentários frequentes sobre seu peso à medida que ela crescia. Às vezes, diziam que precisava cuidar do corpo se quisesse ficar em sintonia com seu grupo social. Andrea era tão sensível quanto ao peso, que se sentia mal quando ganhava alguns quilos ou "sentia-se gorda".

Diante da pergunta sobre o recente episódio de hiperfagia, Andrea começou a chorar e a falar baixinho. Contou que começara uma dieta havia três meses, durante o namoro atual. O namorado havia feito um comentário indelicado sobre seu peso e ela imediatamente havia tomado isso como a ameaça de que ele não se encontraria mais com ela, caso não perdesse peso. Perdeu, então, peso, eliminando alguns alimentos da dieta e comendo substancialmente menos que antes. Perdera aproximadamente 9 quilos e chegara ao peso atual de 45 quilos. Disse sentir-se mais atraente, mas ainda inadequada. Sentia-se insegura quanto ao relacionamento com o namorado e outros amigos e tinha a impressão de que estavam se afastando dela por causa do seu peso.

Apesar de ter perdido peso, o sentimento de tristeza e a ansiedade não haviam desaparecido e, muitas vezes, sentia fome. Começou a apresentar episódios de compulsão alimentar, em segredo, havia dois meses. Os episódios eram, em geral, voltados ao consumo de alimentos doces como sorvetes, bolos, barras de chocolate e refrigerantes. Explicou que aconteciam apenas uma vez a cada duas semanas, porém a psicóloga suspeitou que fossem mais frequentes. Relatou que a faziam se sentir "pesada e gorda" e, assim, passara a vomitar em seguida. Disse que havia vomitado apenas duas vezes e que nunca mais tivera ataques ou vômitos; contudo, a psicóloga, novamente, duvidou disso.

A psicóloga, então, entrevistou seus pais, que confirmaram o relato de Andrea, mas fizeram a situação parecer mais grave. A mãe revelou que Andrea fora hospitalizada por tentativa de suicídio no ano anterior e continuava a mostrar sinais de depressão. Outras perguntas revelaram que a "tentativa de suicídio" fora, na verdade, um acidente de carro que ela tivera enquanto dirigia. Andrea, mais tarde, afirmou que gostaria de ter morrido no acidente, mas não estava claro se realmente havia tentado se matar. A psicóloga percebeu que a mãe tinha a tendência de fazer as coisas desse tipo soarem de forma dramática.

Os pais descreveram alguns eventos perturbadores recentes em relação à filha. No topo da lista estava o relacionamento com o namorado, que eles descreviam como uma "semente do mal". O rapaz tinha histórico de uso de drogas e já tinha sido preso por roubo duas vezes nos últimos quatro anos. O casal sentia que Andrea era sexualmente ativa com o namorado e se preocupava com as possíveis consequências. Os pais disseram que as tentativas de dissuadir a filha do namoro não tiveram êxito e que, também, as notas dela estavam piores, sua vida social estava desaparecendo e a participação nas atividades familiares, diminuindo.

Ambos discutiram veementemente com a filha sobre essas questões nos últimos meses, mas sua preocupação não produziu nenhuma mudança no comportamento de Andrea. O casal, no entanto, descreveu o relacionamento com a garota como excelente.

A psicóloga fez perguntas sobre o peso e os hábitos alimentares da filha. A mãe repetiu a história do "episódio hiperfágico", narrado anteriormente pelo pai, e disse achar a filha exigente demais em relação à aparência e que sempre tivera problemas de peso, e que ela, a mãe, tentava controlar a dieta da menina. Explicou que o peso de Andrea "variava como um ioiô", conforme mudava seu humor. (A psicóloga notou o paradoxo no comportamento da mãe; afirmava que Andrea era exigente demais quanto à aparência, mas ela mesma ressaltava a aparência.) Ambos os pais haviam ficado mais preocupados quando a filha revelara seu recente padrão de compulsão alimentar e acreditavam que ela vomitasse também. O objetivo principal do tratamento, entretanto, era "ajudar Andrea a superar os sentimentos de inadequação".

A psicóloga conversou, com a permissão dos pais, com os professores de Andrea. Todos disseram que ela era normalmente boa aluna, porém suas notas haviam piorado recentemente, pois não fazia os deveres de casa. Disseram também que ela parecia preocupada com outros assuntos e levantaram a hipótese de que a vida em casa podia ser a razão dos recentes problemas escolares. Com base nas informações iniciais dadas por Andrea, pelos pais e professores, a psicóloga concluiu que Andrea apresentava anorexia nervosa na forma subclínica, subtipo compulsão periódica/purgativo, bem como depressão subclínica.

Avaliação

As características essenciais da anorexia nervosa são (American Psychiatric Association (APA), 2000, p. 583):

- Recusa em manter o peso corporal em uma faixa normal mínima.
- Medo intenso de ganhar peso.
- Perturbação significativa da percepção da forma ou das dimensões corporais.
- Amenorreia em mulheres pós-menarca.

Os indivíduos com anorexia mantêm o peso corporal a menos de 85% do peso normal para sua idade e altura. Em geral, temem ganhar peso ainda que estejam abaixo dele, sua autoestima depende do peso e/ou negam que o problema exista. A amenorreia feminina, na anorexia, é definida como ausência de três ciclos menstruais seguidos.

A anorexia nervosa pode ser do tipo (1) restritivo, no qual o indivíduo perde peso, mas não apresenta episódio de hiperfagia nem prática purgativa, ou (2) compulsão periódica/purgativo, no qual o indivíduo apresenta episódio de hiperfagia e purgação por meio de vômito autoinduzido, abuso de laxantes ou excesso de exercícios físicos. A compulsão alimentar refere-se à "ingestão, em um período limitado de tempo, de uma quantidade de alimento definitivamente maior do que a maioria dos indivíduos consumiria em circunstâncias semelhantes" (APA, 2000, p. 589).

O diagnóstico de Andrea foi difícil. A psicóloga afastou o diagnóstico de bulimia nervosa, porque a hiperfagia e a purgação haviam ocorrido com pouca frequência e não atendiam aos critérios diagnósticos. Os critérios do DSM-IV-TR para bulimia nervosa exigem uma média de dois episódios de compulsão periódica/purgativo por semana, durante três meses. Isso abriu a possibilidade de um diagnóstico de anorexia nervosa, subtipo compulsão periódica/purgativo, dado comum naqueles que apresentam transtorno alimentar. Andrea não tinha amenorreia nem estava mais de 15% abaixo do peso, porém havia perdido 9 quilos nas últimas semanas. Se continuasse nesse caminho, como parecia inclinada a fazer, estaria, em breve, seriamente abaixo do peso.

A psicóloga optou pelo diagnóstico de anorexia, também em razão do medo de ganhar peso e da preocupação de perder o namorado. Andrea tinha a certeza de que o namorado e outros amigos a abandonariam se ela ganhasse peso e, além disso, os pais comentariam sobre sua "obesidade". Achava também que ficaria "feia". A psicóloga observou que Andrea ignorava as consequências negativas de perder mais peso e que sua autoestima dependia apenas da aparência. Os indivíduos que atendem a quase todos os critérios de anorexia nervosa – mas não a todos – como ela, podem receber o diagnóstico de "transtorno alimentar sem outra especificação". Além disso, a psicóloga considerou que seus sintomas depressivos não atendiam aos critérios de "episódio depressivo maior".

A avaliação de indivíduos com anorexia nervosa deve incluir um exame médico, em razão das graves complicações físicas que podem surgir, podendo resultar em morte. A anorexia pode resultar em diversos problemas físicos: desconforto gastrointestinal, inchaço abdominal, tontura, desidratação, desequilíbrios eletrolíticos, letargia, pele seca, edema, anemia, alterações cardiovasculares, disfunção renal e padrões neurológicos atípicos. Pode haver também erosão do esmalte dentário em pessoas que induzem vômito (Fairburn e Harrison, 2003). Andrea, porém, não apresentava sintomas físicos importantes e não foi submetida a exame médico.

A avaliação psicológica ou entrevista com quem tem transtornos alimentares deve se concentrar nos itens a seguir (Anderson et al., 2004):

- Atitudes em relação ao peso e à forma corporal.
- Características de hiperfagia e purgação e peso corrente.

- Sentimentos de perda de controle; desejo de emagrecer, angústia, ansiedade e depressão.
- Comportamentos relacionados à dieta.
- Perturbação na imagem corporal.
- Traços de personalidade desadaptados, como a impulsividade.
- Funcionamento social e familiar.
- Razões para procurar tratamento e motivação para mudar.

Andrea disse que a mãe e ela prestavam sempre muita atenção ao peso e que sua autoestima dependia dele. Mantinha registros diários do peso e dos hábitos alimentares e concordou em fornecer essas informações à psicóloga. Manter um diário é uma forma comum de avaliação nessa população.

A avaliação deve se concentrar no que a pessoa come, na duração do episódio hiperfágico, nas emoções correlacionadas e nas condições que precedem a hiperfagia. A psicóloga descobriu que a compulsão alimentar de Andrea acontecia, geralmente, depois da escola e antes que encontrasse o namorado. Ela voltava da escola sentindo-se às vezes isolada, inadequada ou faminta e, ocasionalmente, comia de forma exagerada coisas fáceis de comprar e que poderiam ser ingeridas rapidamente, como bolos. Em geral, não havia ninguém em casa àquela hora. Após um episódio hiperfágico e o jantar com a família, ficava preocupada se o alimento ingerido a faria ganhar peso e parecer inferior aos olhos do namorado. Purgava-se, então, antes de encontrá-lo. A psicóloga instruiu-a a registrar os episódios hiperfágicos e os vômitos autoinduzidos.

O humor de Andrea estava, muitas vezes, relacionado à comida. Ela comia exageradamente quando estava ansiosa ou deprimida e induzia o vômito ao sentir-se culpada, gorda ou feia. Poucos humores de Andrea não estavam ligados ao comer e ela comia impulsivamente e com pouco controle. A psicóloga não encontrou padrões importantes de traços de personalidade borderline, agressão ou abuso de substância nem fora relatado nenhum histórico de abuso físico ou de violência. Esses dados apoiam a convicção de que nenhum padrão de sintomas corresponde, necessariamente, a todos que apresentam anorexia nervosa.

A psicóloga concentrou-se também na ligação entre as interações sociais e familiares de Andrea e seu comportamento de comer. Tinha pensamentos distorcidos como ser abandonada pelos outros se ganhasse peso ou sobre como aumentar a popularidade se perdesse peso suficiente. Uma discussão aprofundada com a garota e os pais revelou que havia um emaranhamento oscilante e conflitante. Os pais e ela se intrometiam demais na vida uns dos outros e depois brigavam por isso. Andrea e a mãe passavam horas fazendo compras e falando sobre sua aparência. Depois, ela se queixava de que a mãe "tentava controlá-la". Padrões semelhantes eram evidentes em relação às suas amigas, mas não em relação ao namorado.

As razões que a família tinha para buscar tratamento e que motivação possuía para a mudança também foram investigadas pela psicóloga. Foi interessante observar que ninguém se concentrava muito nos hábitos alimentares de Andrea e preferiam queixar-se dos papéis de cada um na família. Estimulados pela psicóloga, o casal acabou por reconhecer que estava preocupado com o peso de Andrea e a questão se tornou central na terapia familiar realizada mais tarde.

As entrevistas aplicadas a quem apresenta transtorno alimentar concentram-se também nas habilidades sociais, no comportamento sexual e no histórico menstrual; essas questões, porém, não foram discutidas no caso de Andrea. A avaliação, nessa área, pode incluir escalas de avaliação como o *Eating Attitudes Test* (Garner, 1997), medidas cognitivas e familiares (Cooper, 2005; Treasure et al., 2008) e uma consideração dos fatores culturais que influem sobre determinado caso (Alegria et al., 2007). Alguns exemplos do *Eating Attitudes Test*:[2]

- Estou apavorado com o excesso de peso.
- Preocupo-me com a comida.
- Estou preocupado com o desejo de ser mais magro.
- Sinto que os outros me pressionam para comer.
- Tenho vontade de vomitar depois das refeições.

Fatores de risco e variáveis mantenedoras

Os fatores que levam aos transtornos alimentares, em geral, e à anorexia nervosa, em particular, envolvem uma mistura de variáveis físicas, psicológicas e socioculturais. As causas dos transtornos alimentares podem se sobrepor às da depressão. A anorexia nervosa e a depressão estão associadas com alterações do cortisol e dos neurotransmissores serotonina e noradrenalina (Bailer e Kaye, 2003). Uma descoberta importante no caso de Andrea foi o relato da mãe de que muitos de seus parentes eram depressivos.

Outras causas biológicas dos transtornos alimentares são a genética e a resposta sensorial. A taxa de concordância para anorexia nervosa em gêmeos idênticos é substancialmente mais elevada que em gêmeos fraternos. Os membros da família do indivíduo com transtorno alimentar têm probabilidade mais alta de apresentar esse transtorno que a população em geral (Bulik et al., 2007). Os que apresentam compulsão alimentar tendem a apresentar resposta sensorial maior, como salivação diante dos alimentos (Legenbauer et al., 2004). Esses fatores, porém, não parecem pertinentes no caso de Andrea.

---

[2] Reproduzido com autorização do Dr. D. Garner (Garner et al. The eating attitudes test: Psychometric features and clinical correlates. *Psychological Medicine*, v. 12, p. 871-878, 1982). Mais informações sobre EAT-26 podem ser obtidas no site: www.river-centre.org.

Muitas características individuais também têm sido associadas à anorexia nervosa. Os indivíduos com anorexia tendem a ser perfeccionistas, obsessivos e obedientes. Os que apresentam hiperfagia e purgação têm depressão, ansiedade e impulsividade, precisam da aprovação dos outros e gostam de estímulos novos (Anderluh et al., 2003; Stein et al., 2002; Troisi et al., 2005; Vervaet et al., 2003). Algumas dessas características eram evidentes em Andrea, outras não. Tinha um comportamento dramático, característica que não é comum a quem tem anorexia. Era moderadamente desobediente e gostava de irritar os pais.

Por outro lado, precisava claramente da aprovação dos outros, especialmente das amigas e do namorado. A opinião dos pais, apesar de suas objeções, também era importante para ela. Apresentava alterações de humor e comportamento impulsivo, fato que preocupava muito os pais. Às vezes, dizia e fazia coisas sem pensar, como dirigir em alta velocidade e comprar roupas impetuosamente. Estava claramente obcecada pelas relações com os outros e pelo peso. Tinha também percepções e cognições distorcidas em relação ao peso, ao insistir que era "feia e gorda", mesmo quando perdia peso, e ao afirmar que outras pessoas comentavam, pelas suas costas, sobre seu peso frequentemente.

Os modelos cognitivo-comportamentais dos transtornos alimentares, especialmente da compulsão alimentar, concentram-se nos ciclos de emoções e pensamentos obsessivos (Wilson et al., 2002). Um dos cenários possíveis é que as situações estressantes, a baixa autoestima e as preocupações com a forma corporal e o peso levem a sentimentos generalizados de apreensão. Comer compulsivamente reduz temporariamente a ansiedade e a tensão. Depois, porém, a culpa e a vergonha gradualmente crescem e, então, o indivíduo induz o vômito, para reduzir essas emoções. Infelizmente, os eventos estressantes e a baixa autoestima permanecem na vida do indivíduo e o ciclo se repete. Esse cenário se aplica, em alguma medida, a Andrea, que às vezes comia exageradamente depois de um dia estressante na escola. Em seguida, arrependia-se e sentia angústia por ter comido e pela possibilidade de ganhar peso; nesses casos, purgava-se vomitando.

Outras teorias psicológicas dão ênfase às variáveis familiares. Uma clássica visão desenvolvimental/psicodinâmica/de relações objetais defende que a anorexia nervosa é a manifestação de um conflito interno. É um comportamento compensatório para problemas de saciedade ou de separação durante a fase oral do desenvolvimento psicossexual. Em uma visão relacionada a esta, a anorexia resulta de um apego problemático entre mãe e filho. A mãe pode gratificar as necessidades físicas do filho, mas não as emocionais. Isso pode derivar da insegurança da mãe ou de sua hostilidade em relação ao filho, porém o resultado é uma criança que se sente insegura, rejeitada e é possivelmente vulnerável à depressão e aos transtornos alimentares.

Algumas teorias familiares sobre os transtornos alimentares concentram-se nas interações entre todos os membros da família. Algumas das famílias com adolescentes anoréxicos são emaranhadas. Isso significa que os membros da família estão excessivamente envolvidos nas vidas uns dos outros, a ponto de que os eventos mais corriqueiros, como o ato de vestir-se diariamente, tornam-se fonte de grande atenção. Um adolescente que se sente dominado pelos pais talvez se rebele controlando excessivamente um aspecto muito pessoal – o peso. E um adolescente pode, também, obter mais atenção de uma família complicada explorando a perda de peso e as relativas complicações médicas.

Andrea tinha, certamente, um relacionamento estranho e contraditório com os pais:

- Valorizava a opinião deles, mas depois afirmava que os rejeitava.
- Buscava o conselho dos pais; no entanto, depois se queixava de ser excessivamente controlada.
- Declarava amor pelos pais, porém gostava muito de provocá-los.

A mãe também mandava mensagens confusas à filha:

- Descartava a importância da aparência e do peso, mas depois dava à filha longos conselhos nesse aspecto.
- Dizia a Andrea que a amava, evitando o contato visual direto.
- Misturava críticas e elogios.

Andrea estava, provavelmente, confusa a respeito do que os pais e os outros pensavam dela. Desenvolveu, então, baixa autoestima, além da crença equivocada de que perder peso era fundamental para conseguir o afeto dos outros.

Algumas famílias de adolescentes com anorexia nervosa são superprotetoras, evitam o conflito, têm habilidades deficientes para resolver problemas, comunicação negativa e hostilidade. Essas características estavam, em algum grau, presentes no caso de Andrea. Sua família costumava ser sarcástica, crítica e relutava em discutir determinados problemas. Alguns teóricos sustentam que as crianças se moldam a partir da preocupação dos pais com a redução de peso (Wilson et al., 2003). A mãe de Andrea era particularmente preocupada com sua própria aparência, e a psicóloga descobriu que ela também se pesava e fazia dietas regularmente. Sua filha, ao crescer, imitou esse comportamento.

Outro modelo popular para os transtornos alimentares é o sociocultural. A glorificação da magreza feita pela mídia leva muitas jovens a fazer dieta. A imagem do corpo feminino "ideal", na literatura popular, foi gradualmente emagrecendo nas últimas décadas. Isso pode levar à anorexia de dois modos. Primeiro, quanto mais as jovens se sentem pressionadas pela dieta, mais isso pode desencadear uma predisposição biológica para a anorexia nervosa.

Em segundo lugar, não conseguir atender às exigências sociais de magreza pode levar à depressão, à baixa autoestima e a padrões alimentares incomuns (Andrist, 2003).

Uma perspectiva sociocultural pode explicar por que os padrões da bulimia ocorrem mais em mulheres dos países ocidentais, como Andrea. A psicóloga, nesse caso, observou que a mãe e ela assinavam várias revistas femininas de moda. Além disso, empenhavam-se em ter uma aparência que correspondesse à das modelos das revistas.

Aspectos do desenvolvimento

Diversas variáveis desenvolvimentais influenciam o início, o curso e o tratamento dos transtornos alimentares. Uma variável desenvolvimental pode explicar por que meninas apresentam mais anorexia nervosa que meninos: o desenvolvimento físico. Durante a adolescência, o tecido adiposo tende a aumentar em taxa mais elevada nas meninas, e isso, é claro, as afasta do corpo "ideal" retratado pela mídia. Isso pode explicar também por que a anorexia e a bulimia nervosas ocorrem mais em adolescentes que em crianças. Outros fatores físicos relacionados ao início dos transtornos alimentares são a menarca precoce e o desenvolvimento das mamas (Fairburn e Harrison, 2003). As reações dos pais a esses eventos também são críticas.

A psicóloga descobriu que Andrea tinha se "desenvolvido precocemente" e os colegas caçoavam dela por ser assim. Ela achava isso humilhante e se tornara sensível em relação ao peso e à própria imagem. Essa atitude, combinada com os comentários da mãe observados anteriormente, levara Andrea a se tornar autoconsciente quanto à aparência. Estava quase obcecada em como os outros a viam e exagerava até as menores falhas na aparência, como rugas e manchas na pele. Quando a psicóloga lhe pediu que enumerasse seus aspectos positivos, ela mencionou a imagem, o peso, a altura e a reação dos outros à sua aparência. Fez poucas referências a seu papel de estudante, filha ou namorada.

Fazer dieta é um aspecto fundamental dos transtornos alimentares e uma "restrição rígida e danosa do total de calorias ingerido é pular refeições e evitar excessivamente alimentos específicos de modo a influenciar o peso e a forma do corpo" (Wilson et al., 2003, p. 703). Dietas crônicas realmente induzem algumas pessoas a ingerir alimentos mais calóricos, que podem desencadear a compulsão alimentar e outras perturbações relativas ao comer. Comer sozinho precede, em geral, a dieta e pode preparar o terreno para a natureza secreta do transtorno alimentar que virá depois (Martinez-Gonzalez et al., 2003).

À medida que as pessoas fazem dieta, suas taxas metabólicas são reduzidas e a perda de peso se torna mais difícil (Wilson et al., 2003). Subsequentemente, podem fazer dietas mais rigorosas e tornar-se mais vulneráveis à compulsão alimentar. E, então, as vulnerabilidades biológicas e psicológicas à compulsão se desencadeiam. Quem faz dieta pode se sentir cada vez mais "fora de controle", e decidir purgar-se pode ser o único modo de atenuar os efeitos da compulsão alimentar. O ciclo cognitivo-comportamental descrito anteriormente pode servir, então, para manter o transtorno. Para os que têm anorexia restritiva, a dieta pode começar por eliminar determinados alimentos do cardápio diário, como os doces. À medida que o transtorno progride, contudo, cada vez mais alimentos são acrescentados à lista dos "proibidos" e a ingestão diária de calorias, assim como o peso, caem constantemente.

Andrea, assim como sua mãe, tinha um longo histórico de dietas e estava frustrada com o "efeito ioiô" das dietas: quase sempre perdia peso para entrar em determinadas roupas ou para participar de eventos sociais e recuperava-o, depois, nas semanas seguintes. A chegada do namorado em sua vida e o comentário que fizera sobre o peso atribuiu à dieta um novo senso de urgência. Ela perdera 9 quilos nas últimas semanas e estava agora aterrorizada com a possibilidade de recuperá-los. Esse medo a levou a restringir a dieta ainda mais do que no passado, mas isso agravou seus sentimentos de isolamento social, depressão e fome. A hiperfagia e a purgação, então, começaram.

A depressão pode influenciar os transtornos alimentares ao longo do tempo e constitui-se no preditor mais confiável de resultados desfavoráveis em quem apresenta bulimia nervosa (Berkman et al., 2007). O nível de depressão de Andrea, embora não fosse grave, estendeu-se por toda a duração do tratamento. Sua baixa autoestima e os sentimentos gerais de falta de valor levaram a distorções cognitivas sobre seu corpo "feio" e peso. Andrea pensou também em suicídio, o que exigiu sua própria intervenção. Por fim, a depressão a impedia de interagir com as amigas, o que ironicamente lhe causava a impressão de que ninguém quisesse interagir com ela. Os subsequentes sentimentos de rejeição aumentaram o desejo de fazer dieta, de comer exageradamente e purgar-se.

Qual é o futuro de longo prazo de quem apresenta algum transtorno alimentar? Alguns indivíduos com anorexia têm apenas um episódio de perda de peso e logo voltam aos padrões normais de alimentação e peso. Outros apresentam uma evolução gradual e contínua de perda e ganho de peso. Aproximadamente 7% dos que têm anorexia, no entanto, acabam por morrer do transtorno, em razão de complicações médicas ou suicídio (Korndorfer et al., 2003).

O padrão de longo prazo da bulimia é ligeiramente diferente, pois o transtorno se manifesta mais tardiamente na vida; os sintomas melhoram e pioram, alternadamente, ao longo do tempo, e a evolução do transtorno parece mudar favoravelmente após o tratamento, mas as recaídas são comuns. Muitos indivíduos com bulimia continuam a apresentar níveis baixos de transtorno alimentar como dietas integrais, uso de laxantes e exercícios. O resultado para um transtorno alimentar é melhor se o indivíduo apresentar depressão menos severa, bom meio familiar, relações sociais e melhor controle de impulsos (Berkman et al., 2007).

E Andrea? Seu resultado de longo prazo é provavelmente bom e certamente melhor que o da maioria das pessoas com transtorno alimentar. Isso se deve amplamente ao fato de que recebeu tratamento relativamente no início do transtorno; muitos dos que têm anorexia ou bulimia nervosa escondem seu comportamento por diversos anos, antes de começar uma terapia. A terapeuta de Andrea tinha experiência no tratamento de transtornos alimentares e utilizou métodos cognitivo-comportamentais. O alcance de seu transtorno alimentar também era limitado e a família, embora problemática, estava motivada para resolver suas dificuldades. O nível de depressão não era clínico e desapareceu durante a terapia familiar para os problemas alimentares.

Tratamento

O tratamento de pessoas com transtornos alimentares pode envolver internação e terapia ambulatorial. A internação aplica-se, em geral, aos casos de transtornos alimentares graves, particularmente a anorexia nervosa. É a melhor opção quando as complicações médicas são graves ou o comportamento do indivíduo implica risco de morte. As principais complicações médicas compreendem perda substancial de peso em relação ao peso ideal (>25%), desequilíbrio eletrolítico, problemas cardíacos e desidratação severa. Os sintomas severos de depressão e comportamento suicida também devem, às vezes, receber o mesmo encaminhamento.

O objetivo principal da internação é estabilizar a saúde do indivíduo, aumentar o peso e melhorar o estado nutricional. Os membros da equipe estabelecem o peso que deve ser atingido antes da alta. Algumas das possíveis intervenções são (Guarda, 2008):

- Sessões de alimentação estruturadas com membros da equipe e da família.
- Instrução sobre transtornos alimentares.
- Reconstrução do comportamento de comer adequado e dos hábitos nutricionais.
- Terapia em grupo e ambiental.
- Medicação para complicações físicas ou depressão.

Andrea não precisou ser internada, pois seu problema alimentar era relativamente moderado.

A terapia ambulatorial para a anorexia nervosa envolve frequentemente terapia com medicamentos, em grupo, individual e familiar. A terapia medicamentosa inclui antidepressivos como amitriptilina ou fluoxetina (Prozac) que são, às vezes, realmente eficazes, pois conseguem reduzir os comportamentos obsessivos-compulsivos e depressivos que desencadeiam ou agravam a anorexia. Os medicamentos contra a ansiedade reduzem às vezes a tensão e a tentação de comer compulsivamente e de induzir o vômito. Os membros importantes da família devem ser instruídos sobre o uso do medicamento e os efeitos colaterais devem ser monitorados. No caso de Andrea, o uso de antidepressivos chegou a ser considerado, inicialmente, mas depois foi descartado. A ênfase foi colocada, em vez disso, na terapia familiar e individual.

Em geral, é recomendável um tratamento com estrutura cognitivo-comportamental. Os objetivos importantes da terapia individual para a anorexia nervosa são:

- Desenvolver uma relação com o cliente.
- Aumentar a motivação para a mudança de comportamento.
- Normalizar o peso e eliminar a hiperfagia e a purgação.
- Modificar as distorções cognitivas sobre o peso e o corpo.
- Abordar outras condições, como a depressão.

A psicóloga despendeu tempo considerável para desenvolver uma relação terapêutica positiva com Andrea. Ela se sentia isolada e, às vezes, desconfiada em relação aos outros, de modo que a terapeuta reconheceu suas preocupações e não julgou seu comportamento. As primeiras três sessões foram usadas para desenvolver uma relação positiva de trabalho e para instruir a garota sobre hábitos adequados de alimentação. A psicóloga e Andrea planejaram um programa de alimentação diária que praticamente não continha gorduras, mas era nutritivo. Concordaram que o peso de Andrea devia oscilar entre 45 e 49 quilos, mas não menos. Andrea concordou também em se pesar antes de cada encontro semanal com a psicóloga. Ela reagiu rapidamente ao tratamento – adotou rigorosamente a nova dieta e não perdeu mais peso.

A motivação para enfrentar a compulsão alimentar, a purgação, os problemas familiares e sociais parecia ter aumentado.

A parte mais árdua da terapia individual é eliminar a compulsão alimentar e a purgação, além de modificar as distorções cognitivas sobre o corpo. Pode ocorrer redução da compulsão e da purgação se os comportamentos acontecem abertamente, e as pessoas em volta podem monitorar ativamente o comportamento. Era esse o caso de Andrea, que havia comido exageradamente e induzido o vômito apenas três vezes desde que os pais haviam tomado conhecimento do problema. Um método terapêutico para eliminar a compulsão alimentar e a purgação é fazer com que a pessoa ingira alimentos hipercalóricos no consultório do terapeuta e evitar a purgação subsequente (Carter et al., 2003). Essa abordagem é semelhante à usada com os sintomas obsessivo-compulsivos e presume que os sintomas de ansiedade afinal diminuirão, à medida que o indivíduo evitar a purgação. Ele se dá conta de que o ciclo compulsão/purgação não é necessário para reduzir o estresse.

A psicóloga delineou essa técnica terapêutica para Andrea e ela concordou em tentar. Consumiu uma razoável quantidade de sorvete, barras de chocolate e *muffins* durante meia hora e, então, esperou. Não podia usar o banheiro e a psicóloga ensinou-a a relaxar. Lembrou-a de que o vômito autoinduzido é um modo ineficaz de negar a compulsão alimentar, pois o corpo, de qualquer modo, absorve rapidamente muitas das calorias. Andrea relatou um pouco de ansiedade durante o processo, mas conseguiu relaxar. Disse, porém, que não queria tentar de novo, por medo de ganhar peso. Concordou, em vez disso, que a família monitorasse de perto os sinais de compulsão alimentar e purgação em seu comportamento. Ninguém relatou incidentes nas semanas seguintes.

A terapia individual para pessoas com transtornos alimentares pode também abordar as distorções cognitivas, que podem envolver alimentos, peso e corpo, como também os temas do abandono, da perda de autonomia e do sentimento de culpa (Cooper, 2005).

A psicóloga ajudou a jovem a desenvolver pensamentos mais realistas sobre as consequências de perder ou ganhar peso, sobre seu corpo ideal e real e o isolamento dos outros. Além disso, explorou as consequências prováveis da perda e do ganho de peso. Andrea aprendeu que suas amigas não notariam nem mudariam de opinião sobre ela se seu peso variasse levemente. Recebeu também *feedback* sobre o modo como percebia seu corpo e o efeito negativo que seus pensamentos tinham sobre as relações sociais. Andrea se deu conta de que o medo de ser abandonada pelos outros a levava a retrair-se e a ter sentimentos mais fortes de isolamento. Passou a envolver-se em diversas atividades fora de casa com as amigas, para dissipar essas crenças, aumentou as interações sociais e reduziu a depressão.

A terapia familiar também é um componente importante do tratamento de jovens com transtornos alimentares e se concentra em desenvolver a coesão, a consistência, a comunicação e a solução de conflitos (Eisler et al., 2005). A terapeuta de Andrea explorou os padrões de emaranhamento familiar, concentrando-se particularmente na tendência da mãe de controlar excessivamente a aparência e a vida social da filha. Por sorte, esta se mostrou acessível a isso e concedeu a Andrea bastante tempo livre com as amigas e o namorado sob determinadas circunstâncias, como o "toque de recolher". Andrea concordou também em jantar com a família pelo menos cinco vezes por semana e permitiu que os pais monitorassem seu peso, possíveis episódios hiperfágicos e purgações.

A psicóloga abordou também questões relacionadas ao namorado de Andrea, ao desempenho escolar e à escolaridade futura. Os pais comunicaram sua preocupação sobre o namoro da filha e esta admitiu que saía com o rapaz, em parte, para irritá-los. Então, começou a sair com outras pessoas à medida que a terapia prosseguia. Os pais encorajaram-na a se esforçar mais nas aulas; foi o que ela fez, e, além disso, desenvolveu um plano para frequentar a faculdade.

Andrea e a família participaram da terapia por quatro meses. O funcionamento global da garota melhorou após a terapia. Alguns problemas não foram resolvidos, como a sua atividade sexual. Os problemas alimentares não eram mais evidentes e seu humor melhorou desde o início da terapia. A psicóloga achou também que a família havia desenvolvido melhor compreensão de sua dinâmica e do efeito que uns tinham sobre os outros. Os membros da família estavam motivados a trabalhar juntos para resolver problemas futuros. Um contato telefônico informal com Andrea, seis meses mais tarde, revelou que os problemas alimentares e a depressão não haviam reaparecido.

Questões para discussão

1. O que diferencia indivíduos com anorexia nervosa (tipo compulsão periódica/purgativo) da bulimia nervosa? Discuta não apenas o critério, mas também as variáveis sociais, familiares e outras.
2. A bulimia parece estar ligada às sociedades ocidentais. Por quê? Quais mudanças sociais podem diminuir a anorexia e a bulimia nervosa na população em geral? O que pode ser feito para prevenir esses transtornos?
3. Os transtornos alimentares parecem ser especificamente femininos. Em sua opinião, por quê? Dê exemplos específicos de mensagens da mídia, dos membros da família e de colegas que podem promover os transtornos em jovens mulheres.
4. Você acha que seu comportamento alimentar está ligado ao seu estado emocional? De que modo? Quais mudanças no modo em que você lida com o estresse poderiam melhorar seus hábitos alimentares?
5. Planeje um tratamento para alguém que queira perder peso de modo responsável. Em quais das seguintes variáveis você se concentraria: alimentos, comportamento de compra e preparo de alimentos, horário e local de refeições, atividades realizadas durante a refeição ou outras?
6. Você diria alguma coisa para alguém que parecesse perigosamente abaixo do peso? Se sim, o que diria? Quais prejulgamentos gostaria de evitar?
7. Qual influência você acha que o namorado de Andrea teve no desenvolvimento e na manutenção de seus problemas alimentares? Seria uma boa ideia envolvê-lo no processo terapêutico? Por quê? Se sim, como faria isso?
8. Que perigo existe quando um indivíduo tratado por anorexia retorna para junto dos membros da família? O que pode ser feito para prevenir uma recaída nessa situação?
9. O que você faria se alguém que corre o risco de perder a vida por anorexia recusasse tratamento?

Capítulo 6
Transtorno do déficit de atenção/hiperatividade

Sintomas

Ricky Smith, um menino afro-americano de 7 anos, foi encaminhado pelo psicólogo da escola, pelo diretor e pela mãe (Sra. Smith) a um centro clínico ambulatorial de saúde mental. No momento de sua avaliação inicial, cursava o terceiro ano do ensino fundamental. No primeiro telefonema que fez à clínica, a mãe disse que o filho estava "fora de controle". Disse também que ele "estava em todas as partes" e "que se metia constantemente em apuros". Ela, como criava o filho sozinha, se sentia particularmente oprimida com o comportamento do menino, e marcou a entrevista para dali a sete dias. Depois de um adiamento, a mãe e o filho compareceram à clínica, cerca de três semanas após o telefonema inicial.

Um estagiário de doutorado em psicologia clínica entrevistou Rick e a mãe separadamente. Primeiro, conversou com o menino e acho-o educado, reservado, com um pouco de ansiedade social. O garoto disse ter dificuldade em adaptar-se à nova escola, especialmente à nova professora. Contou que a professora, a Sra. Candler, gritava sempre com ele e enviava recados para a mãe. Afirmou inicialmente que não sabia por que a professora gritava com ele, mas disse, depois, que quase sempre era porque ele não prestava atenção à aula ou não seguia as regras da classe. Disse que estava sempre "no vermelho" – a classe tinha um sistema disciplinar pelo qual cada aluno tinha um cartão com seu nome que mudava de cor a cada infração das regras, passando do verde para o amarelo, para a cor laranja e para o vermelho. O cartão vermelho significava automaticamente um telefonema para os pais da criança. Acumulara cinco cartões vermelhos e sete cartões da cor laranja apenas no último mês.

Ricky encolheu os ombros quando lhe foi perguntado se gostava da escola, e disse gostar de algumas atividades na classe, principalmente as que se relacionavam a ciências (a classe estava estudando, no momento, o crescimento de girinos). Falou que tinha poucos amigos, mas muitas vezes tinha de ficar sozinho, pois a professora o fazia passar grande parte do dia no canto da classe, terminando as tarefas. Infelizmente, poucas tarefas tinham sido terminadas com êxito. Ricky disse sentir-se entediado, triste, cansado e com raiva na sala de aula. Queria sair da escola e ficar em casa; contudo, sabia que era improvável que isso acontecesse.

Ricky contou que a mãe também gritava muito com ele, porém ela estava quase sempre trabalhando e, então, era a irmã de 14 anos que costumava cuidar dele. Assistia à TV, jogava videogames ou andava de bicicleta quando estava com a irmã. Contou que o que mais o deixava feliz era andar de bicicleta, pois ninguém gritava com ele e podia "ir aonde quisesse". Outras perguntas revelaram que Ricky não tinha problemas com comportamentos adaptativos, como vestir-se e comer, mas não conseguia dormir a noite toda. Disse também que se sentia mal por "ser um problema para minha mãe" e estava confuso sobre o porquê estava se saindo mal na escola.

Uma entrevista posterior com a mãe confirmou a maior parte do relato de Ricky e acrescentou detalhes. Disse que Ricky era quase insuportável na classe, tinha acessos de birra quando lhe pediam para fazer alguma coisa, batia os pés e desrespeitava a professora. Também tinha o hábito de dizer não e "não me importa" para a professora, que o fazia, então, mudar o cartão de uma cor para outra. A mãe havia participado de quatro reuniões com a professora na escola; uma delas havia envolvido o diretor e a psicóloga da escola. A professora queria encaminhar Ricky para as aulas de educação especial, mas a mãe se opusera. Já a psicóloga da escola havia recomendado que Ricky fosse avaliado por alguém de fora da escola. Essa sugestão a levara a ligar para a clínica de saúde mental.

A mãe disse ainda que o filho estava geralmente "fora de controle" em casa. Não dava ouvidos às suas ordens e quase sempre corria pela casa até conseguir o que queria. Brigavam frequentemente por causa das lições de casa, das tarefas domésticas, do mau comportamento, das longas ausências de casa da mãe e de seus horários de trabalho. Queixou-se de que ele muitas vezes não entendia o que ela dizia e que parecia deprimido. Perguntas com mais detalhes revelaram que Ricky estava quase sempre agitado e perdia o material escolar; era desorganizado e prestava pouca atenção às consequências de longo prazo. Além disso, tinha dificuldade em controlar-se em lugares públicos, como no supermercado e na igreja.

A mãe cogitou se determinados fatores familiares haviam contribuído para o comportamento de Ricky. Ela e o marido haviam se separado 14 meses antes, e o contato do menino com o pai era esporádico. Descreveu Ricky como um garoto "exigente" antes da separação, porém deu a entender que o intenso conflito conjugal podia ter desencadeado um problema de comportamento mais grave. Depois da separação, Ricky começou o primeiro ciclo escolar e pareceu completamente desinteressado. O diretor o havia mandado para casa uma vez, porque ele havia brigado, e tinha punido o garoto diversas vezes por provocar outras crianças. A mãe disse que os problemas de Ricky haviam piorado nos últimos 14 meses, pois ela não era capaz de supervisioná-lo tanto quanto antes. Descreveu o relacionamento do filho com a irmã como positivo, mas disse que a adolescente influenciava pouco o comportamento de Ricky.

A mãe deu permissão para que o estagiário conversasse com os funcionários da escola sobre o menino. A professora disse que era mais difícil lidar com ele naquele momento do que no início das aulas, dois meses antes. Inicialmente, Ricky era retraído, porém seu comportamento foi se tornando mais difícil à medida que se familiarizava com a classe. Tinha cerca de três acessos de birra graves por semana e cada um deles envolvia um discurso de 20 a 30 minutos a respeito de outras pessoas que implicavam com ele, da incapacidade de entender as tarefas em classe e da vontade de morrer. A professora em geral ignorava as birras, e ele conseguia se recompor. O mau comportamento de Ricky em outras ocasiões, entretanto, havia sido grave o bastante para que fosse mandado à diretoria para permanecer o resto do dia sob supervisão.

A professora acrescentou que o desempenho acadêmico de Ricky estava abaixo da média, mas não insuficiente. Compreendia e fazia as tarefas de leitura e matemática quando estava motivado, porém a atenção era esporádica e insuficiente. Prestava mais atenção quando a tarefa ou a técnica de ensino eram relativamente novas, mas logo em seguida se distraía. Além disso, saía do lugar cada vez mais, exigindo reação constante. A professora não tinha certeza se seu comportamento era intencional e buscava atenção ou era incontrolável. Disse também que ele reagia melhor à atenção individualizada e às coisas estruturadas; no entanto, a programação escolar não permitia o ensino individualizado, e sugeriu que ele entrasse na educação especial.

O estagiário conversou também com a psicóloga da escola, a Sra. Dee, que disse que o nível de inteligência de Ricky, nos testes, estava na faixa normal. Seu nível de desempenho global, embora baixo, não estava a mais de dois desvios-padrão do seu resultado no teste de inteligência. Assim, adiou um diagnóstico de transtorno da aprendizagem, pois o maior problema de Ricky era prestar atenção em tarefas longas. Suas relações interpessoais também eram distantes, mas ele não era impopular. Seu desempenho era excelente nas aulas de educação física, em que era uma das crianças mais populares. Ela não achava que o menino precisasse de educação especial, e sim de uma intervenção para modificação de comportamento ou de um programa médico para controlar seus comportamentos disruptivos. O estagiário diagnosticou preliminarmente em Ricky um transtorno de déficit de atenção/hiperatividade (TDAH), do tipo predominantemente desatento.

Avaliação

A característica essencial do TDAH é um "padrão persistente de desatenção e/ou hiperatividade, mais frequente e severo que aquele tipicamente observado em indivíduos em nível equivalente de desenvolvimento" (American Psychiatric Association, 2000, p. 85). Alguns sintomas do TDAH são:

- Desatenção
- Não seguir instruções
- Evitar tarefas que exijam esforço mental substancial
- Perder coisas
- Distrabilidade
- Esquecimento
- Inquietação
- Sair do lugar
- Correrias ou subir nas coisas
- Falar demais
- Dificuldade em esperar
- Interromper os outros

Esses sintomas [para que o transtorno seja diagnosticado] devem ser muito mais evidentes do que se espera normalmente em crianças. O diagnóstico de TDAH exige também que os sintomas sejam apresentados antes dos 7 anos, em dois ou mais ambientes, e que o funcionamento esteja muito prejudicado. Os subtipos são: predominantemente desatento, predominantemente hiperativo-impulsivo e combinado. O tipo desatento representa aproximadamente 25% dos casos de TDAH (Weiss et al., 2003).

O estagiário de psicologia clínica que avaliou Rick chegou ao diagnóstico preliminar de TDAH, tipo predominantemente desatento. Baseara o diagnóstico no fato de que o garoto não prestava muita atenção às tarefas escolares, tinha dificuldade em manter a atenção nas tarefas domésticas, era muito desorganizado, perdia com frequência o material escolar e era tipicamente distraído e esquecido. Às vezes, mas nem sempre, não entendia o que diziam a ele. Esse último sintoma, porém, ocorrera quase sempre com a mãe.

O estagiário identificou que os sintomas afetavam os resultados de Ricky nos testes e notas e que alguns deles, como a distração e a falta de atenção, tinham estado presentes antes dos 7 anos e também antes da separação dos pais. Havia prejuízos em três ambientes diferentes: escola, casa e aulas de educação religiosa na igreja. Cada um dos problemas apresentados pelo garoto apoiava o diagnóstico de TDAH, de tipo desatento.

O estagiário não diagnosticou Ricky com TDAH, tipo hiperativo-impulsivo ou combinado, porque os outros sintomas não ocorriam com frequência ou gravidade suficientes. Ricky era agitado e corria pelos lugares, mas esses comportamentos não estavam fora da faixa normal dos meninos de 7 anos. Saía do lugar na escola e em casa, porém a presença de apenas um sintoma não justificava o diagnóstico de TDAH de tipo hiperativo-impulsivo.

Nos casos de possível TDAH, é preciso primeiro descartar problemas médicos. Os sintomas do transtorno podem estar relacionados a tiques e a outros transtornos neurológicos (Greimel et al., 2008). É importante conhecer esses transtornos quando se decide usar medicações estimulantes. Ricky não apresentava nenhum desses problemas, embora sua mãe tenha revelado, mais tarde, um histórico de consumo moderado de álcool. Ela ingerira bebida alcoólica durante o período de desenvolvimento pré-natal de Ricky, de modo que alguns efeitos do álcool sobre o feto podiam ter se manifestado. Os possíveis efeitos, no garoto, incluíam agitação, impulsividade moderada e impossibilidade de concentrar-se e de manter a atenção. Ricky, porém, não apresentava os déficits intelectuais comuns nos que sofreram efeitos do álcool sobre o feto. Não ficou claro se tais efeitos haviam sido relevantes nesse caso.

O uso de álcool pela mãe ajudara a deflagrar sua separação conjugal; no entanto, o estagiário não notou comprometimento atual das atividades de trabalho ou das obrigações maternas. Sugeriu que a mãe fizesse terapia individual para o consumo de álcool, mas ela recusou a sugestão.

Depois de um exame médico inconclusivo, o estagiário concentrou-se em diversas fontes relativas ao comportamento de Ricky em diferentes ambientes. Isso é necessário no caso de transtornos complexos como o TDAH, e é feito por meio de entrevistas, escalas de avaliação e observações de comportamento, entre outras técnicas.

Durante entrevistas com um dos pais de uma criança com possível TDAH, os entrevistadores concentram-se em problemas conjugais, eventos estressantes da vida, funcionamento familiar e queixas, atitudes e possíveis psicopatologias dos pais. Devem investigar o histórico de desenvolvimento da criança, sintomas, funcionamento cognitivo e social, além do contexto do comportamento da criança (Barkley, 2003). As entrevistas com adultos concentram-se nas interações entre pais-filhos e professor-criança. Os fatores familiares significantes podem ter exacerbado o comportamento de Ricky. O estagiário concentrou-se nos possíveis efeitos negativos do conflito entre os pais, na separação e no uso de álcool.

A entrevista com a criança com possível TDAH também é importante, porém os sintomas não se manifestam em ambientes novos. Isso era particularmente verdadeiro para Ricky – ele mostrou autocontrole e aparentou ser até mesmo reservado durante a entrevista inicial. A professora disse que ele prestava mais atenção em técnicas novas de ensino ou novas tarefas. A desatenção e a hiperatividade quase sempre afloravam à medida que ele se habituava. O comportamento de Ricky em sala de aula agravara-se desde setembro, e à medida que a terapia progredia, tornava-se mais difícil interagir com ele.

As entrevistas iniciais com uma criança com possível TDAH devem concentrar-se na percepção da criança sobre seu comportamento, nas relações interpessoais e no desempenho escolar. Com crianças pequenas, porém, as entrevistas sobre essas questões nem sempre são confiáveis. Ricky sentia-se confuso quanto aos problemas que enfrentava e estava incerto sobre quantificar ou qualificar suas relações interpessoais na escola.

As entrevistas com o professor são cruciais nessa população e devem se concentrar nos antecedentes e nas consequências do comportamento da criança. Tal informação é importante para saber por que determinados comportamentos continuam a ocorrer ao longo do tempo. A professora não tinha informações substanciais sobre o que mantinha o comportamento de Rick, mas disse que ele reagia melhor à atenção individualizada.

As escalas de avaliação também podem ser úteis para identificar problemas de TDAH. O *Child Behavior Checklist* (CBCL) e o *Teacher's Report Form* (Achenbach e Rescorla, 2001), os *Home and School Situations Questionnaires* (Barkley, 2000), e o *Behavior Assessment System for Children* (Reynolds e Kamphaus, 2004) são particularmente úteis para essa finalidade. As Conners ADHD/DSM-IV Scales[1] (Conners, 1999) também são comumente usadas. Eis alguns exemplos de questões:

- Sai do lugar na classe ou em outras situações em que se espera que fique sentado.
- Tem problemas de concentração na classe.
- Está sempre "em movimento" ou age como se fosse movido por um motor.
- Corre ou sobe nas coisas, excessivamente, em situações impróprias.
- Tem dificuldade de brincar ou de se envolver em atividades de lazer tranquilas.

A Sra. Smith preencheu o CBCL e confirmou problemas significativos de pensamento e atenção. As questões fundamentais incluíam dificuldades de concentração, problemas para ficar sentado e confusão. Os testes para desatenção, como o teste de desempenho contínuo (Conners, 2000), também são úteis para crianças com TDAH. Ricky não foi, porém, submetido a esses testes.

A observação direta do comportamento é indispensável para a avaliação de crianças com possível TDAH, de modo a (1) avaliar o comportamento em ambiente acadêmico e natural e (2) confirmar que os sintomas do TDAH estão presentes em dois ou mais ambientes. A observação de Rick, conduzida pelo estagiário, na classe e em casa, confirmou amplamente os relatos da professora e dos pais. O estagiário observou que Ricky iniciava muitas interações com os colegas que, por sua vez, também procuravam interagir com ele, mais do que havia sido relatado nas entrevistas.

Os avaliadores devem excluir quaisquer outros possíveis transtornos quando avaliam a criança com possível TDAH, uma vez que este pode ser equivocadamente diagnosticado, pois outras condições podem ser mal interpretadas como TDAH. Outras condições compreendem transtorno desafiador de oposição, de conduta, dificuldade de aprendizagem ou problema leve de desenvolvimento, ou compor-

---

[1] Copyright © 1997 Multi-Health Systems Inc. Todos os direitos reservados. Nos Estados Unidos, P.O. Box 950, North Tonawanda, NY 14120-0950, 1-800-456-3003. No Canadá, 3770 Victoria Park Ave., Toronto, ON M2H 3M6, 1-800-268-6011. Internacional+1-416-492-2627. Fax, +1-416-492-3343. Reprodução autorizada.

tamento disruptivo em geral. Muitas dessas condições apresentam comorbidade com o TDAH e complicam ainda mais a avaliação e o diagnóstico. Para distinguir esses transtornos, o avaliador precisa prestar muita atenção ao funcionamento comportamental adaptativo e intelectual geral, desempenho acadêmico, agressão e hostilidade, qualidade dos relacionamentos interpessoais, habilidades sociais e de julgamento e os clássicos sintomas do TDAH. O estagiário acreditou que o TDAH era o melhor diagnóstico para Ricky, dado o funcionamento intelectual normal, as notas satisfatórias, o funcionamento interpessoal não agressivo e os sintomas clássicos do TDAH – tipo desatento, que o menino apresentava.

Fatores de risco e variáveis mantenedoras

Diversas variáveis, principalmente biológicas, trabalham provavelmente em conjunto para produzir o TDAH em crianças. Crianças com TDAH parecem apresentar diferenças em determinadas áreas cerebrais. É possível que haja anormalidades no lobo frontal, já que essa área está associada à inibição, pensamento, raciocínio, concentração, atenção, linguagem expressiva e controle motor. Em algumas crianças, a atividade no lobo frontal é menor, especialmente no circuito do córtex pré-frontal estriado. Crianças com TDAH podem apresentar alterações no núcleo caudado, que é parcialmente responsável pelos movimentos voluntários (Kieling et al., 2002), e também podem revelar padrões neurológicos incomuns. Testes de laboratório revelaram que essas crianças mostram potenciais atípicos relacionados a eventos durante tarefas que exigem atenção contínua e inibição de resposta (Johnstone et al., 2007). Essas crianças podem, assim, ter dificuldade em muitas tarefas relacionadas à escola. Uma observação interessante é a de que medicamentos estimulantes como a Ritalina podem atenuar os sintomas do TDAH, elevando talvez certos neurotransmissores ou o fluxo de sangue em áreas particulares do cérebro que promovem a inibição do comportamento (Pliszka, 2005).

Ricky não foi submetido a testes neurológicos formais, mas realmente mantinha melhor a atenção em situações que envolviam estímulos novos e possivelmente mais estimulantes, como uma nova tarefa de ciências. O estagiário em psicologia clínica cogitou se os problemas pré-natais haviam provocado alterações cerebrais em Ricky. Porém, isso nunca foi confirmado.

O TDAH também está ligado a problemas físicos do começo da infância como meningite, problemas da tireoide, otite média (infecções crônicas do ouvido) e deficiências sensoriais (especialmente perda de audição). Contrariamente às crenças populares, dieta, açúcar e alergias têm pouco ou nada a ver com os sintomas do TDAH. A toxicidade do chumbo é mais pertinente para o aparecimento do TDAH e é problemática especialmente nas áreas urbanas com alta concentração de automóveis, chumbo na água potável e poluição industrial. Ricky vivia em uma área pobre, porém rural, e esses problemas não pareciam constituir um fator, nesse caso.

As evidências de que há um componente genético no TDAH incluem as descobertas de que o transtorno: (1) ocorre em famílias, (2) é mais prevalente em gêmeos idênticos que em fraternos e (3) tem maior prevalência em pais biológicos que adotivos de crianças com TDAH (Biederman e Faraone, 2005; Faraone et al., 2005). Porém, muitas crianças com TDAH, como Ricky, não têm parentes com esse transtorno; desse modo, o TDAH pode ser de tipo familiar e não familiar (Lehn et al., 2007). Fatores genéticos que levam a alterações cerebrais provavelmente influenciam a maioria dos tipos de TDAH, mas fatores ambientais podem influenciar significativamente outros casos.

O estagiário nunca identificou a causa dos sintomas do TDAH; é o que acontece com a maioria das crianças com esse transtorno. A mãe bebia quantidades significativas de álcool durante o período pré-natal do filho. O consumo de álcool e cigarro durante a gravidez pode levar a sintomas que correspondem ao TDAH, especialmente a desatenção. A mãe disse também que o parto do menino fora difícil. Os problemas de Ricky no momento do nascimento e os sintomas posteriores de TDAH talvez estivessem relacionados. Complicações no nascimento incluem anoxia e hemorragia.

Diferentes fatores biológicos provavelmente justifiquem a maioria das divergências na explicação do aparecimento do TDAH. Seja qual for o percurso etiológico, o resultado é um déficit central na inibição da resposta ou na habilidade de controlar o comportamento. Déficits no autocontrole podem, então, levar a outras características das crianças com TDAH, como deficiência de memória, de comportamento governado por regras, de solução de problemas, de persistência e de controle emocional e motor (Barkley, 2003).

Fatores biológicos são, assim, importantes para explicar a etiologia do TDAH. As variáveis ambientais provavelmente desempenham um papel importante na manutenção dos sintomas do TDAH e influenciam o eventual desfecho. As variáveis comportamentais mais significativas são as interações pais-filho e professor-criança.

Muitos comportamentos dos pais são importantes para compreender o TDAH, pois muitas crianças têm dificuldade em prestar atenção ou em compreender suas ordens. Alguns pais, entre eles a Sra. Smith, consideram esse comportamento como desobediência ou desforra deliberadas. Podem aplicar, então, uma punição física forte e isso exacerba o problema. Alguns são condescendentes com o filho e seus comportamentos associados ao TDAH, administram medicamentos de venda livre para controlar o comportamento ou acalmam os filhos deixando-os assistir à TV ou jogar videogames por longos períodos. Mas essas estratégias acabam, em geral, fracassando. Os pais que dão estrutura, *feedback* e disciplina consistente e apropriada para o mau comportamento, ou para o desempenho escolar fraco, obterão mais controle sobre os comportamentos da criança com TDAH do que os que não fazem isso. Os planos de tratamento para crianças com TDAH devem incluir também ampla orientação parental e envolvimento dos pais na terapia.

Condições semelhantes aplicam-se ao comportamento dos professores. Estes precisam prestar muita atenção às crianças com TDAH, mas alguns dão excesso de atenção a elas. Isso pode reforçar o comportamento da criança ou privá-la da interação social com outras. Os professores que fornecem educação estruturada, *feedback* frequente sobre o comportamento social e acadêmico e disciplina consistente influenciam de modo mais positivo a criança com TDAH. Os planos de tratamento para essas crianças devem envolver, assim, consulta aos professores, a colaboração e sugestões destes sobre o que é viável fazer dentro da sala de aula.

Aspectos do desenvolvimento

Os pesquisadores caracterizaram os aspectos de desenvolvimento de crianças com TDAH e identificaram o curso geral do transtorno. A pesquisa desenvolvimental concentrou-se nas fases de pré-escola, infância, adolescência e idade adulta. Crianças muito pequenas podem apresentar características de comportamento relacionadas a um posterior TDAH. Essas características incluem irritabilidade, raiva, pouca autorregulação e impulsividade (Nigg et al., 2004). A Sra. Smith afirmou que Ricky era "exigente" quando pequeno. Disse também que ele não queria ser pego, engatinhava por toda a casa e tinha excesso de curiosidade por coisas potencialmente perigosas para ele (por exemplo, produtos de limpeza tóxicos). Não ficou claro, porém, se seus comportamentos eram hiperativos ou normais para um menino de 2 anos.

No período pré-escolar (de três a cinco anos), as crianças que desenvolvem o TDAH têm sintomas mais característicos desse transtorno, dos quais os mais visíveis são hiperatividade, impulsividade e problemas no funcionamento executivo (Thorell e Wahlstedt, 2006). Tais crianças começam a "entrar em tudo", tornam-se mais difíceis de controlar e apresentam padrões irregulares de comportamento; saem do lugar com mais frequência que as outras crianças; tornam-se excessivamente vocais e verbais e interrompem as atividades dos outros. A mãe descrevera Ricky como indisciplinado, mas não tinha certeza de que seu comportamento excedesse aquilo que normalmente se espera de uma criança de 3 ou 4 anos. Disse que era extremamente curioso com as coisas, em particular por aquelas que nunca havia visto. Isso parecia coerente com o comportamento corrente do garoto: ele prestava mais atenção a estímulos novos.

Crianças em fase pré-escolar que afinal desenvolvem TDAH tendem também a ser mais desobedientes e agressivas que a maioria das crianças da mesma idade. Alguns sintomas característicos do transtorno desafiador de oposição e de conduta podem aparecer; entre eles, excesso de brigas, temperamento violento e irascível, obstinação, agressão física e verbal e afeto negativo. A Sra. Smith disse que Ricky em geral não era agressivo com outras crianças e era benquisto pela maioria delas na vizinhança. Disse, porém, que ele insistia em que as coisas fossem feitas do jeito dele. Se não conseguia isso, muitas vezes corria pela casa e gritava. Ainda assim, nenhum de seus sintomas era suficientemente grave a ponto de qualificá-lo para um diagnóstico de TDAH, tipo hiperativo-impulsivo.

Crianças em idade pré-escolar com possível TDAH apresentam também maior reatividade emocional aos eventos em volta. Essas crianças tendem a ficar mais aborrecidas que as demais por coisas que as incomodam e a ficar aborrecidas por longos períodos. Ricky era, com certeza, emocionalmente reativo.

A mãe dissera que o filho se aborrecia "num piscar de olhos" e que a família quase sempre se sentia como "se pisasse em ovos em relação a ele". Tinha acessos de birra quando algo o deixava nervoso, quando não conseguia o que queria e quando não conseguia alguma coisa nova. As birras duravam às vezes duas horas, ainda que por algo de menor importância, como perder o privilégio de assistir à TV. Explicou que o comportamento do filho a esse respeito não mudara muito desde a idade pré-escolar.

O período pré-escolar de uma criança que depois desenvolverá TDAH envolve, às vezes, intenso conflito com os pais. Alguns desses conflitos surgem da desatenção crônica da criança em relação às ordens dos pais, o que estes quase sempre interpretam como desobediência. O comportamento de Ricky parecia mais desatento que desobediente. A mãe relatou que, quando a atenção do menino estava inteiramente voltada para ela, ele a obedecia e fazia a tarefa que lhe fora pedida. Mas brigava muito com a mãe quando não entendia o que ela dizia. Disse não entender por que a filha era tão responsável e obediente, e ele tão persistentemente irresponsável.

Durante a idade escolar (de 6 a 12 anos), os sintomas do TDAH manifestam-se totalmente à medida que as demandas sociais e escolares aumentam a expectativa de comportamento adequado e fornecem mais oportunidades de insucesso. Nos casos em que a desatenção é o problema principal, como era o caso de Ricky, a atenção dirigida a um objetivo torna-se especialmente problemática. Os problemas são cronicamente evidentes na realização das tarefas, organização, concentração, memória, planejamento e compromissos sociais. Aparecem também déficits na autorregulação, o que pode levar a problemas com os cuidados pessoais, a conclusão das tarefas, as habilidades sociais e a pontualidade (Barkley, 2003). Ricky apresentou muitos desses problemas, embora suas habilidades sociais não estivessem muito prejudicadas.

Sintomas menos severos de desatenção, hiperatividade e impulsividade ocorrem na adolescência e esses são ainda mais problemáticos que na população em geral. Os adolescentes com TDAH apresentam risco mais elevado para problemas acadêmicos, comportamento antissocial, abuso de substância e autoestima mais baixa que outros adolescentes (Willoughby, 2003). Muitos ainda estão qualificados para o diagnóstico de TDAH. Os preditores de TDAH incluem a comorbidade com o transtorno desafiador de oposição, o QI verbal inferior e o uso de medicação (Todd et al., 2008). Ricky não apresentava transtorno desafiador de oposição, de modo que seu prognóstico pode ser melhor que o de outras crianças com TDAH.

Aproximadamente um terço daqueles que apresentaram TDAH no passado mostram o mesmo transtorno na idade adulta (Kessler et al., 2005). Adultos que tiveram TDAH na infância têm probabilidade mais alta de apresentar transtorno de ansiedade, uso de substância e comportamento antissocial. Outras consequências do TDAH na vida adulta são divórcio, problemas acadêmicos e de trabalho, pouca instrução e baixa autoestima (Davidson, 2008). Muitos adultos que tiveram TDAH na infância funcionam bem, especialmente aqueles com sintomas menos severos.

Tratamento

O tratamento de jovens com TDAH envolve muitas vezes uma abordagem múltipla, com ênfase na medicação e na modificação de comportamento. Crianças com TDAH podem ter dificuldade em inibir ou regular seu comportamento, em razão de determinados neurotransmissores ou alterações cerebrais. Empregam-se, então, medicamentos estimulantes em algumas dessas crianças. A medicação estimulante mais popular é o metilfenidato (Ritalina, Concerta), que tem ação relativamente breve e pode produzir mudanças drásticas no comportamento da criança. Isso acontece especialmente com sintomas como hiperatividade e impulsividade.

A Ritalina deve ser dada uma ou mais vezes por dia. As doses variam, mas muitas crianças começam com 5 mg por dose, e podem aumentar, conforme as necessidades ao longo do tempo; porém, em geral, não superam 60 mg por dia. Outros psicoestimulantes comumente usados para essa população são a dextroanfetamina (Dexedrina, Adderall) e a pemolina (Cylert). Aproximadamente três quartos das crianças com TDAH que tomam medicação estimulante melhoram, em certa medida. As que apresentam TDAH com transtornos de tiques ou as que não respondem à medicação estimulante podem tomar antidepressivos ou um medicamento chamado Strattera (Olfson, 2004; Remschmidt e Global ADHD Working Group, 2005).

Muito se discutiu no caso de Ricky sobre qual medicação seria a mais indicada. Os funcionários da escola eram muito favoráveis à medicação, mas sua mãe estava em dúvida e o estagiário, de início, não estava convencido de que a medicação solucionaria a desatenção do menino. Os possíveis efeitos colaterais, que podem incluir dores de cabeça, dor de estômago, inquietação, perda de peso, diminuição do apetite e insônia, foram muito discutidos (American Academy of Child and Adolescent Psychiatry, 2001; Leonard, McCarten, White e King, 2004). Há também outras preocupações em relação à medicação para essa população, como (1) excesso de medicação derivada de excesso de diagnóstico, (2) uso de drogas como panaceia (muitas crianças recebem medicação sem um relativo programa de modificação de comportamento), (3) estigmatização e ostracismo sociais (algumas crianças tomam uma dose durante o dia na escola) e (4) mensagens confusas sobre o uso de drogas para controlar ou modificar o comportamento.

A Sra. Smith acabou concordando em experimentar a medicação. Ela revelou também que, às vezes, dava remédios de venda livre para resfriado e tosse, ou cafeína, para controlar o comportamento de Rick. Procedia dessa maneira cerca de duas a três vezes por mês, e o estagiário recomendou que parasse com isso imediatamente. Fez essa recomendação para poder obter uma leitura melhor do comportamento "verdadeiro" do garoto, para reduzir os possíveis danos derivados do uso frequente de medicamentos para resfriados e para eliminar fatores que pudessem confundir a futura avaliação pediátrica. A mãe imediatamente atendeu, mas o comportamento de Ricky não mudou muito.

O menino foi examinado por uma pediatra especializada em TDAH, que confirmou o diagnóstico original. Deu a ele uma dose de 5 mg de Ritalina, duas vezes por dia (10 mg no total). Ele devia tomar o medicamento de manhã e depois do almoço na enfermaria da escola. O garoto cumpriu a prescrição sem se queixar. O estagiário e a Sra. Smith explicaram a ele que o remédio o ajudaria a prestar mais atenção à mãe e aos professores. O regime medicamentoso começou dois dias mais tarde e teve poucos efeitos. A pediatra aumentou a dose duas vezes, nas quatro semanas seguintes, e chegou à prescrição 30 mg por dia.

Outras pessoas observaram Ricky de perto na escola e em casa durante esse período de quatro semanas. A professora, Sra. Candler, disse que ele estava um pouco mais flexível, prestava mais atenção e ficava mais tempo sentado no lugar. No entanto, o nível diário do desempenho escolar não havia melhorado. A mãe relatou um efeito semelhante, mas suas expectativas de melhora podiam ter interferido em sua percepção. O estagiário fez, então, duas observações do garoto na sala de aula. Notou que Ricky ficava mais tempo sentado, mas que a atenção melhorara apenas ligeiramente em relação à anterior. Elaborou um programa de modificação de comportamento. Planejou um programa para melhorar a atenção, as habilidades de organização e de estudo e a realização completa das tarefas escolares diárias. Isso consistia em amplo sistema de economia de fichas que suplementava o sistema de cartões da classe mencionado anteriormente. A economia de fichas foi aplicada incialmente ao comportamento de ficar sentado. Ricky podia ganhar 20 pontos por hora que ficasse sentado adequadamente e sair do lugar quando a professora pedisse. Ela permitia a ele um "erro" ou ausência injustificada do lugar. A primeira ausência injustificada resultava em advertência; as seguintes, durante o período de uma hora, "custavam", cada uma, dois pontos. Assim, a professora não daria nenhum ponto se ele saísse do lugar mais de nove vezes após a advertência. O estagiário e ela haviam escolhido primeiro o comportamento de ficar sentado, pois acreditavam que Ricky poderia ganhar esses pontos com relativa facilidade. Ao ganhar pontos, o menino receberia reforço positivo pelo bom comportamento e se familiarizaria com o sistema de economia de fichas.

Se ele acumulasse pelo menos 100 pontos ao final das seis horas do dia escolar, ganharia o direito de participar de uma interessante atividade da sala de aula. As atividades incluíam um novo jogo, fita de vídeo ou uma conversa individual com a professora. O comportamento de ficar sentado melhorou em quatro semanas, mas a mudança não foi drástica, pois esse comportamento não era excessivamente problemático. A professora e o estagiário, em seguida, associaram o comportamento de ficar sentado apenas ao sistema de cartões "verde para vermelho", com recompensas para cada dois dias "verdes" consecutivos.

A seguir, a economia de fichas visou à atenção e à realização completa das tarefas escolares. Ricky devia escutar as instruções da Sra. Candler e repeti-las, em silêncio, para si mesmo. Se a professora achasse que ele não estava prestando atenção, tiraria dois pontos. Não prestar atenção incluía comportamentos como conversar com os outros ou não manter contato visual direto durante as instruções. Ricky perderia pontos também por tarefas não terminadas. A economia de fichas progrediu vagarosamente, no início, porque cada um dos adultos tinha diversas questões sobre como definir determinados comportamentos e como supervisionar o garoto. Por sorte, todos estavam motivados a ajudá-lo; seu comportamento atento e realização completa das tarefas melhoraram cerca de 50% ao longo de seis meses.

Durante esse período, o procedimento de economia de fichas passou a incluir diversas habilidades de estudo e de organização. Ricky recebeu recompensas por passar tempo estudando, levantar a mão oportunamente e não distrair as crianças perto dele. Recebeu recompensas por manter sua carteira em ordem, dizer corretamente as horas, entregar os deveres de casa pontualmente e dizer à mãe qual o material necessário para levar à escola. A professora não mediu formalmente essas habilidades, mas notou uma melhora geral nas duas áreas.

O estagiário implementou também um treinamento de pais para a Sra. Smith, de modo que ela pudesse controlar os problemas de oposição de Ricky em casa. A mãe e a filha foram instruídas sobre os problemas de atenção do garoto com o intuito de manter, em todos, motivação e consistência quanto à economia de fichas. A Sra. Smith aprendeu como usar os *time-outs* em casa para controlar as birras e a desobediência. Ricky recebia um relatório diário da professora, com a nota de comportamento do dia. Quando se saía bem, a professora lhe dava recompensas extras em casa. Caso contrário, ia para a cama cedo. Foram enfatizados também outros aspectos do manejo de contingências, como ordens adequadas por parte da mãe.

Ricky progrediu razoavelmente durante os seis meses de terapia, tornando-se menos disruptivo e com melhora geral na atenção. Contudo, seus resultados e suas notas semanais não mudaram. Infelizmente, a Sra. Smith encerrou o tratamento psicológico de Ricky no verão seguinte. Ela achava, apesar do ceticismo do estagiário, que o menino havia melhorado o suficiente para poder ficar apenas com a medicação. Essa é uma ocorrência comum nessa população. Um contato telefônico com a Sra. Smith no ano seguinte revelou que o mau comportamento de Ricky ainda estava manejável, mas que o desempenho escolar permanecia entre medíocre e fraco.

Questões para discussão

1. Qual é a diferença, caso exista, entre uma criança com TDAH do tipo hiperativo-impulsivo e uma criança excessivamente indisciplinada para a sua idade? E quanto à criança que simplesmente não está motivada a prestar atenção?
2. É difícil distinguir, às vezes, entre TDAH, transtorno de conduta, retardo mental leve e dificuldade de aprendizagem. Quais sinais e sintomas o levam a concluir que uma criança apresenta um deles e não outro?
3. Existe um debate importante sobre se o TDAH é excessivamente diagnosticado ou simplesmente prevalente entre as crianças. Qual é a sua opinião? Quais vieses sobre o comportamento de uma criança você gostaria de evitar ao decidir pelo diagnóstico do TDAH?
4. O TDAH é três a quatro vezes mais comum em meninos que em meninas. Você acredita que essa seja uma diferença real ou pode ser facilmente explicada pelas expectativas que temos em relação às meninas e aos meninos à medida que crescem? Quais possíveis diferenças na socialização de meninos e meninas podem explicar por que os meninos apresentam sintomas do TDAH com mais frequência?
5. Qual é o melhor modo de avaliar uma criança com TDAH? Que perguntas você gostaria de fazer a Ricky ou a outras pessoas que fazem parte de sua vida? O que buscaria ao examinar uma criança na escola por meio do espelho unidirecional?
6. Existe um importante debate sobre o papel que os médicos devem ter no tratamento do TDAH. O que você pensa sobre administrar medicação a essa população? Quais os prós e os contras? Por que acha que tantas crianças com TDAH são medicadas por longos períodos? É uma boa estratégia? Leve em consideração o direito das outras crianças de serem educadas em tranquilidade.
7. Elabore um plano de tratamento para uma criança com TDAH do qual o professor não queira participar. Como lidaria com isso? Quem mais envolveria no plano?

Capítulo 7
Dificuldade de aprendizagem

Sintomas

Gisela Garcia é uma menina de 8 anos, com descendência latino-americana. Foi encaminhada à psicóloga da escola para avaliação e recomendações para um possível tratamento. Na época, cursava o segundo ano do ensino fundamental. Seus pais, o Sr. e a Sra. Garcia, abandonaram suas fortes objeções quanto à avaliação e concordaram com o encaminhamento no final do ano letivo. Gisela tinha muita dificuldade nas tarefas de leitura e de soletração, embora o inglês fosse sua primeira língua. Essas dificuldades haviam afetado seu desempenho em matemática e ciências, pois muitas das tarefas, nessas áreas, envolviam problemas matemáticos contados em forma de história, que exigiam muita leitura e escrita.

A psicóloga escolar, a Sra. Dartil, conhecia os problemas de aprendizagem de Gisela há aproximadamente dois meses. A professora do segundo ano, a Sra. Martinez, havia comunicado à psicóloga que um de seus alunos tinha problemas para ler e soletrar, mas os pais da garota eram resistentes à avaliação ou à intervenção. A Sra. Martinez esperava que a psicóloga da escola participasse com ela de uma reunião com os pais, para convencê-los da necessidade de avaliar a garota. Os pais relutaram e só concordaram em fazer a reunião com várias semanas de atraso.

Na reunião com os pais e a psicóloga da escola, a professora descreveu os problemas de aprendizagem da aluna. Os principais problemas, que faziam que Gisela ficasse muito atrás da classe, estavam na leitura e na soletração. Ela estava, naquele momento, no grupo de mais baixo rendimento em leitura e tinha dificuldade em prestar atenção e em entender o material. A professora lia uma história para o grupo e, então, fazia perguntas aos alunos. A maioria das crianças respondia às perguntas simples e muitas tinham dificuldade nas mais complexas. Gisela, entretanto, tinha quase sempre dificuldade em responder às questões mais simples como "De que animal fala essa história?". Parte do problema derivava da sua desatenção – às vezes, ela sentava no chão e rodopiava em torno de si mesma, enquanto a professora lia a história. Em geral, parava depois de uma advertência, mas continuava em seguida.

A professora disse também que Gisela tinha problemas para identificar palavras novas e diferentes e até aquelas em grupos como *law, paw e saw*.[1] Cada membro do

---

[1] Monossílabos com a mesma terminação, por exemplo, pai, vai, sai. "Em grupos", pois assim são, em geral, apresentadas nos "spelling tests" escolares [exercícios e testes de soletração], para treinar, entre outras coisas, a discriminação entre palavras parecidas. (NT)

grupo de leitura lia um trecho de determinado livro. Em geral, ela era capaz de lê-lo quando este havia sido estudado durante o último mês, mas tinha dificuldade em identificar quase todas as palavras de trechos novos. Conseguia identificar as letras do alfabeto e, se lhe dessem o tempo necessário, decifrar o significado da palavra e resumir a leitura. Porém, infelizmente, isso exigia muito tempo e atrapalhava o grupo de leitura.

A Sra. Martinez explicou, além disso, que os problemas de leitura de Gisela estavam relacionados à soletração. Tinha enormes problemas para soletrar as palavras apresentadas oralmente, como em um teste. No entanto, não tinha muita dificuldade em copiar uma palavra de um livro ou reescrever uma palavra diversas vezes. A professora costumava ensinar aos alunos palavras novas na segunda-feira e pedia que as estudassem, reescrevendo-as durante a semana, e o teste oral acontecia na sexta-feira. Gisela não tinha problemas em estudar durante a semana, mas escrevia as palavras lentamente. Seu desempenho em testes recentes de soletração era de apenas 30% de acertos. Isso complementava outros insucessos na leitura mecânica e nas tarefas de escrita.

A professora explicou que os problemas de leitura e de soletração de Gisela prejudicavam seu progresso em matemática e ciências. A principal razão disso era que ensinava matemática e ciências por meio de problemas contados sob a forma de histórias e de projetos criativos de laboratório (por exemplo, cultivando plantas), que envolviam relatórios e outros trabalhos escritos. Essas tarefas são difíceis para quem tem dificuldade de ler e soletrar. Gisela tinha poucos problemas com trabalhos manuais ou com tarefas que a interessavam e atraiam sua atenção.

Segundo a Sra. Martinez, o nível de desempenho escolar dela correspondia ao início do primeiro ano, mas afirmou também que ela parecia "inteligente" e tinha diversos pontos fortes na escola. Era excelente em música e na aula de artes, tinha muito interesse nessas atividades e mostrava grande motivação. Outro ponto forte eram as habilidades sociais. Gisela era espirituosa, altamente interativa e uma das crianças mais queridas da classe, e suas habilidades verbais também eram normais. A professora disse que sua inteligência parecia normal, mas tinha certamente dificuldade nas tarefas escolares.

Ao comentar seu comportamento na sala de aula, a professora disse que Gisela era um pouco agitada e tinha problemas para prestar atenção, porém não era disruptiva. Ela não era agressiva, hiperativa nem mal-educada. Em geral, era obediente, mas precisava ser constantemente lembrada de que tinha de se manter na tarefa. Disse também que os materiais de sala de aula e as habilidades de estudo da garota eram extremamente desorganizados. Sua carteira ficava cheia de papéis e apetrechos para escrever inúteis. Não tinha um modo sistemático de preparar-se para os testes, para terminar tarefas ou dizer as horas.

Os pais de Gisela não receberam bem esses relatos e recusaram-se totalmente a acreditar que a filha tivesse um problema interno e culparam a escola (e, indiretamente, a professora) por ter "técnicas ruins de ensino". Disseram que a menina se saíra bem na escola, no ano interior, em outra cidade, porém não quiseram fornecer os relativos registros escolares à psicóloga da escola. Além do mais, acrescentaram que Gisela se concentrava bem em casa e terminava as tarefas quando alguém a supervisionava. Afirmaram que a garota não tinha problemas em prestar atenção neles e que, em geral, era uma criança normal de 8 anos.

A Sra. Martinez argumentou que Gisela talvez terminasse as tarefas, mas poucas tinham sido entregues (muitas vezes, ela afirmava tê-las perdido). Recomendou que os pais observassem a filha em seu grupo de leitura e analisassem atentamente os testes e tarefas que ela fazia na classe, e eles concordaram.

Houve uma segunda reunião dois meses mais tarde. A psicóloga da escola e a professora de Gisela analisaram os progressos da garota e reiteraram a recomendação de que ela fosse avaliada. Seu desempenho escolar não havia essencialmente mudado e os pais estavam, então, mais conscientes dos problemas escolares rotineiros da filha. Eles continuavam relutantes em relação aos testes, mas, após algumas conversas particulares, durante as duas semanas seguintes, finalmente cederam e permitiram tal avaliação. A psicóloga imediatamente programou uma sessão de testes abrangentes para Gisela, com a intenção inicial de descobrir se ela apresentava um transtorno ou uma dificuldade de aprendizagem.

Avaliação

O diagnóstico de transtorno de aprendizagem é pertinente quando "os resultados do indivíduo, em testes individualmente administrados e padronizados de leitura, matemática ou expressão escrita estão substancialmente abaixo do esperado para a sua idade, escolaridade e nível de inteligência" (American Psychiatric Association (APA), 2000, p. 49). "Substancialmente abaixo" significa uma discrepância de mais de dois desvios-padrão entre os níveis de desempenho e de inteligência. Para serem diagnosticados, os problemas de aprendizagem devem interferir significativamente no rendimento escolar ou no funcionamento diário. As dificuldades de aprendizagem de Gisela certamente interferiam no seu rendimento escolar: suas notas em leitura, soletração e matemática eram F, e em ciências, D (embora houvesse obtido notas A em música e artes).

O DSM-IV-TR subdivide os transtornos de aprendizagem em transtorno de leitura, transtorno da matemática e transtorno da expressão escrita. Gisela parecia ter transtorno de leitura e de expressão escrita.

Os transtornos de aprendizagem não são aplicáveis se os problemas acadêmicos são atribuídos principalmente a "variações normais na realização acadêmica... falta de oportunidades, ensino fraco, ou fatores culturais" (APA, 2000, p. 51). Esses transtornos também não são aplicáveis quando o indivíduo apresenta um déficit sensorial, como um problema visual, mas podem ser aplicados quando os problemas de aprendizagem excedem notavelmente esse déficit. Os pais argumentaram que os "problemas" de Gisela derivavam do ensino fraco, em particular, e de uma jurisdição escolar desprovida de recursos, em geral. Não acreditavam que ela tivesse um transtorno de aprendizagem. Essa questão é obviamente delicada quando se está avaliando se um diagnóstico de transtorno de aprendizagem se aplica a uma criança que tem problemas escolares.

Os profissionais que avaliam crianças com possível transtorno de aprendizagem devem levar em consideração alguns pontos importantes. Primeiro, os problemas de aprendizagem da criança devem ser detalhadamente examinados, pois podem assumir muitas formas como má organização, incapacidade de se manter na tarefa e problemas de percepção. A professora mencionara diversos problemas que impediam a garota de se sair bem na escola. Em segundo lugar, déficits específicos, como problemas de decodificação de palavras, podem ter amplas consequências sobre a leitura, em geral, ou sobre o rendimento escolar. Em terceiro, o avaliador deve considerar cuidadosamente as expectativas dos pais e professores. Isso era particularmente pertinente no caso de Gisela, em razão da reserva dos pais quanto à escola.

Em quarto lugar, o avaliador deve lembrar que as características comportamentais e cognitivas influenciam-se reciprocamente. Déficits de linguagem podem predispor uma criança ao retraimento social. Os problemas escolares correntes de Gisela podiam afetar negativamente sua autoestima. Em quinto, é preciso levar em conta as variáveis ambientais, como fatores socioculturais, que podem afetar a motivação escolar da criança, a competitividade, as atitudes e a orientação ao êxito. Por fim, é preciso considerar a presença de fatores biológicos. Uma avaliação inicial de transtorno da aprendizagem pode utilizar o *Dyslexia Screening Instrument*[2] e, por exemplo, os itens a seguir (Coon et al., 1994):

- Habilidades de sequenciação pobres.
- Organização de composição deficiente (os eventos não estão em ordem cronológica e a ordem de organização não é discernível).
- Problemas com o alfabeto (para aprender e/ou dizer).

A Sra. Dartil começou a avaliação de Gisela usando o *Wechsler Intelligence Scale for Children* (Wechsler, 2003). O funcionamento cognitivo tem importância central na avaliação da criança com possível dificuldade de aprendizagem. Deve-se notar ampla discrepância entre os resultados no teste de inteligência e os resultados no teste de desempenho. O QI de Gisela era 104, o que a colocava na faixa normal ou média. A psicóloga aplicou também o *Wide Range Achievement Test-4* (Wilkinson e Robertson, 2006), para identificar as deficiências acadêmicas de Gisela em matemática, leitura e soletração. Os resultados-padrão da garota foram apenas 88 em matemática,

---

[2] *Dyslexia Screening Instrument.* Copyright © 1994 por Harcourt Assessment, Inc. Reprodução autorizada. Todos os direitos reservados.

68 em leitura e 60 em soletração. Os níveis de inteligência e de desempenho eram, portanto, muito diferentes – ela não estava usando todo seu potencial.

Alguns consideram que as discrepâncias entre os resultados dos testes de inteligência e os de desempenho não são indicadores válidos de dificuldades de aprendizagem. Alguns pesquisadores sugerem que a leitura e a compreensão auditiva devem ser o foco da avaliação (Lyon et al., 2003). Os testes de compreensão devem se concentrar na absorção, por parte da criança, das informações de um trecho determinado, nas inferências feitas a partir do trecho, e no uso que a criança faz da informação por meio de sua bagagem de conhecimento.

Outro problema relativo aos testes de inteligência e de desempenho é que eles não identificam os problemas ou déficits específicos da criança. A Sra. Dartil entrevistou novamente os pais de Gisela e examinou mais detalhadamente as tarefas escolares e o comportamento da menina em sala de aula. Eles disseram que Gisela sempre foi uma criança normal, havia começado a andar e a falar na idade adequada e se interessava pelos outros. Admitiram que a menina tivera dificuldades no primeiro ano, mas que a professora havia afirmado que não existia nada de seriamente errado. Além disso, ninguém havia mencionado problemas de linguagem. Essas afirmações, feitas pela professora do primeiro ano, haviam levado o casal Garcia àquela posição, segundo a qual não havia nada de errado com a filha. A mãe, porém, admitiu que Gisela lia lentamente e tinha dificuldade em identificar determinadas palavras.

Ambos ficaram surpresos que a garota não conseguisse ler ao final do primeiro ano, mas haviam presumido que ela deslanchasse mais tarde. Também reafirmaram que Gisela era uma criança bem comportada e insistiram que estavam altamente motivados para ajudá-la a melhorar seu desempenho escolar.

A psicóloga recolheu cópias das atividades escritas de Gisela em sala de aula e observou a garota nesse ambiente. Percebeu que, muitas vezes, ela levava muito tempo para terminar as tarefas de leitura e escrita e, como resultado, perdia pontos. Mas seu desempenho melhorava quando dispunha de tempo suficiente. Distraía-se e agitava-se facilmente, e esses comportamentos interferiam no comportamento ligado à tarefa. O desempenho, porém, melhorou, quando Gisela foi isolada do restante da classe. Por fim, a psicóloga da escola observou que o trabalho escrito de Gisela mostrava diversos problemas, como escrita lenta, comprimida e desigual. Ela levava muito tempo copiando e recopiando o trabalho, uma prática que, às vezes, a deixava frustrada.

A psicóloga da escola conversou com a professora de forma mais aprofundada. A Sra. Martinez acreditava que a menina apresentava um "déficit de processamento" ou problemas em assimilar e integrar as informações recebidas. Baseava sua suposição nas dificuldades que a garota mostrava em relação às palavras apresentadas visualmente. Gisela tinha problemas para lembrar as palavras soletradas que havia estudado no livro; porém, saía-se melhor quando a professora enfatizava a aprendizagem por meio da audição, como quando pronunciava a palavra, soletrava em voz alta e a escrevia no papel. Ela não tinha déficits sensoriais visuais de modo que os problemas de processamento perceptivo ou linguístico deviam ser responsáveis por suas dificuldades.

A psicóloga pensou também que a motivação da menina fosse boa, apesar de seus contratempos escolares. Gisela disse estar interessada em ajuda extra para melhorar as notas e, especialmente, a leitura. Quando lhe perguntaram sobre a agitação e a movimentação pela classe, ela explicou que "se sentia nervosa" e, às vezes, entediada, na classe; entretanto, sentia que podia se controlar. A Sra. Dartil lhe disse para se concentrar mais e se movimentar menos quando uma tarefa fosse nova ou particularmente interessante. A psicóloga concluiu, a partir da avaliação, que Gisela realmente apresentava um moderado transtorno de aprendizagem de leitura e expressão escrita. Descreveu para a professora e para os pais que poderia abordar os problemas por meio do procedimento descrito mais à frente.

Fatores de risco e variáveis mantenedoras

Os déficits cognitivos nos transtornos de aprendizagem estão provavelmente relacionados a diferentes problemas neurológicos, que podem compreender: (1) problemas perceptivos, por exemplo, para distinguir letras e palavras; e/ou (2) problemas de processamento linguístico, como na organização dos sons da fala para formar palavras.

Os déficits cognitivos ou dificuldades de processamento linguísticos específicos em crianças com problemas de leitura podem estar relacionados a anomalias no cerebelo ou no lobo temporal (Eckert, 2004; Silani et al., 2005). Interrupções nas redes neurais também podem levar à dificuldade de aprendizagem (Ramus, 2004). Dados sobre gêmeos indicam que o transtorno da leitura sofre uma influência genética de moderada a forte (Hawke et al., 2006). As dificuldades de leitura podem estar relacionadas a alterações nos cromossomas 1, 2, 3, 6, 11, 13, 15 e 18 (Shastry, 2007).

As alterações no hemisfério esquerdo do cérebro e no plano temporal podem explicar os déficits mais importantes relativos aos problemas de leitura (Paul et al., 2006). Tais dificuldades, que independem da inteligência, compreendem quase sempre problemas para decodificar e ler palavras isoladas. Quem lê bem, reconhece palavras isoladas rapidamente enquanto lê. Crianças com dificuldades de leitura identificam as palavras mais lentamente e essa insuficiência na velocidade interfere na integração e na compreensão do material global (Shaywitz e Shaywitz, 2005). O método global de aprendizagem, por meio do qual a criança compreende uma palavra observando o contexto da sentença, pode ser ineficaz para essa população.

Crianças com dificuldades de leitura têm problemas para reconhecer palavras enquanto leem. Déficits no reconhecimento das palavras podem estar relacionados a problemas de memória, assim como a deficiências fonológicas e de linguagem. Crianças com problemas de leitura têm dificuldade para juntar os diversos fonemas, ou unidades básicas de som, que compõem uma palavra (por exemplo, *sp*, *ee*, e *ch* compõem a palavra *speech* [fala]). Essa deficiência pode afetar também a soletração.

Os problemas de leitura e soletração de Gisela envolviam realmente a identificação de palavras isoladas. Seus problemas escolares podiam derivar de alterações presentes no hemisfério esquerdo, e seus pontos fortes, em música e artes, podiam derivar do fato de que o hemisfério direito fosse dominante. Ela era canhota, o que sugere predominância do lado direito do cérebro. Porém, não foi submetida a testes médicos ou neurológicos.

Os problemas de leitura de Gisela poderiam derivar de déficits de processamento e memória fonológica, pois tinha, nitidamente, problemas para lembrar palavras que se supunha já houvesse aprendido e não conseguia conectar unidades de som para construir uma palavra. Ficava, então, frustrada, quando a Sra. Martinez pedia que a classe pronunciasse uma palavra como *poisonous* [venenoso]. A professora acreditava que os problemas de Gisela deviam ser atribuídos simplesmente à desatenção ligada à agitação e ao rodopiar em torno de si. A desatenção e a consciência fonológica, ou saber usar os fonemas para reconhecer palavras e processar informações são, porém, amplamente independentes um do outro (Lyon et al., 2003). No caso de Gisela, era claro que, por trás de problemas menos importantes de comportamento ou por trás de sintomas do transtorno de déficit de atenção/hiperatividade, havia problemas de aprendizagem.

O que dizer dos problemas de escrita de Gisela? Crianças com dificuldades de aprendizagem tendem a (1) escrever menos, (2) ter menos ideias organizadas e usar menos elementos de transição nos escritos, (3) apresentar menos orientação ao objetivo e (4) checar inadequadamente a soletração e a gramática (Berninger et al., 2008). Muitas crianças com dificuldades em escrever e soletrar têm problemas também em desenhar as letras, organizar os movimentos dos dedos, elaborar palavras escritas fonologicamente e integrar estímulos visuais e motores.

Gisela tinha certamente problemas para integrar a estrutura fonológica das palavras. Ficava muitas vezes frustrada e não checava corretamente o trabalho que havia feito em busca de erros. A professora questionou se ela teria a habilidade de coordenar movimentos visuais e motores. Gisela, porém, apresentava algumas características de quem sabe ler e soletrar bem. Era orientada ao objetivo, não tinha problemas de movimentação nos dedos e desenhava as letras sem dificuldade (embora lentamente e de modo comprimido). Os padrões de Gisela não eram comuns em crianças com dificuldades de aprendizagem e confirmam a heterogeneidade e a variedade enorme de sintomas apresentados por essa população.

Gisela não tinha muitos problemas em matemática (discalculia), porém, apresentamos brevemente a etiologia desse transtorno de aprendizagem. Crianças com discalculia têm frequentemente problemas na enumeração, manipulação de quantidades, compreensão dos conceitos matemáticos, em fazer cálculos e ler, escrever ou nomear símbolos matemáticos. Tais crianças podem ter problemas no funcionamento visuoespacial e visual-perceptivo, de inteligência, de habilidades verbais e ansiedade. A discalculia pode resultar de alterações na região parieto-temporal esquerda do cérebro (Shalev, 2004). Alguns autores associam a discalculia à estrutura dos livros didáticos de aritmética do primeiro ciclo de ensino. Esses livros podem não dar atenção suficiente ao domínio dos processos matemáticos básicos (Lyon et al., 2003).

Os transtornos de aprendizagem ocorrem, em muitos casos (25% a 80%), com o transtorno de déficit de atenção/hiperatividade (Voeller, 2004; Willcutt e Pennington, 2000). As causas do TDAH e das dificuldades de aprendizagem podem, portanto, sobrepor-se. Gisela estava frequentemente distraída e, às vezes, hiperativa, quando se agitava ou rodopiava em torno de si mesma. Crianças com dificuldades de aprendizagem podem apresentar também problemas sociais, emocionais, depressivos e relativos ao transtorno de conduta. Tais problemas são mais variáveis – não se aplicam a Gisela – e podem estar relacionados à frustração e à rejeição social que às vezes vêm acompanhados de mau desempenho escolar.

Aspectos do desenvolvimento

Crianças com dificuldades de leitura (dislexia) apresentam, com frequência, déficits de linguagem ou no processamento fonológico, que podem ocorrer já no primeiro ano de vida. Pode haver atrasos em vocalizações como balbucios e arrulhos. Crianças entre 1 e 3 anos de idade podem apresentar atraso na fala ou na linguagem (Nelson et al., 2006). É possível que ocorram também, nessa fase, problemas de compreensão, que podem estar presentes em crianças com dificuldade em entender o que os outros dizem. Problemas de comportamento associados à linguagem podem tornar-se mais aparentes nesse momento. Problemas comuns de comportamento incluem hiperatividade, impulsividade, desatenção, agressão e retraimento social.

Os pais haviam dito que Gisela era normal durante os anos pré-escolares. Isso não é incomum e mostra os obstáculos em identificar crianças com dificuldades na aprendizagem antes do início da escola formal. Os pais de Gisela haviam realmente dito que ela às vezes era "dispersa" e desatenta, mas presumiam que isso fizesse parte de sua personalidade geral ou que fosse normal em crianças de idade pré-escolar. Haviam notado também sua agitação constante, mas não viam isso, ou seus outros comportamentos, como problemas sérios.

As dificuldades de aprendizagem tornam-se mais aparentes durante o período inicial da escola, quando então as crianças precisam atingir os critérios acadêmicos. Crianças que frequentam o maternal precisam prestar atenção nas instruções, expressar verbalmente seus desejos, ficar paradas, envolver-se em uma escrita básica e identificar letras, entre outras tarefas. Crianças com dificuldades de aprendizagem têm problemas nessas áreas e podem comportar-se mal ou retrair-se em relação às outras. Treino adicional e programas de modificação de comportamento podem muitas vezes ajudar a reduzir esses problemas. Quando, porém, eles não são detectados ou a criança prossegue, as dificuldades de aprendizagem devem piorar durante o primeiro e o segundo anos do ensino fundamental. As habilidades de linguagem são fortes preditores da posterior habilidade de leitura (Bishop e Snowling, 2004).

A escola maternal foi em grande parte normal para Gisela. A professora daquela época havia dito que ela levava mais tempo que a maioria das crianças para começar uma tarefa e se distraía facilmente, mas não tinha problemas de linguagem ou de identificação das letras. Era socialmente adequada, embora buscasse muito a atenção da professora durante os projetos da classe. As dificuldades de aprendizagem de Gisela eclodiram, entretanto, no primeiro e no segundo anos, à medida que ela se viu às voltas com as tarefas formais de leitura, escrita, soletração e matemática. Os problemas no processamento fonológico também se tornaram mais evidentes a essa altura, e ela apresentava dificuldade em decodificar várias palavras.

Os problemas de leitura são estáveis ao longo do tempo e perduram até a idade adulta. Talvez sejam estáveis porque muitas crianças com dificuldades na aprendizagem não são identificadas enquanto as discrepâncias entre inteligência e desempenho na leitura não se tornarem muito aparentes. A demora em descobrir a dificuldade de aprendizagem pode, portanto, atrasar o tratamento e colaborar para a persistência do transtorno. A estabilidade das dificuldades de aprendizagem pode resultar também de intervenções diversas e descoordenadas de educadores e outros. Essa prática é perigosa para quem tem problemas graves de aprendizagem, podendo colaborar para que permaneçam estáveis. Muitas crianças com dificuldades na aprendizagem experienciam continuamente o insucesso escolar, de modo que a motivação para completar as tarefas também diminui (Lyon et al., 2003). A diminuição da motivação obviamente prejudica a possibilidade de apresentar um desempenho escolar normal no futuro.

Gisela apresentava uma mistura de indicativos prognósticos bons e ruins. Teve sorte em ser avaliada e tratada no final do segundo ano, mas se o problema tivesse sido detectado mais cedo e se os pais tivessem colaborado mais, o tratamento provavelmente teria se iniciado antes. Ela teve sorte porque a Sra. Rankin, professora de educação especial da escola, tinha experiência em tratar crianças com dificuldades de aprendizagem. A motivação de Gisela, no entanto, foi a maior preocupação. A Sra. Martinez, a professora do segundo ano, disse que a menina estava cada vez mais frustrada com suas tarefas. A frustração podia estar ligada à dificuldade das tarefas mais complexas, à medida que o fim do ano se aproximava. Podia estar decepcionada também por ter tão poucas notas satisfatórias apesar dos diversos meses de esforço.

O prognóstico para crianças com dificuldades de aprendizagem depende amplamente da gravidade de suas deficiências na fala e na linguagem. Crianças com problemas de leitura têm frequentemente dificuldade para nomear palavras rapidamente, reconhecer os sons básicos da fala, soletrar e ler símbolos. Muitas podem apresentar ansiedade e problemas de comportamento antissocial e poucas frequentarão a universidade (Beitchman et al., 2001). Por sorte, a fala e a linguagem de Gisela eram relativamente boas. Um resultado melhor para os que têm transtornos de aprendizagem está relacionado à inteligência mais alta, condições socioeconômicas, diagnóstico e intervenção precoce, estimulação precoce da linguagem, poucas comorbidades e transtorno menos grave (Pratt e Patel, 2007).

O prognóstico de longo prazo de Gisela é provavelmente bom, pois sua inteligência é normal, suas dificuldades de aprendizagem foram enfrentadas no segundo ano e pessoas próximas a ela estavam motivadas a melhorar sua condição. Os resultados podem não ser bons, entretanto, em regiões onde os psicólogos escolares estão sobrecarregados com muitos alunos com dificuldades de aprendizagem. Muitas crianças, nessas escolas, continuam a ter dificuldades sem a ajuda devida e abandonam a escola prematuramente. O prognóstico de longo prazo pode depender fortemente, portanto, dos recursos extracurriculares à disposição.

Tratamento

O tratamento para crianças com dificuldades de aprendizagem envolve, em geral, diversos elementos que exigem um esforço coordenado entre professores, pais e aluno (Lyon et al., 2003):

1. Participar de programas escolares de recuperação (às vezes em um horário separado do restante da classe).
2. Melhorar as habilidades metacognitivas.
3. Controlar os problemas de comportamento associados que interferem na aprendizagem.
4. Aumentar a motivação do aluno.

Os programas escolares remediativos devem enfatizar muitas oportunidades de êxito e dedicar muito tempo para apresentar informações aos alunos. Esses programas devem permitir que os alunos demonstrem não só suas habilidades em diferentes áreas, como também pratiquem diversas delas. Os professores devem fornecer *feedback* constante e seguir atentamente os progressos da criança nas áreas acadêmicas deficientes (Taylor et al., 2000).

Os programas remediativos devem ser altamente estruturados e direcionados, enfatizar conceitos concretos, eliminar distrações e avançar sistematicamente. Os programas que oferecem instrução direta para a decodificação e o reconhecimento de palavras funcionam melhor com indivíduos que têm problemas de leitura (Lovett et al., 2000). Os programas remediativos devem enfatizar também o ensino individualizado, o domínio da aprendizagem, a generalização do material aprendido e os incentivos para o desempenho escolar. Tais programas devem visar às deficiências de aprendizagem da criança (Torgesen et al., 2001).

Os pais permitiram que Gisela frequentasse a classe de educação especial, uma hora por dia, todos os dias letivos. Concordaram também em ajudá-la a exercitar o que aprendia nessa classe, por trinta minutos, todas as noites. A Sra. Rankin, professora de educação especial, começou a trabalhar com Gisela imediatamente, pois faltava pouco para o final do ano letivo. Decidiu se concentrar vigorosamente nos problemas de leitura e decodificação da menina. O primeiro envolvia uma revisão dos conceitos básicos, como o conhecimento das diferentes vogais e fonemas consonantais, combinações de fonemas (por exemplo, "ou" e "sp") e a mistura fonética nas palavras. Apenas o último conceito parecia particularmente difícil para Gisela.

Após essa revisão básica, que durou duas semanas, a professora passou rapidamente a trabalhar o domínio do material de leitura. Pedia a Gisela que examinasse um trecho específico de um livro e escrevesse as palavras que achasse difíceis. Ela lia essas palavras em fichas e praticava a identificação dos fonemas de cada palavra, misturava-os e aprendia a definição da palavra. A Sra. Rankin lia o trecho, enquanto a menina acompanhava a leitura com os dedos ou com um lápis. Depois, Gisela lia o trecho em voz alta para a professora e uma vez para si mesma. Continuava a lê-lo, até que cometesse poucos erros (Gersten et al., 2001; Wong, 1996).

Em seguida, a professora abordou a soletração. Muitas palavras de vocabulário podem surgir a partir dos exercícios de leitura, de modo que a garota levava para casa determinado número delas para estudar.

Alguns autores sugerem que crianças que cursam o primeiro e o segundo anos do ensino fundamental levem três palavras para casa, e os que cursam o terceiro e o quarto anos, quatro palavras. A criança estuda as palavras dadas e, no dia seguinte, faz um teste de soletração e de vocabulário. Ela deve soletrar a palavra apresentada oralmente e escrever a definição. As palavras que a criança passa a dominar, tanto na soletração quanto pelo significado, são exibidas com destaque, para aumentar sua autoestima e dar-lhe *feedback* sobre seu progresso escolar (Wong, 1996, 2004).

Gisela achou útil a atenção extra dada à leitura e à soletração, especialmente à decodificação e ao reconhecimento de palavras. O relacionamento da Sra. Rankin com a garota era bom, e isso ajudou a melhorar o humor de Gisela na sala de aula. No início, ela cometia, em média, aproximadamente 11 erros por página e diminuiu-os rapidamente para dois até o final do ano letivo. Infelizmente, os livros escolhidos para Gisela eram de nível de fim do primeiro ano ou começo do segundo. A professora pensou que se continuassem a trabalhar durante as férias de verão, Gisela poderia atingir o nível intermediário do segundo ano, no momento em que começasse o terceiro.

Outro objetivo do tratamento de crianças com dificuldades de aprendizagem é elevar sua metacognição geral. A metacognição refere-se à consciência do próprio pensamento ou dos processos de solução de problemas. Aplica-se especialmente a crianças com discalculia que têm dificuldade em conceituar e resolver abstratamente problemas aritméticos (Garrett et al., 2006). As crianças aprendem a formular um problema de matemática com palavras de sua escolha, a visualizá-lo, a predizer uma resposta e a automonitorar seus cálculos.

Há vários objetivos metacognitivos para crianças com dislexia (Gersten et al., 2001; Wong, 1996):

- Aumentar a consciência sobre a finalidade da leitura (ou seja, o significado e não apenas a decodificação).
- Melhorar o conhecimento das estratégias de leitura (por exemplo, ler de modo diferente por lazer e para dominar o material).
- Desenvolver sensibilidade para as partes importantes do texto (ou seja, ênfase na informação relevante).
- Aprender a detectar inconsistências em sentenças.
- Desenvolver a habilidade de resolver um problema de compreensão (por exemplo, usando estratégias de "ir procurar lá atrás").

As habilidades metacognitivas de leitura envolvem também a compreensão do processo de leitura e do porquê é importante ler. A Sra. Rankin concentrou-se principalmente em ensinar Gisela monitorar a própria compreensão e a voltar ao material lido o mais frequente e rapidamente possível, para aumentar a retenção.

Outro objetivo importante do tratamento dessa população é controlar os problemas de comportamento que interferem na aprendizagem. Isso não era pertinente no caso de Gisela, cujos comportamentos se limitavam a rodopiar em torno de si mesma, agitar-se e distrair-se. A Sra. Martinez dava-lhe *feedback* quando estava hiperativa ou distraída e elogiava-a quando apresentava um comportamento adequado à tarefa. Outras crianças podem precisar de procedimentos mais abrangentes. Algumas, com dificuldades de aprendizagem, apresentam também sintomas de hiperatividade, de modo que medicamentos estimulantes podem ajudá-las a concentrar a atenção e a reduzir o excesso de atividade motora. Economias de fichas com custo de resposta também podem ser úteis para comportamentos inadequados e disruptivos.

Um desafio importante, quando se trata de crianças com dificuldades de aprendizagem, é manter sua motivação para completar os deveres de casa e outras tarefas. Os pais de Gisela instituíram para ela um sistema de recompensas que incluía privilégios no fim de semana se ela terminasse e entregasse determinado número de deveres de casa (é importante lembrar-se de que, anteriormente, muitos dos deveres de casa de Gisela eram perdidos). Esse sistema de recompensas foi mais tarde ampliado e passou a incluir estudar adequadamente, organizar os materiais e aprender a digitar, de modo que não precisasse escrever muito.

Os progressos de Gisela ao longo das férias de verão foram bons, mas ela atingiu apenas um nível de leitura equivalente ao do início do segundo ano. A Sra.

Rankin, a Sra. Martinez e a Sra. Dartil discutiram a possibilidade de reprová-la no segundo ano. Os pais opuseram-se firmemente, mas concordaram, em vez disso, em aumentar o tempo dedicado ao estudo da leitura, com um professor de reforço, para noventa minutos por dia. Ambos prometeram continuar a ajudar ativamente a filha a exercitar as habilidades escolares em casa. Foi um grande sucesso; Gisela atingiu realmente o nível de leitura intermediário do terceiro ano, no final do ano letivo seguinte.

Questões para discussão

1. Uma questão delicada ao se decidir sobre o diagnóstico de transtorno de aprendizagem é descobrir se o problema da criança é interno ou se é funcional a fatores externos, como ensino fraco ou escolas inadequadas. Quais informações você usaria para fazer essa distinção? Quais critérios usaria para concluir que a criança não tem transtorno de aprendizagem ou que o ambiente ao redor é responsável por seus problemas escolares? Como você abordaria um caso que envolvesse a última situação?
2. Algumas pessoas afirmam que meninos – que apresentam com frequência problemas de leitura – usufruem de muitos programas de educação especial e instrução individualizada na escola. Já as meninas – que têm frequentemente problemas com matemática – nem sempre usufruem dos mesmos recursos. Você acha que isso é verdade? Por quê?
3. Os meninos recebem em geral mais atenção dos professores do que as meninas. Você acredita que isso esteja relacionado às diferenças de gênero encontradas nos transtornos de aprendizagem? Caso afirmativo, como isso pode ser corrigido? Discuta os possíveis benefícios e as desvantagens de salas de aula específicas para cada sexo.
4. Os testes de inteligência são tendenciosos do ponto de vista cultural ou étnico? Qual processo de avaliação você usaria para eliminar o viés? Isso é possível?
5. Suponha que a família de Gisela tenha acabado de chegar aos Estados Unidos. Isso alteraria de que modo a avaliação e o tratamento citados?
6. De que maneira as novas tecnologias computacionais (de hardware e software) podem afetar a futura educação em geral, a prevalência e o tratamento dos transtornos de aprendizagem, em particular?
7. Os pais de Gisela relutaram em deixar que a filha fosse avaliada. Como você abordaria pais como os de Gisela, no caso de uma criança que pudesse ter transtorno de aprendizagem?
8. Como se pode aumentar a autoconfiança de uma criança em relação às suas tarefas escolares?

Capítulo 8
Transtorno de conduta e agressão

Sintomas

Derek Pratt é um jovem, branco, de 15 anos. Foi encaminhado pela orientadora da escola, pelo oficial de detenção juvenil e pelo pai a uma clínica ambulatorial de saúde mental para jovens com problemas de comportamento disruptivo. Na época de sua avaliação inicial, estava no ensino médio. Seu pai, o Sr. Pratt, havia entrado em contato com a clínica e insistira em marcar uma consulta imediatamente, em razão das recentes violações da lei cometidas pelo filho, faltas na escola e pelos episódios que envolviam o sistema de justiça criminal juvenil.

Um psicólogo clínico que tratava adolescentes com transtornos de comportamento de externalização entrevistou o garoto e o pai separadamente. Derek estava agressivo e provocador no início da entrevista, insistindo em ser chamado pelo nome que tinha na rua ("Tree") e dizendo que não responderia a nenhuma pergunta "que não tivesse vontade de responder". O terapeuta informou-o detalhadamente sobre seus direitos à confidencialidade, mas ele continuou desdenhoso e disse "Você vai dizer o que quiser de qualquer jeito, então acabe logo com isso para eu sair daqui".

A entrevista revelou que Derek estava se envolvendo em problemas mais sérios ultimamente e já tinha sido preso por furto em loja quatro semanas antes. Derek fora pego com outro jovem, enquanto outros 12 amigos e ele invadiam uma loja de conveniência, roubando tudo o que podiam, indo embora depois, de carro. O acontecimento seguia-se a outros semelhantes em uma loja de CD e em uma loja de roupas. O garoto culpava os amigos pela detenção, pois, aparentemente, haviam-no deixado para trás enquanto ainda estava na loja. Havia sido acusado apenas de furto, pois a polícia havia encontrado com ele somente três barras de chocolate e um pacote de batatas chips. Derek não demonstrou remorso pelo furto e nenhuma preocupação com o balconista da loja, que havia sido ferido quando um dos adolescentes o empurrara contra uma vitrina. Quando informado sobre os ferimentos do balconista, disse "Não fui eu quem fez isso, por que deveria me preocupar?".

O psicólogo questionou-o sobre outras violações da lei e descobriu uma história repleta de problemas. Derek havia sido preso por vandalismo dez meses antes, por quebrar janelas e danificar carros dentro da área de propriedade da escola. Recebeu liberdade condicional por seis meses, pois era seu primeiro delito. Vangloriava-se de outros feitos pelos quais não fora detido como diversos furtos, uso de maconha nos fins de semana, rachas de carro e faltas na escola. Derek perdeu 23 dias de aula (50%) desde o começo do ano letivo. Descreveu também tentativas de invadir apartamentos dos vizinhos e atividade sexual precoce, esta última excessivamente presunçosa aos olhos do psicólogo. Apenas raramente, durante a entrevista, Derek recuou nas provocações. No final da entrevista, por exemplo, disse que não gostava muito de si mesmo e admitiu: "Não ligo para o que acontecer comigo".

O psicólogo perguntou-lhe sobre sua situação atual e sobre seus objetivos para o futuro. Derek disse que não esperava grandes consequências pela acusação de furto e não se importava de voltar para a escola. Era indiferente ou hostil às sugestões feitas pelo entrevistador a respeito de programas escolares em tempo parcial, afirmando enigmaticamente que seus amigos e ele "cuidavam deles mesmos". Disse que o pai trabalhava quase sempre e não passava muito tempo com ele. Porém, Derek não se importava com isso, parecia contente e até insistia que o *status quo* fosse mantido.

A entrevista seguinte, com o pai de Derek, o Sr. Pratt, confirmou algumas coisas do relato do garoto, embora ele não estivesse bem informado sobre o comportamento do filho. Disse que a orientadora da escola e o oficial de detenção juvenil haviam aconselhado firmemente que Derek e ele fizessem terapia, dadas as consequências que estavam por vir. Quanto à escola, Derek estava prestes a ser expulso por excesso de faltas; e quanto às acusações criminais, a recente detenção por furto era a segunda acusação, portanto era de esperar uma sentença de prisão ou de prestação de serviços comunitários. A orientadora acreditava, porém, que uma terapia familiar poderia mediar as punições da escola e do tribunal.

O Sr. Pratt colaborou durante a entrevista, mas teve o cuidado de justificar suas atitudes como pai e de não assumir muita culpa. Queixou-se de que era difícil cuidar sozinho do filho, que estava sempre trabalhando, que os funcionários da escola haviam esperado tempo demais para avisá-lo das faltas de Derek e que os policiais haviam deliberadamente escolhido seu filho para prender, em vez dos líderes da gangue. O pai disse que queria ajudar o filho a "ficar no caminho certo" e tinha esperança de que o psicólogo "fizesse tudo o que fosse necessário para estabelecer um contato com Derek". Essa última afirmação implicava que o Sr. Pratt não faria muito esforço, ele mesmo, no tratamento do garoto.

O pai disse também que Derek era, em geral, obediente em casa, mas estava quase sempre com os amigos, dia e noite. Não sabia ao certo o que o filho fazia quando não estava em casa, mas imaginava que estivesse com os amigos e jogasse videogames. Disse ter um bom relacionamento com o filho e que eles haviam conversado longamente sobre os recentes problemas escolares e legais. Explicou que Derek queria mudar seu comportamento e voltar para a escola, porém, ele costumava mentir sobre essas coisas e não se podia confiar no garoto. Afirmou ainda, sem rodeios, que planejava deixar Derek e aquela região do país, assim que o garoto completasse 18 anos.

Com a permissão do pai, o psicólogo entrou em contato com a orientadora da escola e com o oficial de detenção juvenil. A orientadora disse que conhecia pouco Derek por causa das faltas, mas havia conversado com muitos de seus professores. Segundo eles, o garoto era retraído na classe, contribuía pouco para os projetos e fazia poucos deveres de casa. Estava se saindo mal em todas as disciplinas e as possibilidades de passar de ano eram mínimas. Não mostrava, porém, problemas evidentes de comportamento. A orientadora acreditava que a presença de diversas figuras masculinas de autoridade na escola impedia o comportamento antissocial de Derek.

O oficial de detenção juvenil disse que Derek deveria se apresentar perante o juiz em breve e, nessa ocasião, receberia algum tipo de sentença. Achava que o garoto corria o risco de receber uma forte punição, pois se tratava de sua segunda detenção em menos de um ano e porque sua atitude era desrespeitosa. Acreditava que o juiz levaria em consideração o aconselhamento familiar e atenuaria a sentença, mas estava cético quanto ao fato de ambos, pai e filho, continuarem a frequentar a terapia. Baseava sua observação na história dos dois: o Sr. Pratt e Derek haviam ido a apenas um dos três encontros marcados com ele nas últimas três semanas.

O psicólogo teve a permissão de telefonar para a mãe de Derek, a Sra. Lander, que se casara novamente e vivia em outra cidade. Ela disse ter pouco contato com o Sr. Pratt, mas falava com o filho aproximadamente uma vez por mês. Demonstrou preocupação com a possibilidade de Derek não ser adequadamente supervisionado. Acrescentou que não planejava visitar o filho e não acreditava que fosse possível ele viver com ela. Aparentemente, havia tomado essa decisão com base no comportamento do garoto nos últimos dois anos. O psicólogo concluiu preliminarmente que Derek atendia aos critérios do DSM-IV-TR para transtorno de conduta.

Avaliação

A característica essencial do transtorno de conduta é um "padrão repetitivo e persistente de comportamento que viola os direitos básicos dos outros ou as normas e regras sociais importantes para a idade" (American Psychiatric Association (APA), 2000, p. 93). Um jovem, para ser diagnosticado, deve apresentar três sintomas específicos por pelo menos 12 meses e, pelo menos um sintoma, nos últimos seis meses. Tais sintomas incluem:

- Intimidar os outros
- Iniciar brigas
- Usar arma
- Ser fisicamente cruel com pessoas ou animais

- Furtar
- Cometer agressão sexual
- Destruir propriedade
- Provocar incêndios
- Invadir propriedade alheia
- Mentir
- Ficar fora durante a noite
- Fugir de casa
- Recusar-se a frequentar a escola

Os pesquisadores, às vezes, subdividem os comportamentos disruptivos, em crianças, em quatro tipos principais: violação de propriedade, agressão, *status violations*[1] e comportamento opositor (Frick et al., 2003). Os sintomas de transtorno de conduta [para fins de diagnóstico] devem prejudicar significativamente o funcionamento diário. Para que o transtorno de conduta seja diagnosticado com início na infância, o sintoma precisa ter surgido antes dos 10 anos; com início na adolescência, nenhum sintoma pode ter surgido antes dos 10 anos. A gravidade do transtorno pode ser leve, moderada e grave.

O psicólogo chegou ao diagnóstico preliminar de transtorno de conduta baseado no conhecimento de que, ao longo do último ano, Derek havia se envolvido em furto, comportamento de recusar-se a ir à escola, atos de vandalismo e desacato ao toque de recolher. Os problemas com a lei e o desempenho fraco na escola indicavam também que o funcionamento estava, em geral, prejudicado. Mas Derek não havia machucado ninguém nos últimos meses e, assim, o psicólogo classificou seu transtorno de conduta como moderado.

Para avaliar os jovens com possível transtorno de conduta, os profissionais clínicos obtêm informação de diversas fontes. Isso porque o transtorno de conduta, em geral, tem impacto negativo sobre as outras pessoas e ocasiona interações negativas. A avaliação deve se concentrar nos comportamentos (por exemplo, agressão, desobediência) mais problemáticos, investigar se são evidentes ou não, a gravidade e o âmbito dos comportamentos, as variáveis que os mantêm, as reações dos pais aos comportamentos, o surgimento dos comportamentos e as condições de comorbidade, como transtorno de déficit de atenção/hiperatividade (Burke et al., 2002).

O psicólogo entrevistou Derek, seus pais, a orientadora da escola e o oficial de detenção juvenil. Conversou, posteriormente, com três professoras de Derek, dois amigos e um dos vizinhos (todos com a permissão de Derek e do Sr. Pratt). As entrevistas revelaram que Derek estava muito envolvido com os colegas e que considerava os membros da gangue como sua família substituta. Esse apego explicava

---

[1] Infrações definidas como tais por ser o infrator menor de idade. Envolvem comportamentos como: falar palavrão, matar aula, furtar, fugir de casa, usar substâncias. (NT)

sua observação anterior de que os amigos e ele cuidariam deles mesmos. Derek tinha também um temperamento irascível, parecia frustrado com os acontecimentos recentes de sua vida e era uma ameaça para os outros. Um vizinho relatou que diversos moradores do conjunto de apartamentos conheciam o comportamento do garoto e tomavam precauções extras para proteger seus pertences e a si próprios quando ele estava por perto. Isso acontecia especialmente quando Derek queria algo específico, como dinheiro, ou estava sob a influência de drogas.

Os terapeutas entrevistam muitas pessoas e usam diversos métodos para avaliar os jovens com possível transtorno de conduta. Entre esses métodos, há as medidas de autorrelato para crianças, escalas de avaliação para pais e professores, análise dos registros acadêmicos e legais e observação direta. Duas medidas comumente usadas para avaliar os jovens com transtorno de conduta são o *Youth Self-Report* (Achenbach e Rescorla, 2001), que solicita dos adolescentes avaliações sobre seus comportamentos de internalização e externalização, e o *Children's Depression Inventory* (Kovacs, 1999), que solicita que os jovens avaliem seus sintomas recentes de depressão e comportamentos de *acting-out* como brigas.

Os resultados de Derek nessas medidas revelaram níveis clínicos de comportamento de externalização, como era de esperar, mas também níveis subclínicos de comportamento de internalização. Derek avaliou determinados itens do *Youth Self-Report* como particularmente relevantes para si mesmo, como sentimentos de tristeza, de falta de valor, autoconsciência e desconfiança. O resultado de Derek ficou logo abaixo da faixa clínica no *Children's Depression Inventory*. Ele confirmou os itens relativos à preocupação com o futuro, dúvidas sobre se era tão bom quanto os outros meninos e humor deprimido. O psicólogo pensou, então, que ele apresentava um nível subclínico de depressão.

As avaliações feitas pelos próprios adolescentes com transtorno de conduta nem sempre são confiáveis, de modo que é comum solicitar avaliações de outros que conheçam o adolescente. Entre as escalas de avaliação para os pais estão o *Child Behavior Checklist* (CBCL) (Achenbach e Rescorla, 2001), o *Revised Behavior Problem Checklist* (Quay e Peterson, 1996), as *Conners Rating Scales* (Conners 3) (Conners, 2008), e o *Eyberg Child Behavior Inventory* (Eyberg e Pincus, 1999). As medidas de familiares também podem ser úteis. Uma escala de avaliação comum para essa população é o *Teacher's Report Form* (Achenbach e Rescorla, 2001). Os profissionais clínicos podem avaliar os pais e os professores também com a *Conduct Disorder Scale*,[2] que contém itens como (Gilliam, 2002):

- Desafia ou recusa-se a obedecer às solicitações e regras dos adultos.
- Cria transtornos.
- Mostra pouca ou nenhuma vergonha ou culpa quando é pego fazendo algo errado.

---

[2] J. E. Gilliam, Pro Ed, Inc., 2002, Conduct Disorder Scale. Reprodução autorizada.

- Mente para obter bens ou favores ou para evitar obrigações.
- Provoca, ameaça ou intimida os outros.

O pai de Derek respondeu o CBCL e confirmou níveis muito altos de comportamento de externalização, além de níveis muito baixos de comportamento de internalização. Isso pode ter sido motivado pelo excesso de ênfase que o pai dera às recentes violações da lei e o desconhecimento geral, por parte dele, dos sintomas depressivos do filho. A avaliação familiar revelou níveis altos de independência e, surpreendentemente, um nível baixo de conflito na família composta por duas pessoas.

As avaliações dos professores não foram úteis porque os funcionários da escola não conheciam bem o garoto. A análise dos registros escolares indicou um declínio gradual no desempenho escolar. Derek havia sido um aluno com notas A e B, no primeiro ciclo do ensino fundamental, C e D no segundo ciclo e F, no ensino médio. Esse declínio não é incomum nessa população, e elevar as competências acadêmicas deve ser prioritário no tratamento, pois um bom desempenho escolar significa, em geral, menos problemas de comportamento.

As observações diretas são úteis para avaliar as interações do jovem com a família. O psicólogo observou as interações entre Derek e seu pai no consultório: eram cordiais, em geral, mas distantes. Nenhum deles parecia muito interessado em conversar com o outro e, ao contrário do que se poderia esperar, não havia ocorrido brigas ou divergências. Cada um deles parecia contente em deixar o outro viver sua própria vida, com a suposição implícita de que essa situação separada seria permanente. Nenhum dos dois estava, desse modo, particularmente desejoso de mudar a situação. O comportamento disruptivo de Derek era simplesmente fonte de irritação para o pai, que estava preocupado com o tempo gasto para conversar com funcionários da escola, um oficial de detenção juvenil e um psicólogo.

As observações diretas de uma criança em seu ambiente natural podem produzir mais informações sobre as interações familiares e entre colegas, os antecedentes e as consequências do comportamento disruptivo e as oportunidades de reforçamento. Essas observações podem ajudar o terapeuta a (1) decidir se o comportamento da criança é suficientemente grave a ponto de justificar um tratamento domiciliar ou (2) descobrir se sofre maus-tratos. A observação pode também ajudar o terapeuta a ter uma noção precisa a respeito da vontade e da capacidade da família de buscar modificações no comportamento. Um adolescente com transtorno de conduta pode ser encaminhado pelo tribunal a um terapeuta que poderia desenvolver expectativas equivocadas sobre a motivação da família para resolver seus problemas.

Fatores de risco e variáveis mantenedoras

O transtorno de conduta tem etiologia complexa e entrelaçada. Muitas variáveis biológicas e psicológicas influenciam o transtorno. É difícil apontá-las em cada caso particular, mas os pesquisadores às vezes inferem que haja uma combinação de predisposições biológicas e fatores ambientais problemáticos. Diversos casos de transtorno de conduta envolvem, provavelmente, uma interação de fatores genéticos e neurológicos com ambiente familiar altamente disfuncional.

Nenhuma evidência consistente associa um genótipo particular ao transtorno de conduta ou agressão. Os fatores familiares são, provavelmente, os melhores indicadores da possibilidade de que alguém com determinado genótipo se torne antissocial. Os fatores genéticos podem, ao contrário, influenciar o transtorno de conduta, alterando o temperamento do indivíduo, a busca de novidades ou o nível do neurotransmissor serotonina. Em crianças pequenas, o temperamento difícil tem sido associado a problemas gerais de comportamento ao longo do tempo (Frick e Morris, 2004). Os níveis de serotonina tendem a ser mais baixos nos indivíduos que cometem crimes violentos e nos que têm pouco controle sobre os impulsos (Cadoret et al., 2003). Níveis baixos de serotonina são mais comuns em pessoas com depressão, e muitos adolescentes com transtorno de conduta têm sintomas depressivos. Os sintomas de Derek incluíam baixa autoestima, sentimentos de ter pouco valor e retraimento social na escola.

Outros fatores biológicos podem estar relacionados ao transtorno de conduta, especialmente em meninos. Esses fatores incluem alterações endocrinológicas e na dopamina, como níveis mais altos de testosterona e androstenediona, padrões incomuns de ondas cerebrais, leve disfunção do sistema nervoso central que afeta as habilidades cognitivas, reatividade fisiológica aumentada e excitação autônoma em níveis inferiores ao normal (Raine, 2002). Os adolescentes com transtorno de conduta podem envolver-se em atividades de risco e de busca de emoções para aumentar a excitação biológica. Derek disse que muitas das suas atividades ilegais, como uso de drogas e furto, faziam-no "sentir-se bem". O reforço sensorial pode, assim, ser a razão principal pela qual alguns atos criminosos continuam, apesar da punição severa.

É possível que os fatores biológicos exerçam um papel causal no transtorno de conduta, mas as variáveis psicológicas e familiares são, provavelmente, mais relevantes. Conflitos conjugais, disfunções familiares, práticas parentais deficitárias e a psicopatologia dos pais estão presentes em muitos, se não na maioria, dos casos de delinquência (Beauchaine et al., 2005). Os pais de crianças com transtornos de conduta apresentam, às vezes, comportamento antissocial, alcoolismo ou outros problemas. Esses comportamentos, que também têm um componente hereditário, podem ser desenvolvidos pela criança a partir do modelo dos pais, ou produzir condições que levam a comportamentos inadequados. A falta de supervisão do Sr. Pratt em relação a Derek beirava a negligência. Isso dava ao garoto mais oportunidades de engajar-se em comportamentos antissociais.

Os transtornos de conduta estão intimamente relacionados ao conflito conjugal e ao divórcio, como no caso de Derek. Os mecanismos dessa relação parecem óbvios – o estresse derivado do rompimento entre os pais pode ser difícil para a criança. Em geral, as crianças reagem com agressão às brigas entre os pais e ao divórcio (McCloskey e Lichter, 2003). Por outro lado, os comportamentos de *acting-out* em crianças podem se desenvolver anteriormente e levar a desavenças conjugais sobre a disciplina e outras questões. De qualquer modo, existe uma forte associação entre problemas familiares e transtorno de conduta.

Os pais de Derek tinham se divorciado havia quatro anos. Durante o casamento, o Sr. e a Sra. Pratt discordavam com frequência sobre supostos negócios, finanças e divisão do trabalho em casa. Suas brigas nunca foram fisicamente violentas, continham mais trocas verbais nocivas. A mãe ficara com a guarda das duas irmãs mais novas de Derek, havia mudado de cidade e se casado novamente, após 12 anos de casamento com o Sr. Pratt. Derek disse que era difícil lidar com esses eventos estressantes (o divórcio, a saída da escola, a mudança) e com a perda de contato com muitos dos familiares, mas sentia que tinha se adaptado bem depois de um ano. O psicólogo, entretanto, discordou. Os maus-tratos em crianças estão relacionados também ao desenvolvimento do transtorno de conduta e ao comportamento violento posterior (Jaffee et al., 2004).

Além disso, fatores biológicos ligados à criança podem contribuir para o transtorno de conduta. Jovens mais agressivos, comparados com os menos agressivos, tendem a ser mais egocêntricos e a ter menos habilidades bem desenvolvidas para a solução de problemas e de raciocínio moral. Tais jovens são impulsivos, encaram as ações dos outros como hostis, são pegos por comportamentos negativos e mostram menos sensibilidade às consequências (James et al., 2001; Warden e MacKinnon, 2003).

Quais variáveis mantêm o transtorno de conduta ao longo do tempo? O reforço sensorial pode exercer um papel nos jovens em que a excitação biológica é inferior ao normal. Certos comportamentos podem ser destinados a aumentar a excitação, incluindo o uso de drogas, dirigir em alta velocidade, agressão sexual, luta física e hiperatividade. Alguns adolescentes podem se engajar em comportamentos antissociais para escapar de situações aversivas. Como exemplos disso há a rejeição à escola, a desobediência, a fuga de casa e o retraimento social.

O sistema de classificação empírica elaborado por Achenbach e Rescorla (2001) para os problemas de comportamento na infância indica que dois fatores principais definem o comportamento de externalização: comportamentos agressivos e comportamentos de quebrar regras. Os comportamentos agressivos incluem brigas, desobediência, luta, agressão, gritos, provocações, birras e ameaças. Esses comportamentos indicam que a atenção social pode manter o transtorno de conduta, pois a maioria deles requer interação com as pessoas ou a atenção negativa de outros, como pais, professores e outros adolescentes.

Os comportamentos que quebram regras incluem mentir, fraudar, provocar incêndios, roubar, usar álcool e drogas e vandalizar. Esses comportamentos mostram que recompensas tangíveis podem manter o transtorno de conduta. Um adolescente pode se engajar em furto, vandalismo e mentir para conseguir roupas, comida e outras coisas. Isso certamente acontecia com Derek.

Saber o que mantém um transtorno de conduta pode ser útil para que o terapeuta escolha a melhor opção de tratamento. Quando um adolescente agressivo é motivado principalmente pela atenção social ou pela fuga, o tratamento talvez deva se concentrar no adolescente, nos pais e em outras pessoas próximas importantes. Quando é motivado principalmente por reforço sensorial ou recompensas tangíveis, o tratamento pode se concentrar especificamente no adolescente. Muitos deles engajam-se em comportamentos de transtorno de conduta por diversas razões que tornariam, naturalmente, o tratamento mais complexo.

Aspectos do desenvolvimento

É típico que muitos adolescentes apresentem algum nível de comportamento antissocial. Além disso, até mesmo comportamentos antissociais graves, com frequência, começam e cessam nos anos da adolescência (Frick, 2006). Muitos jovens com transtorno de conduta começam a comporta-se inadequadamente na infância, e isso pode levar a efeitos de longo prazo na adolescência e na idade adulta. O temperamento difícil e os déficits no processamento das informações sociais podem prejudicar o apego com os pais; as condições de pobreza podem limitar a estimulação intelectual ou a nutrição; as disfunções familiares podem intensificar os comportamentos agressivos e de busca de atenção; os eventos estressantes da vida e a rejeição de outras crianças podem desencadear sintomas depressivos e, enfim, as oportunidades educacionais insuficientes podem prejudicar as habilidades de solução de problemas (Brennan et al., 2003). Esses padrões infantis podem não levar necessariamente ao transtorno de conduta, mas se o fizerem, o transtorno tenderá a ser grave e persistente.

Outro padrão de comportamento infantil que pode levar ao transtorno de conduta em adolescentes é o transtorno desafiador de oposição, cuja característica essencial é "um padrão recorrente de comportamento negativista, desafiador, desobediente e hostil com as autoridades, que persiste por pelo menos seis meses" (APA, 2000, p. 100). Essas crianças perdem a paciência facilmente, enraivecem-se, discutem, aborrecem as pessoas e culpam os outros por seus próprios erros; e podem ser rancorosas e suscetíveis [ou facilmente aborrecidas pelos outros]. Esses comportamentos muitas vezes pioram ao longo do tempo e, se combinados com agressão e disfunções familiares, tornam-se excelentes preditores de delinquência juvenil.

De que modo as variáveis pais/família e a desobediência/agressão interagem no desenvolvimento do transtorno de conduta? Patterson teorizou que alguns pais recompensam inadvertidamente a agressão e a desobediência dos filhos (Granic e Patterson, 2006). Dois cenários podem explicar por que isso acontece. Em uma armadilha de reforço positivo, a criança é, a princípio, agressiva ou desobediente, e os pais, para fazê-la parar, dão-lhe recompensas ou tentam "comprar seu bom comportamento". Outra possibilidade é que os pais culpem outros, como os funcionários da escola, pelos problemas de comportamento do filho. Já na armadilha do reforço negativo, uma criança é, inicialmente, agressiva ou desobediente (1) para conseguir o que quer ou (2) para escapar de algo que não quer fazer. Alguns pais acabam por ceder ao mau comportamento da criança após uma intensa discussão. Em ambas as armadilhas a criança aprende a "coagir" os membros da família a lhe dar o que quer, usando agressão e desobediência. Essa coerção torna-se mais severa à medida que a criança cresce.

No caso de Derek, não houve nenhuma armadilha de reforço negativo durante a infância. À medida, porém, que os pais passaram a brigar mais, o ambiente familiar tornara-se mais permissivo. Os pais ficaram mais concentrados em seus problemas e menos consistentes como pais. O raciocínio moral e as habilidades sociais podem não ter-se desenvolvido bem. Derek apresentava também comportamentos problemáticos para conseguir atenção dos pais, incluindo lutas na escola e furto. Essas tentativas para conseguir atenção não haviam tido êxito, mas ele conseguira a atenção de outros adolescentes e recompensas tangíveis por comportamentos delituosos como furto. Tornara-se mais popular entre os colegas infratores e sentia que seu "lar" verdadeiro era a associação com eles. Associara-se a eles bem depois do divórcio dos pais e depois que o pai se afastara dele ainda mais.

Muitos adolescentes com transtorno de conduta não apresentam agressividade ou comportamento delituoso na idade adulta (Olsson et al., 2008). Entretanto, mais de um terço daqueles que têm esse transtorno apresentarão mais tarde sintomas do transtorno de personalidade antissocial (Lahey et al., 2005). Esse transtorno envolve sociopatia extrema, inconformismo, engodo, impulsividade, agressão, irresponsabilidade e falta de remorso. Trata-se de um transtorno sério da personalidade que pode se atenuar um pouco na meia-idade, mas que leva frequentemente ao encarceramento ou à morte. Estudos prospectivos indicam que os jovens com transtorno de conduta apresentam risco de desenvolver mais tarde uso de substância, transtorno bipolar, ansiedade, depressão, ficar sem abrigo, além de condenações por violência (Biederman et al., 2008; Odgers et al., 2007).

A agressão na infância de Derek parece ter sido um bom preditor de seu comportamento delituoso posterior, embora muitas outras variáveis certamente contribuíram para seus problemas. A mera presença de agressão não leva obrigatoriamente ao desenvolvimento da delinquência (Frick et al., 2003). Estilo parental autoritativo,[3] punições adequadas, reforço do comportamento pró-social e competência acadêmica e social podem ajudar a prevenir o transtorno de conduta no adolescente. Talvez um estilo parental mais atento tivesse prevenido os comportamentos de Derek.

---

[3] Refere-se a pais que orientam adequadamente as atividades de seus filhos, incentivam o diálogo, são firmes em suas posições sem contudo restringir a criança. (NT)

E as meninas com transtorno de conduta? Os problemas de conduta diferem pouco entre meninos e meninas, embora as meninas cheguem até as autoridades mais por *status offenses*.[4] É no contexto das relações familiares próximas que as meninas com problemas de conduta apresentam mais depressão e experiências de agressão; isso ocorre menos no contexto formado por outros adolescentes. Entre as meninas com transtorno de conduta, são mais comuns os maus-tratos precoces que entre os meninos com o mesmo transtorno. As meninas tendem a ser mais agressivas em relação aos familiares, e os meninos, em relação a outros meninos. Meninos e meninas com transtorno de conduta envolvem-se também em sexo sem proteção, o que acarreta mais riscos para as meninas (Ehrensaft, 2005). Entretanto, as duas irmãs mais novas de Derek não apresentavam problemas de comportamento.

O prognóstico de longo prazo de Derek provavelmente era apenas bom. As agressões ocorridas quando criança, as dificuldades na solução de problemas, o insucesso escolar, os sintomas depressivos e ampla disfunção familiar não eram bons sinais. Porém, havia alguns pontos fortes. A inteligência do menino estava acima da média, era amplamente autossuficiente e tinha alguma noção da inutilidade de seu comportamento. Não tinha planos de longo prazo, mas queria uma vida mais convencional, como a que tivera na infância.

Tratamento

É desejável prevenir a delinquência, pois tratar adolescentes com transtorno de conduta é, muitas vezes, difícil e não gera resultados. A razão disso é a natureza complexa dos problemas, sua gravidade, duração e, em geral, a grande disfunção familiar. A intervenção consiste, geralmente, em tratamento parental/familiar, sociocognitivo, orientado para a escola e colegas, bem como para a comunidade ou domiciliar (Woolfenden et al., 2002). O tratamento de Derek incluiu elementos dos três primeiros. Outras terapias comumente usadas envolvem medicação e intervenção em grupo. Uma abordagem multissistêmica aplica-se a uma grande variedade de casos e concentra-se nos fatores relevantes da casa, escola e comunidade (Henggeler et al., 2003).

As intervenções parentais/familiares para casos moderados concentram-se em geral no controle de contingências ou em outros modos de treinar os pais a modificar o comportamento dos filhos em casa (Burke et al., 2002). Os pais aprendem a deslocar as recompensas sociais e tangíveis dos comportamentos inadequados para os comportamentos adequados e pró-sociais. As técnicas incluem contratos, reestruturação das ordens dadas pelos pais, estabelecimento de rotinas diárias e monitoramento da criança mais de perto. Os profissionais usam também treinamento de habilidades de comunicação para os familiares, como tratamento suplementar.

---

[4] Infrações assim consideradas por ser o infrator menor de idade. Envolvem comportamentos como: matar aula, fugir de casa. (NT)

A maior parte da terapia de Derek concentrou-se em (1) melhorar a comunicação entre Derek e o pai e (2) aumentar o monitoramento feito pelo pai. Ambos os objetivos mostraram-se difíceis de atingir, pois Derek e o pai perderam diversas sessões e não tinham, em geral, vontade de falar um com o outro. A maior parte do tempo foi usada para discutir as questões pessoais do Sr. Pratt, que o levavam a manter uma distância emocional do filho. O psicólogo descobriu que o divórcio havia sido mais difícil para ele do que pensara inicialmente e que o pai estava empenhado em esquecer seu casamento fracassado. Derek era, porém, uma lembrança constante do casamento e seus problemas reforçavam a sensação de fracasso pessoal. As habilidades e a motivação do Sr. Pratt para modificar a situação em questão permaneceram inadequadas.

O treinamento das habilidades de comunicação entre Derek e o pai foi apenas parcialmente eficaz, pois nenhum dos dois tinha muito interesse em falar com o outro. O psicólogo conseguiu que um exprimisse as falas do outro com suas próprias palavras, mas a falta de motivação foi o principal problema para desenvolver conversas mais extensas. O psicólogo teve também de ser muito cauteloso ao conduzir a terapia, que era percebida por Derek e pelo pai como muito desafiadora e ameaçadora, pois temia que ambos abandonassem o tratamento. Boa parte do tempo da terapia foi, então, utilizada para explorar as questões gerais da família, que pareciam inibir a comunicação.

O psicólogo elaborou acordos para reduzir o uso de drogas de Derek e seu comportamento de recusa a ir à escola. Derek e o pai empenharam realmente seus esforços para definir tais acordos, mas se esforçaram pouco para aplicá-los em casa. A falta de motivação sabotou essa técnica de tratamento e não ocorreu nenhuma mudança no uso de drogas do garoto. O ponto forte foi que Derek concordou em frequentar um programa pós-escola que lhe permitia ganhar créditos parciais para seu diploma escolar. Sua frequência foi esporádica, mas terminou as tarefas necessárias no período de três meses.

O tratamento envolveu também técnicas sociocognitivas com Derek. A maior parte desse tratamento concentrou-se nas autoafirmações negativas e nos sintomas depressivos, pois o adolescente reagia melhor a essa abordagem. Foi mostrada a ele a relação entre seu humor e seu comportamento e, especialmente, de que modo os pensamentos negativos às vezes levavam a comportamentos impulsivos e perigosos. O psicólogo, então, descreveu diferentes tipos de distorção cognitiva, particularmente a minimização; Derek tendia a desvalorizar a si mesmo e suas interações com os outros. Ele aprendeu também a examinar os dois lados de um pensamento e a pensar de modos alternativos e mais realistas. Sua depressão em certa medida melhorou durante a terapia.

O psicólogo instruiu Derek sobre os modos possíveis de lidar com a raiva e controlar os impulsos. Deu ênfase às habilidades de solução de problemas, apresentou ao adolescente situações com diferentes problemas e pediu-lhe que desenvolvesse soluções potenciais. Modelou também várias autoafirmações que Derek podia usar nesse processo. Ambos atribuíram uma nota a cada solução, e o garoto pôs em prática a que recebera a melhor nota. Aprendeu a avaliar a utilidade e a eficácia de uma solução. O psicólogo deu-lhe um problema hipotético: os amigos o desafiavam a roubar CDs. Várias soluções para o problema foram geradas, incluindo evitar os meninos, recusar o desafio em razão das prisões anteriores e ir embora. O psicólogo abordou diversas situações-problema e potenciais soluções, juntamente com Derek, que compreendeu a ideia, mas nunca aplicou as habilidades nas situações da vida real.

O tratamento envolveu também, em menor medida, o controle da ampla gama de comportamentos de Derek em sala de aula. O garoto muitas vezes alternava, na sala de aula, comportamentos disruptivos, adequados e retraídos. O psicólogo identificou pistas do que levava o adolescente a agir de modos tão diferentes. Derek apresentava mais comportamentos disruptivos quando a professora lhe pedia inesperadamente que respondesse a uma pergunta na classe; comportava-se mais adequadamente quando as interações sociais na classe estavam sob seu controle e era mais retraído quando estava só. O psicólogo conversou com a professora para ilustrar a ela esses padrões e prevenir maus comportamentos no futuro. Ela começou a dar ao adolescente uma breve lista de perguntas que podiam ser feitas na classe no dia seguinte. Ele podia, assim, preparar as respostas na noite anterior e respondê-las na aula seguinte. A professora também se certificou que Derek tivesse oportunidade de interagir com ela e seus colegas durante os intervalos. Disse que a frequência do menino permanecera irregular, mas seu comportamento em sala de aula havia melhorado durante várias semanas.

Derek e o pai permaneceram em terapia por pelo menos quatro meses, mas perderam aproximadamente 40% das sessões. Depois, a terapia e as relações com o psicólogo foram interrompidas. Derek estivera, até certo ponto, envolvido em terapia familiar e, então, o juiz sentenciou-o a cinquenta horas de serviços comunitários, que foram cumpridas. Depois de cumprida a sentença, Derek recusou-se a frequentar a terapia. O psicólogo encontrou o Sr. Pratt sozinho durante três semanas, mas o pai também interrompeu a terapia, apesar das recomendações do profissional para que continuassem.

Derek foi preso pela terceira vez um ano mais tarde. As acusações desta vez haviam sido de roubo e assalto – ele havia agredido um segurança após uma tentativa de roubo em uma loja de departamentos. Foi enviado a uma casa de detenção juvenil, abandonou a escola nesse ínterim e voltou a apresentar muitos de seus comportamentos antissociais. O psicólogo originalmente designado para seu caso encontrou-o menos deprimido, porém desinteressado em voltar à escola ou à terapia. Além disso, os pais de Derek transferiram sua custódia para o Estado e não tiveram mais contato com ele. A taxa de recidiva é alta nessa população e o prognóstico é de moderado a ruim. A recidiva e o diagnóstico ruim são agravados pela falta de contato familiar, como acontecera com Derek naquele momento. O risco que apresentava para comportamento delinquente, no futuro, era alto.

Questões para discussão

1. Há diferença – e se houver qual deve ser – entre um adolescente diagnosticado com transtorno de conduta e outro que esteja passando por um período estressante e atribulado da adolescência? O que se pode dizer de um adolescente que se rebela contra pais violentos ou que foge de casa para evitar o conflito conjugal?
2. Critique o diagnóstico do DSM-IV-TR de transtorno de conduta. Você acha que três sintomas são suficientes para justificar o diagnóstico? Quais sintomas podem se sobrepor? O diagnóstico é de algum modo tendencioso? Os subtipos ou linha do tempo são válidos? Quais sintomas você acrescentaria à avaliação, tiraria ou combinaria? Por quê?
3. O transtorno de conduta é aproximadamente quatro vezes mais comum em meninos que em meninas, e a taxa de comportamento delituoso grave é cerca de nove vezes mais comum nos meninos que nas meninas. Quais fatores biológicos, familiares, sociais ou de outro tipo você acredita que mais contribuam para essas diferenças?
4. A questão do crime juvenil tornou-se um assunto de interesse político e social nos Estados Unidos. Você acha que se trata de um problema sério ou superestimado? Qual é o melhor modo de lidar com um menino de 14 anos que estuprou e matou? Quais são as vantagens sociais e as desvantagens individuais de encarcerar um adolescente em uma prisão de adultos?
5. Como você avaliaria uma criança ou adolescente com sintomas de transtorno de conduta? O que enfatizaria na avaliação e por quê? Com quem gostaria de conversar mais longamente?
6. Você acrescentaria alguma coisa ao tratamento de Derek? Quando os pais de um adolescente não estão envolvidos no tratamento, como no caso de Derek, qual é a melhor coisa a fazer?
7. O transtorno de conduta apresenta, muitas vezes, comorbidade com outros problemas como depressão e abuso de substância. Como esses problemas poderiam complicar o tratamento de um adolescente com comportamento delituoso?

Capítulo 9
Abuso de substâncias

Sintomas

Jennifer McAllister, uma jovem de 16 anos, de origem norte-americana e latina, foi encaminhada a uma clínica de saúde mental ambulatorial, depois de ser presa pela segunda vez, em dois anos, por posse de drogas. Jennifer cursava o ensino médio em uma escola alternativa para adolescentes, e apresentava histórico de problemas de frequência escolar. A escola promovia uma política de "tolerância zero" quanto à posse de drogas e havia encaminhado a garota à prisão, quando uma verificação por amostragem revelou que havia vários gramas de maconha em seu armário. Jennifer foi acusada de posse de drogas e sentenciada a prestar serviços comunitários. A mãe e ela deveriam também receber aconselhamento profissional. O oficial de detenção juvenil, ao qual Jennifer fora designada, encaminhou-a à clínica.

Durante a entrevista de avaliação inicial, Jennifer disse que gostava das drogas e não pretendia parar de usá-las. Achava que a entrevista e o processo de aconselhamento eram uma perda de tempo e planejava continuar a levar a vida como antes. Cooperou muito e mostrou-se aberta sobre sua vida, mas só forneceu detalhes quando lhe garantiram que as informações eram confidenciais e não seriam comunicadas à mãe, a Sra. Ruiz. A jovem queria proteger a mãe dos seus problemas, em razão das perturbações pelas quais a família havia passado nos últimos dois anos.

Jennifer explicou que a mãe havia se divorciado há dois anos, após 15 anos de um casamento marcado por persistente violência física, verbal e sexual. O divórcio não tinha sido fácil, pois o Sr. McAllister constantemente ameaçava prejudicar a mulher, financeira e fisicamente, se ela o deixasse. Depois de várias intervenções da polícia e do serviço social, a mãe conseguiu finalmente se divorciar e obter uma ordem de restrição contra o ex-marido. O Sr. McAllister mudara-se rapidamente de cidade e cortara todos os contatos com a Sra. Ruiz (seu sobrenome de solteira), Jennifer e seu irmão mais velho, Samuel. O Sr. McAllister privou a família de todos os recursos das contas bancárias, e a Sra. Ruiz teve de recomeçar a vida para sustentar a família, e, para isso, tinha dois empregos.

A violência familiar havia começado quando Jennifer ainda estava no ensino fundamental. Saía de casa escondida e ficava com as amigas durante os piores momentos de brigas. Assim que entrou para o ensino médio, o tempo que passava com as amigas aumentou em relação ao tempo que passava com a família, e também começou a faltar mais na escola.

Os pais estavam envolvidos em seus próprios problemas e passaram a negligenciar a filha, permitindo que ela entrasse e saísse de casa quando bem entendesse. Quando Jennifer começou a cursar o sétimo ano, o pai insistiu para que ela passasse mais tempo em casa. Jennifer obedeceu, mas disse que ele começou a abusar dela sexualmente. No início, fazia isso entrando em seu quarto e acariciando-a e, então, beijando-a e tocando-a. Jennifer disse que as investidas do pai faziam-na sentir-se confusa, com raiva e desconfortável; contudo, ela consentia, pois temia por sua segurança e pela segurança da mãe. Não houve, no entanto, penetração vaginal, e seus pais se divorciaram pouco tempo depois. Jennifer nunca contou à mãe as investidas feitas pelo pai, porém disse que após esses episódios sentia-se deprimida e ansiosa.

Jennifer contou que foi nessa época, quando tinha 12 anos, que começou a usar drogas. No início, ingeria álcool com as amigas após os episódios de abuso sexual. Beber fazia parte de uma sessão de "terapia" com as amigas, que escutavam seus problemas e lhe davam apoio e bebida. O grupo consistia de seis a oito garotas, e algumas delas também haviam sofrido abusos. O uso do álcool continuou por um ano, tornando-se cada vez mais frequente, também com o uso de bebidas destiladas. Apesar disso, ela conseguia esconder dos pais e do irmão que bebia.

A situação mudou drasticamente no ano seguinte, quando o pai foi embora, a mãe começou a trabalhar em dois empregos para manter a família e, além disso, o irmão afastou-se delas. Jennifer ficava mais com as amigas, fumava cigarros e maconha e expandiu o grupo social de modo que incluísse meninos. O grupo faltava à escola com frequência e fazia festas diurnas na casa de um deles. Em uma ocasião, um vizinho chamou a polícia, que prendeu Jennifer e outros cinco membros do grupo por posse de drogas. Ela ficou um ano em liberdade condicional, pois este era seu primeiro delito. Curiosamente, a mãe não havia mostrado muito interesse pela situação da filha na época. Jennifer disse que a mãe ainda estava se recuperando de seu próprio trauma de abuso e do divórcio.

O comportamento de Jennifer melhorou um pouco após ter sido presa: passou a frequentar a escola e a ajudar a mãe a cuidar da casa. Mas esse comportamento só durou seis meses, e durante esse tempo a Sra. Ruiz afastou-se cada vez mais da filha. Jennifer voltou a frequentar seu antigo grupo de amigos e a usar álcool e maconha como antes. Ficava bêbada aproximadamente duas vezes por semana e usava maconha pelo menos uma vez por semana, em geral, nos fins de semana. A frequência escolar diminuiu bastante, e ela foi matriculada em uma escola alternativa, de modo que recebesse os créditos acadêmicos em um ritmo mais moderado.

Jennifer disse também que se tornara sexualmente ativa com um dos meninos de seu grupo social. A experiência havia-lhe provocado ansiedade porque a fez lembrar dos encontros sexuais anteriores com o pai. Então, ingeria álcool para reduzir a ansiedade provocada pela relação sexual. Surpreendentemente, Jennifer não havia engravidado nem contraído nenhuma doença sexualmente transmissível, embora não houvesse usado nenhuma medida de proteção. Experimentou também outras drogas, principalmente cocaína e metanfetamina. Usou cocaína apenas três vezes, mas utilizava metanfetamina cerca de quatro vezes por mês (em geral, antes ou depois de uma relação sexual). A essa altura, faltava à escola quase todos os dias, mas havia deixado, estupidamente, um pouco de maconha em seu armário na escola.

O entrevistador conversou rapidamente com a mãe, que forneceu poucas informações. Estava interessada principalmente em sua própria responsabilidade legal, perguntando-se, em voz alta, se seria presa pelas "proezas" da filha. Garantiram a ela que não seria presa; então, disse conhecer pouco o comportamento da filha, mas acreditava que Jennifer fazia, provavelmente, as mesmas coisas que a maioria dos meninos das redondezas. Disse também que ela mesma já havia usado maconha, algumas vezes, para relaxar e esquecer os acontecimentos passados que envolviam o marido. Não pensava que a situação de Jennifer fosse séria e demonstrou pouco interesse em modificar o comportamento da filha.

O entrevistador acreditou que a situação de Jennifer fosse grave e de potencial ameaça à vida. Depois de analisar os registros legais da jovem, concluiu preliminarmente que ela atendia aos critérios do DSM-IV-TR para abuso de substância em relação ao álcool, à maconha e à metanfetamina. Não acreditava, porém, que fosse o caso de dependência de substâncias, pois não havia sinais claros de tolerância ou abstinência.

Avaliação

A característica essencial do uso de substâncias é um "padrão mal-adaptativo de uso de substância, manifestado por consequências adversas, recorrentes e significativas, relacionadas ao uso repetido de substâncias" (American Psychiatric Association, 2000, p. 198). Para ser diagnosticado, é necessário atingir quatro critérios por um período de 12 meses:

1. Uso recorrente de substâncias resultando em fracasso em cumprir obrigações importantes no trabalho, na escola ou em casa.
2. Uso recorrente de substâncias em situações nas quais isso representa perigo para a integridade física.
3. Problemas legais recorrentes relacionados ao uso de substâncias.
4. Uso contínuo de substâncias apesar de recorrentes e persistentes problemas sociais e interpessoais, causados ou exacerbados pelos efeitos da substância.

Um indivíduo que faz uso de substâncias pode não atender, naquele momento, aos critérios de dependência de substâncias, os quais envolvem tolerância, abstinência e comportamento persistente de busca de drogas. Jennifer não atendia aos critérios de dependência de substâncias, mas sim aos de abuso de substâncias. O uso que fazia de substâncias, em particular do álcool, da maconha e da metanfetamina, era recorrente e interferia certamente em suas habilidades de frequentar a escola e completar as tarefas escolares. O uso de drogas, além disso, ocorria em ambientes que a faziam correr riscos de dano físico. Circulava regularmente com amigos intoxicados, que se envolviam em relações sexuais sem proteção. Jennifer tinha, naquele momento, problemas legais provocados pelo uso de drogas e, ainda assim, continuava a usá-las prejudicando os relacionamentos familiares e os planos de longo prazo para seu futuro.

Um profissional de saúde mental com grau avançado em aconselhamento psicológico foi designado para o caso de Jennifer, como parte de uma avaliação pedida pelo tribunal. O uso de substâncias pode ser avaliado de várias formas, mas deve certamente se concentrar nos comportamentos perigosos ou que colocam a vida em risco. Para compreender se o indivíduo está intoxicado, ou apresenta delírios em razão do uso de substâncias, pode-se fazer um breve exame do estado mental de orientação, no qual deverá identificar nomes, lugares, tempos e eventos correntes. Pode-se fazer uma avaliação mais detalhada para determinar o risco de ferir a si mesmo ou outras pessoas. Mas essa possibilidade não se aplicava a Jennifer. No caso dela, eram importantes os eventos que ameaçavam potencialmente a vida. Isso incluía sair de carro com amigos que estavam intoxicados e ter relações sexuais sem proteção. Ela afirmou que esses dois eventos haviam ocorrido de quatro a cinco vezes por mês, no ano anterior, mas nenhuma no mês anterior. Isso se dava principalmente porque ela havia sido presa, e sua mãe não a estava supervisionando atentamente.

Nessa área, a avaliação pode incluir também um exame toxicológico capaz de avaliar o uso de drogas no passado, testando, no jovem, amostras de urina, sangue e cabelo. Os exames de urina e sangue detectam vários metabólitos de drogas, e, entre eles, há o teste do bafômetro, que determina o teor de álcool presente em uma amostra de respiração (Marcel e Casavant, 2002). O uso de álcool pode ser detectado ainda examinando o volume dos glóbulos vermelhos no sangue e os níveis de gamaglutamil transpeptidase. Existem também exames de urina para detectar uso recente de opiáceos (por exemplo, heroína), cocaína, anfetaminas, drogas ansiolíticas e maconha. Entre estes estão a cromatografia em camada delgada, cromatografia gás-líquido, cromatografia líquida de alta pressão e ensaios imunoenzimáticos. A análise do cabelo é útil para verificar o uso de drogas nos últimos meses (Richter e Johnson, 2001). Jennifer foi submetida a um exame de sangue, pois a maior preocupação era o uso de drogas nas últimas duas semanas. Havia vestígios evidentes de *Cannabis sativa* (maconha), que podiam ser, porém, resíduos da última vez em que a jovem tivesse usado drogas; segundo seu relato, três semanas antes. Jennifer tomou conhecimento de que os exames de sangue seriam feitos regularmente durante o programa de tratamento solicitado pelo tribunal.

Os métodos iniciais de avaliação de adolescentes que se suspeita façam uso de substâncias compreendem, também, questionários e entrevistas. Alguns exemplos são o *Rutgers Alcohol Problem Index* e *Adolescent Drinking Inventory*. Existem também testes e entrevistas para o uso de drogas em geral. Eis alguns exemplos: *Adolescent Drug Involvement Scale and Personal Experience Screening Questionnaire* (Winters et al., 2007). Seguem alguns exemplos de perguntas do dispositivo de avaliação *Adolescent Substance Abuse Subtle Screening Inventory*[1] (Miller, 2001):

- Você já bebeu para conseguir falar de seus sentimentos e ideias?
- Já esteve em apuros na escola, em casa ou no trabalho ou em relação à polícia, por ter bebido?
- Já usou drogas para conseguir esquecer algum sentimento ou por se sentir desamparado e sem valor?
- Já esteve "chapado" ou já ficou devastado por drogas (mais do que apenas "ligado")?
- Acha que o uso de drogas tem impedido você de conseguir o que quer na vida?

Jennifer afirmou que ocasionalmente havia pensado que bebia demais e havia até tentado discutir isso com as amigas. Estava preocupada, em particular, com o uso de metanfetamina que a fazia sentir-se fora de controle. No entanto, como as amigas haviam desaprovado essas dúvidas, ela se calou. Disse que ninguém a havia repreendido por beber ou usar drogas, mas que talvez isso dependesse do fato de que ninguém prestasse muita atenção nela. Falou também que não se sentia culpada por usar drogas, porém estava preocupada com a possibilidade de que a mãe descobrisse as reais proporções disso e passasse por outro estresse mental. Acrescentou que raramente usava álcool ou drogas de manhã; preferia fazê-lo de tarde, à noite e nos fins de semana, principalmente quando fazia sexo com o namorado.

O clínico, quando entrevista um adolescente com possível uso de substâncias, deve se concentrar nas razões que o levaram a começar e a continuar a usar drogas. Deve tentar perceber se o jovem está motivado para abandoná-las. As razões de Jennifer para começar a usar drogas eram variadas e complexas, mas, em geral, haviam envolvido:

- Fugir de pensamentos sobre as brigas familiares e sobre as investidas sexuais do pai.
- Adequar-se ao grupo de adolescentes que a fazia sentir-se bem-vinda e a apoiava.
- Satisfazer a curiosidade sobre as drogas.
- Experimentar um senso de rebeldia contra a autoridade.

Ela disse que suas razões para continuar a usar drogas eram mais específicas e incluíam a redução da ansiedade durante as relações sexuais e o reforço sensorial

---

[1] G. A. Miller, SASSI Institute, 2001, Adolescent Substance Abuse Subtle Screening Inventory (SASSI-A2). Reprodução autorizada.

("sentir-se bem") proporcionado pelas próprias drogas. Tais razões eram potentes, de modo que Jennifer tinha pouco interesse em abandonar seu padrão corrente de uso de drogas.

Para conhecer melhor o uso que um adolescente faz de substâncias, pode ser útil entrevistar pessoas importantes do seu convívio. Mas este não era o caso de Jennifer. A Sra. Ruiz não conhecia muito bem as atividades da filha, embora não tenha ficado claro se era sincera. Expressou o desejo de ajudar a filha a deixar as drogas, frequentar regularmente a escola e fazer novos amigos, porém seus motivos para isso pareciam questionáveis. O contato com as amigas de Jennifer e com os funcionários da escola também não se mostraram produtivos. As amigas não queriam dar nenhuma informação, com medo, talvez, de serem incriminadas, e os professores e o orientador simplesmente não tinham informações suficientes para dar uma opinião útil. O irmão da garota, Samuel, havia se mudado e interpusera deliberadamente uma distância entre ele e a família. Não estava disponível para entrevistas.

Fatores de risco e variáveis mantenedoras

Há múltiplos fatores de risco relacionados ao abuso de substâncias, entre eles variáveis genéticas e bioquímicas, estressores ambientais e psicossociais, fatores culturais e sociais, comorbidade com outros transtornos e características individuais da personalidade. O alcoolismo tem um componente moderado de hereditariedade, principalmente entre homens. Estudos com famílias, gêmeos e outros estudos genéticos de abuso de álcool revelam uma faixa de hereditariedade entre 20% e 26%, na população em geral, e de 30% a 36% nos homens com dependência grave de álcool (Chassin et al., 2003; Walters, 2002).

Outras variáveis biológicas ligadas ao abuso de substâncias em adolescentes são as alterações da serotonina, o eixo hipotalâmico-hipofisário-adrenal e conexões fronto-límbicas imaturas (Schepis et al., 2008). Problemas neurológicos relacionados à hiperatividade, impulsividade e déficits cognitivos também podem predizer o uso de substâncias pelo adolescente (Elkins et al., 2007; Ivanov et al., 2008). Muitos fatores ambientais podem, porém, mediar essas variáveis biológicas.

O histórico familiar de Jennifer quanto a abuso de substâncias não era claro. O pai parecia ser mais violento e sexualmente inadequado quando bêbado, mas não ficou claro se seria alcoólica. A mãe relatou usar um pouco de drogas, mas isso era relativamente recente, não frequente, e estava relacionado aos acontecimentos de sua vida nos últimos anos. O diagnóstico de abuso de substâncias não parecia se aplicar a ela. O irmão não parecia ter problemas com álcool ou drogas. Assim, não ficou claro se Jennifer tinha uma predisposição genética para o uso de substâncias. Uma observação interessante, porém, é que os membros da família apresentavam sintomas de depressão; esta é, às vezes, marcada por alterações na serotonina, que podem levar à automedicação por meio do uso de substâncias.

Quando há predisposição biológica, esta deve ser desencadeada por eventos ambientais estressantes ou aversivos. Isso nitidamente acontecia com Jennifer, cujos eventos estressantes de vida incluíam pai abusivo, mãe negligente, desempenho escolar deficiente, ansiedade sexual e *status* socioeconômico baixo. Os fatores de risco ambientais para o abuso de substâncias incluem também modelação, instrução sobre uso de drogas por parte de outros, reforço social obtido por meio do uso de drogas e disponibilidade destas. Jennifer passou a fazer uso de álcool a partir do modelo dado por seu pai durante anos e, mais recentemente, por seus amigos. Seu grupo social e seu namorado, mais velho que ela, haviam-na ensinado a usar drogas diferentes e davam-lhe atenção quando ela o fazia. Sentia que devia continuar a usá-las para ser aceita pelo grupo, o qual tinha um suprimento regular de drogas, que eram fornecidas gratuitamente a Jennifer pelo namorado.

Fatores familiares e parentais podem deflagrar as predisposições biológicas para o abuso de substância e muitos deles aplicavam-se a Jennifer. Entre os fatores familiares há a emoção expressa, desapego, falta de afeto, disciplina inconsistente e valores não tradicionais (Watts, 2007). Os fatores parentais incluem uso de drogas, permissividade em relação ao seu uso, expectativas baixas e desinteresse pela vida dos filhos (Li et al., 2002; Simons-Morton et al., 2001). No caso de Jennifer, alguns fatores ambientais mais gerais podem ter potencializado o uso de drogas, como as normas locais, que favoreciam as drogas e a desorganização do bairro (Wright et al., 2007).

A comorbidade com outros transtornos psiquiátricos também pode exacerbar, nos jovens, os problemas relacionados às drogas, por exemplo, os transtornos depressivo, de conduta, desafiador de oposição e de déficit de atenção/hiperatividade (Armstrong e Costello, 2002; Wilens, 2007).

Do ponto de vista técnico, Jennifer atendia a todos os critérios de transtorno de conduta e era um tanto impulsiva, deprimida e ansiosa. A ansiedade surgira como sintoma do transtorno de estresse pós-traumático relativo ao abuso sexual precoce.

Algumas características individuais de personalidade podem predispor jovens ao uso de drogas, entre elas:

- Desejo de independência
- Curiosidade
- Rejeição das normas e valores sociais tradicionais
- Rebeldia
- Busca de novidades e de sensações fortes
- Desempenho escolar deficiente
- Gênero masculino
- Atividade delinquente ou criminosa
- Raiva

- Autoestima baixa
- Expectativa de que o uso de drogas leve a consequências sociais e sensoriais positivas.

Algumas dessas características de personalidade aplicavam-se a Jennifer; outras, não. Não há uma personalidade ou um perfil associado à população que faz uso de drogas. Jennifer disse que se sentia dividida entre o desejo de ter uma família normal e o de ser completamente independente, com seu namorado e seus amigos. Esperava que a mãe se casasse novamente e que o irmão voltasse a conviver com a família, mas percebia que isso era improvável. E ainda que acontecesse, afirmou que sua lealdade estava voltada primeiro aos amigos e que eram, agora, a sua família.

Jennifer era curiosa e, muitas vezes, buscava novas experiências e sensações [estimulantes ou excitantes]. Não se envergonhava de ter experimentado drogas diferentes. Gostava de experimentá-las e também do pique natural e físico que atingia por meio delas. Outras características que se aplicavam a ela eram o desempenho escolar deficiente (provocado, principalmente, pelo absenteísmo), sintomas de internalização, autoestima moderada e desinteresse por quem não fazia parte de seu grupo social imediato.

Por outro lado, alguns fatores de risco não se aplicavam evidentemente a ela. Era do sexo feminino, não era altamente rebelde, não roubava, não se envolvia em atividades delituosas mais graves e não tinha temperamento difícil. Possuía habilidades verbais e sociais boas, ainda obedecia, de algum modo, aos pedidos da mãe e era, em geral, colaborativa com o pessoal da clínica. Assim, tinha algumas, mas não todas, características comumente atribuídas aos que apresentam problemas relacionados a substâncias. Mais uma vez, isso reflete o alto grau de variedade que essa população apresenta.

Há fatores que podem proteger os jovens do abuso de substâncias; entre eles, a pouca disponibilidade das drogas, interações familiares positivas, modelação adequada, afiliação religiosa, habilidades sociais e atividades escolares pró-sociais (Beyers et al., 2004; Vakalahi, 2001). Esses fatores de proteção não diminuem o uso de drogas, mas reduzem o risco de começar a usá-las e favorecem uma lenta progressão do uso para o abuso de drogas. Jennifer tinha boas habilidades sociais, mas isso fora amplamente sobrepujado pela família, pelo ambiente sociocultural e pelos comportamentos de busca de sensações. O uso que fazia de drogas era, portanto, problemático.

Aspectos do desenvolvimento

A progressão desenvolvimental do uso de drogas tem sido objeto de estudo profundo e controverso, pois é comum que adolescentes façam uso de álcool e de outras drogas. A prevalência, ao longo da vida, do uso de drogas em alunos do último ano do ensino médio é de 75,1%. Muitos deles usaram álcool no ano anterior (68,6%), no mês anterior (47,0%) e diariamente (3,1%). São evidentes, também, taxas consideráveis de uso, no mês anterior, de outras drogas como cigarros (23,2%), maconha ou haxixe (19,8%), anfetaminas (3,9%), barbitúricos (3,3%), cocaína (2,3%), inalantes (2,0%) e alucinógenos (1,9%) (Johnston et al., 2006).

Um modelo difuso para compreender a progressão desenvolvimental do uso de drogas implica considerar o comportamento ao longo de um *continuum* (Zacny et al., 2003). Esse pode envolver fases de não uso, assim como fases de uso casual, habitual e compulsivo. Um não usuário pode ser alguém que nunca usou drogas inadequadamente. Um usuário experimental pode ser alguém que usou drogas algumas vezes por curiosidade, por pressão de outros ou pelo desejo de intensificar a estimulação. Esse indivíduo, em geral, não está preso ao uso e não tem maiores problemas com drogas. Seu estado emocional pode ser descrito como excitado.

Um usuário casual, ou aquele em situações sociais, pode ser alguém que faz uso regular, como de duas a quatro vezes por semana e se esforça para manter o controle. Vamos pensar em um adolescente que ingere bebida alcoólica com regularidade e se esforça para esconder esse comportamento dos pais e dos funcionários da escola. As consequências mais comuns são a piora do desempenho escolar, comportamentos atípicos para aquele adolescente (por exemplo, passa a mentir mais) e perda de interesse em atividades antes consideradas agradáveis. O estado emocional do adolescente, nessa fase, pode ser descrito como excitado.

Um usuário habitual pode ser alguém que se envolve diariamente no uso de drogas, em geral com um grupo específico de amigos. Não perdeu necessariamente o controle, mas apresenta problemas mais sérios na escola e na família. Seu estado emocional pode ser descrito como impulsivo, volúvel, atormentado pelo sentimento de culpa e deprimido. Um usuário compulsivo ou obsessivo-dependente pode ser alguém que perdeu o controle ao longo do uso, o qual ocorre diversas vezes por dia. Seu comportamento se concentra amplamente em abastecer-se, manter e usar a provisão de drogas. Não é incomum que se envolva em comportamentos que colocam a vida em risco, e seu estado emocional pode ser descrito como desorganizado. Os indivíduos pertencentes às últimas três categorias – casual, habitual e compulsiva – têm probabilidade mais alta de atender aos critérios diagnósticos de uso ou dependência de substância.

Jennifer era, certamente, mais uma usuária experimental de drogas; talvez não fosse uma usuária casual, habitual nem compulsiva. Uma questão fundamental aqui é se o indivíduo é capaz de manter o controle sobre os eventos ao redor de si, e Jennifer era, em geral, capaz disso. Havia momentos, porém, especialmente depois de usar metanfetamina, segundo seu relato, em que ficava fora de controle. O envolvimento com comportamentos que colocavam a vida em risco também evidenciava a falta de controle. Ainda assim, abstinha-se de usar drogas por dias e até semanas, como fizera no mês anterior. Sua vida não girava completamente em torno da compra e do uso de drogas. Ela podia ser uma usuária moderada ou algo entre usuária casual e habitual.

Outro modo difundido de considerar o uso de substâncias, do ponto de vista desenvolvimental, é por meio de um modelo de estágios. Algumas drogas são portas de entrada que podem levar posteriormente ao uso de drogas mais pesadas (Kandel, 2003). Esse processo apresenta diversos estágios:

1. Não usar nenhuma droga.
2. Beber cerveja e vinho moderadamente.
3. Fumar cigarros e ingerir moderadamente bebidas destiladas.
4. Ingerir bebida alcoólica de modo mais constante.
5. Fumar maconha.
6. Usar drogas em comprimidos como anfetaminas e barbitúricos.
7. Usar drogas mais pesadas como cocaína, alucinógenos e opiáceos.

O uso de álcool e tabaco frequentemente prediz o uso de maconha. Esta, por sua vez, parece ser a principal porta de entrada para drogas mais pesadas como a cocaína (Fergusson et al., 2002). Mas nem todos que começam a usar drogas progridem, necessariamente, por meio desses estágios, e nem todos, necessariamente, o fazem nessa ordem.

O modelo de estágios do uso de drogas pode ser aplicado livremente a Jennifer. Ela realmente começou bebendo cerveja e depois passou para destilados no ano seguinte. O uso não aumentara dramaticamente, mas começara a fumar cigarros e maconha simultaneamente. O uso de cigarros e maconha sobrepôs-se à experimentação de cocaína e metanfetamina. Isso demonstra que os adolescentes com transtornos relacionados a substâncias podem apresentar padrões semelhantes de uso de drogas, mas é sempre necessário considerar as diferenças individuais específicas.

Outras teorias desenvolvimentais sobre o uso de substâncias concentram-se no comportamento como parte de um estilo de vida geral que depende das predisposições biológicas, do temperamento, das influências dos demais, de fatores parentais e familiares, de problemas relacionados à escola, de cognições distorcidas e estresse (Chassin e Ritter, 2001). Um adolescente pode fazer diversos percursos de causalidade que levam a formas diferentes de uso de drogas ou que levam a não usá-las. Um adolescente que tende a manter a conformidade com o grupo, e cujos amigos ocasionalmente usem drogas para relaxar, pode enveredar por esse caminho. Já outro, audacioso, que vivencia estresse na família, e cujos amigos têm sempre à mão um suprimento de drogas, pode se tornar um usuário mais inveterado. Esse modelo pode-se aplicar a Jennifer, cuja personalidade em busca de novidades e cujo agudo estresse na família interagem com um grupo de adolescentes que lhe dá apoio e recorre frequentemente a drogas para resolver seus problemas.

O que dizer sobre o prognóstico de longo prazo para adolescentes que abusam de substâncias? Muitos adolescentes que fazem uso leve de álcool e tabaco não abusam dessas substâncias e são bens adaptados em suas vidas mais tarde. Mas alguns são particularmente sensíveis, até mesmo a pequenas quantidades de álcool e outras drogas, e podem tornar-se, mais tarde, dependentes. Há diversos fatores que predizem o aumento do uso de substâncias na idade adulta, entre eles, o uso na escola média, desemprego e entre crianças que não vivem com adultos. Observa-se que o uso de drogas é inferior entre pessoas do gênero feminino, de nível superior de escolaridade, casadas e entre as que têm filhos adotivos (Merline et al., 2004). Os adolescentes que usam diversas substâncias (poliuso de drogas) têm também outros resultados ruins como problemas escolares e atividade delituosa (Tims et al., 2002).

E o prognóstico de Jennifer? O diagnóstico de longo prazo é provavelmente ruim, dadas as condições socioeconômicas e familiares, o uso frequente de drogas em idade precoce e a não responsividade ao tratamento (veja na seção seguinte). As próprias consequências das drogas farão com que os resultados da garota corram o risco de ser ruins. Essas consequências incluem isolamento social, recusa a frequentar a escola, atividade sexual sem proteção e falta de êxito em buscar assistência médica apropriada.

Tratamento

Os terapeutas que tratam abuso ou dependência de substâncias ajudam, em geral, os adolescentes a manter a abstinência e modificam a família e outros fatores que instigam ou prolongam os problemas ligados às substâncias. Muitos programas de tratamento compartilham o ponto de vista de que a abstinência é a melhor estratégia quando se trata dessa população. Essa filosofia subjaz à terapia de internação, bem como aos grupos de autoajuda como os Alcoólicos Anônimos ou o Alateen[2] (White e Savage, 2005).

Usa-se frequentemente a terapia de internação nos casos graves de abuso de substância em que o indivíduo (1) não reagiu a uma terapia ambulatorial, (2) apresenta perigo iminente para si mesmo ou para outros, (3) corre risco de sintomas de abstinência que causam danos físicos e emocionais e/ou (4) tem outros problemas, como depressão, que exacerbam seriamente o abuso de drogas. Muitos ambientes de internação baseiam-se no modelo de Minnesota, que enfatiza uma abordagem estruturada e baseada na abstinência, na educação e no suporte para o adolescente e sua família, permanência breve (em geral, menos de dois meses) e adoção de modelo médico ou patológico para conceituar o abuso de substância. É recomendável que, depois da alta, o paciente seja encaminhado para tratamento ambulatorial, às vezes sob a forma de um programa de tratamento diurno. As terapias de internação são eficazes em curto prazo, mas não em longo prazo (Muck et al., 2001).

O uso que Jennifer fazia de substâncias era evidentemente um problema que a levava a correr o risco de sérias consequências. Mas ela não corria risco imediato,

---

[2] Grupos de ajuda formados por adolescentes, atuantes também no Brasil. O programa utilizado pelo Alateen foi adaptado dos Alcoólicos Anônimos. (NRT)

não tinha sintomas de abstinência e tinha habilidades sócias e verbais relativamente boas. Os programas de internação tendem a enfatizar a abstinência total e a impotência do indivíduo em relação ao problema da substância, de modo que a psicóloga que Jennifer conheceu no ambulatório não acreditou que a terapia de internação fosse o mais indicado para a sua personalidade e para o seu humor naquele momento. Além disso, o maior isolamento da garota em uma ala psiquiátrica não a teria ajudado. Assim, estabeleceu-se um programa terapêutico ambulatorial para ela; Jennifer frequentaria o grupo Alateen.

A terapia ambulatorial para adolescentes que fazem uso ou abusam de substâncias ou, ainda, que são dependentes, baseia-se em geral em incrementar diversos atributos pessoais:

- Compreensão do problema
- Motivação para mudar
- Relação com o terapeuta
- Associação com determinados grupos de adolescentes
- Habilidade de resolver problemas

Os clínicos empregam também a terapia familiar, contratos, manejo de contingências, treinamento das habilidades de recusar ofertas impróprias de outros adolescentes, habilidades de lazer adequadas e tratamento de problemas em comorbidade como depressão (Toumbourou et al., 2007).

Talvez, o objetivo de tratamento mais importante seja ajudar o adolescente a perceber que existe um problema. A terapeuta percebeu as dúvidas de Jennifer sobre seu estilo de vida e conseguiu que ela admitisse que tinha, provavelmente, um problema. Parte desse processo de "compreensão" depende amplamente das experiências passadas do indivíduo, do funcionamento corrente e da relação com o terapeuta. Jennifer tinha uma relação boa com a terapeuta e reagiu bem às suas sugestões iniciais.

Outro aspecto crucial do tratamento ambulatorial para essa população é a terapia familiar. Esta é necessária para modificar os padrões disfuncionais de comunicação, aumentar o monitoramento dos pais sobre o comportamento do adolescente, encaminhar questões não resolvidas, fornecer suporte, instruir os membros da família sobre o problema do filho e estabelecer atividades que distraiam o adolescente do uso de drogas. Tudo isso foi apenas parcialmente eficaz para Jennifer. A Sra. Ruiz, que havia anteriormente expressado pouco desejo em participar do programa de tratamento, compareceu às primeiras sessões, mas se tornou cada vez mais distante e desinteressada. Era desdenhosa e se recusou a aceitar a descrição feita pela garota sobre o que havia acontecido, quando a questão dos abusos sexuais sofridos pela menina finalmente surgiu. Rotulava constantemente a filha como "aquela que tem problemas" e minimizava sua capacidade de influenciar o processo de tratamento. Queria ajudar a filha financeiramente, levá-la ao tratamento e supervisionar sua frequência à escola mais de perto.

A terapeuta concentrou-se na conexão de Jennifer com seu grupo de colegas, que fora o principal desencadeante do uso de drogas. Tentou fazer que ela se afastasse do grupo, envolvendo-se novamente na escola, participando de atividades extracurriculares que a ocupassem por muito tempo, fazendo novas amizades e conversando com seu grupo original apenas por telefone. Jennifer mostrou algum entusiasmo inicial por essas ideias e frequentou a escola com mais regularidade. Seu namorado, porém, efetivamente sabotou o plano de tratamento, incentivando-a voltar a usar drogas e à atividade sexual. A terapeuta tentou fazer que o namorado da garota participasse do processo terapêutico ou, pelo menos, apoiasse as iniciativas iniciais da terapia, mas não teve êxito. A razão principal, pela qual muitos indivíduos com problemas de drogas sofrem recaídas, é serem novamente expostos às circunstâncias que desencadearam o uso de substâncias. Jennifer voltou a ter contato com o namorado e isso prejudicou seriamente o progresso do tratamento. Parou também de frequentar as reuniões da Alateen.

Como o tratamento parecia deteriorar-se, a terapeuta tentou dar apoio à sua autoestima, às habilidades de evitar o grupo antigo de amigos e às de solução de problemas. Jennifer tinha diversas distorções cognitivas sobre si mesma e sobre o uso que fazia de drogas, incluindo a percepção de precisar delas para lidar com os eventos estressantes e manter o namorado. Essa é uma forma de dependência psicológica das drogas. A terapeuta apontou a ela diversas habilidades positivas e sugeriu modos de lidar com o namorado, evitando o uso de drogas. Infelizmente, Jennifer sentiu que precisava escolher entre a terapeuta e o namorado e, afinal, escolheu o namorado. Sua frequência à terapia tornou-se irregular ao longo de diversas semanas, e a mãe e ela deixaram de comparecer às sessões após cinco meses. Uma conversa telefônica, depois de dois meses, com a Sra. Ruiz indicou que Jennifer saíra de casa e fora viver com o namorado e o paradeiro de ambos era desconhecido.

A terapia de adolescentes com problemas de drogas é repleta de obstáculos potenciais, por isso o melhor "tratamento" pode ser a prevenção. Os programas de prevenção compreendem (1) apresentações por parte da mídia e das instituições e outras intervenções que promovam a abstinência e as atitudes contra as drogas e (2) intervenções específicas e precoces com as crianças que corram risco de abuso de substâncias. As intervenções precoces consistem em programas que ensinem aos jovens as habilidades de que precisam para recusar as ofertas de drogas, apoiem as habilidades sociais, estabeleçam opções de recreação, forneçam informações sobre os efeitos nocivos das drogas e reduzam os fatores de risco em indivíduos, famílias e comunidades (Griswold et al., 2008).

Os programas de prevenção podem modificar as atitudes das crianças em relação às drogas e aumentar seu conhecimento sobre elas, especialmente em situações de treinamento que envolvam colegas e times esportivos (Elliot et al., 2004). Entretanto, não foram demonstradas mudanças consistentes no uso efetivo de drogas entre a maioria dos adolescentes. Os programas preventivos são mais eficazes com adolescentes que apresentam risco mais elevado em relação às drogas. Podemos apenas imaginar qual efeito um programa desse tipo teria tido sobre Jennifer, caso estivesse à disposição.

Questões para discussão

1. Você faria uma distinção – e se sim qual – entre o uso ocasional de drogas que não interfere no funcionamento diário e o abuso de substâncias? Você faria distinção entre substâncias lícitas e ilícitas? Por quê?
2. Muitos fatores parecem explicar por que os jovens começam a usar drogas e como ocorre a possível progressão para abuso de drogas. Quais fatores (por exemplo, individuais, familiares, socioculturais) você acredita que sejam mais importantes e por quê?
3. A avaliação do uso e do abuso de substâncias em adolescentes pode ser feita agora por meio de testes domésticos que permitem que os pais enviem amostras dos cabelos dos filhos para que sejam analisadas em laboratórios. Você acha que é uma boa ideia? Quais são as implicações familiares, éticas e clínicas dessa tecnologia?
4. A noção de que o abuso de substância seja uma doença provocou muitas controvérsias nos últimos anos. Quais são as vantagens e desvantagens de adotar um modelo médico na abordagem do abuso de substância? Discuta os problemas que podem derivar do uso de drogas ao tratar o abuso de substância e discuta qual efeito pode ter sobre a recuperação do indivíduo o fato de isentá-lo de culpa e responsabilidade.
5. Alguns acreditam que, no caso de pessoas com alcoolismo, qualquer uso de álcool é uma recaída e levará a graves consequências. Você acha que é verdade? Deve-se, ou pode-se, ensinar um indivíduo com alcoolismo a usar álcool com moderação? Como faria isso?
6. As companhias de cigarro e álcool têm sido acusadas de dirigir o *marketing* dos produtos diretamente a crianças e adolescentes. Você acha que é verdade e, se sim, como acha que isso é feito? Quais passos podem ou devem ser dados para impedir tal exposição?
7. Como você planejaria um programa de prevenção eficaz contra o abuso de substâncias?

Capítulo 10
Conflito familiar e transtorno desafiador de oposição

Sintomas

Jeremy e Joshua Simington, dois meninos brancos, de 9 e 11 anos de idade, respectivamente. Foram encaminhados a uma terapeuta familiar e de casais pela mãe, a Sra. Simington, que estava com muita dificuldade em controlar o comportamento dos garotos. Durante a avaliação por telefone, a mãe disse que ambos se envolviam constantemente em encrencas e desafiavam cada vez mais as suas ordens. A família estava também atrapalhada em razão de eventos recentes, entre eles, o nascimento de uma menina e o horário de trabalho da mãe, bastante apertado. O nível de brigas na casa estava se tornando intolerável e a Sra. Simington achou que a terapia podia ser um bom modo de "restabelecer a harmonia familiar". A terapeuta entrevistou primeiro a mãe, que logo lhe disse que o marido estava trabalhando e não podia ir naquele dia, mas tinha esperança de que ele fosse às sessões futuras. Reiterou, então, quase em lágrimas, que os meninos estavam "fora de controle". A terapeuta achou que era melhor obter informações sobre cada um deles, separadamente, e começou pelo mais velho, Joshua. A Sra. Simington dissera que Joshua estava se envolvendo cada vez mais em encrencas na escola. Estava no sexto ano e havia sido suspenso por dois dias no mês anterior, por ter sido insolente com o professor, mostrando uma "atitude ruim" e tendo um acesso de birra. A suspensão exigiu uma reunião na escola, com a diretora e a professora do menino.

Durante essa reunião, a mãe descobriu que o menino apresentava um padrão de mau comportamento na sala de aula, discutindo com o professor e provocando os colegas. O mau comportamento ocorrera durante a maior parte do ano letivo (era fevereiro[1]), mas tinha se intensificado depois do Natal. Joshua recusava-se a fazer muitas das tarefas na escola, e a diretora perguntou à mãe, diretamente, se estava acontecendo alguma coisa em casa que pudesse causar esses problemas.

A Sra. Simington contou à terapeuta que o marido e ela estavam sob estresse e que provavelmente a capacidade dela de lidar com os filhos havia piorado. A chegada do novo bebê, que tinha aproximadamente 1 ano, foi inesperada e causou um desgaste econômico na família. Ela, que até então trabalhava meio período, passou a trabalhar em tempo integral, e o dinheiro, que em geral era gasto com os meninos,

---
[1] Nos Estados Unidos, o ano letivo tem início em setembro. (NT)

foi reduzido. O comportamento de Joshua era particularmente ruim – começou a discutir mais com a mãe e a se afastar do pai. A Sra. Simington disse que o marido e ela, nos últimos tempos, discordavam constantemente sobre como disciplinar os filhos, e que isso havia levado a um modo inconsistente de punição. O Sr. Simington preferia punição física, e ela, negociação e recompensas positivas.

A terapeuta perguntou sobre Jeremy, o filho mais novo, que estava no quinto ano. A mãe observou que ele não tinha problemas na escola, mas possuía um histórico de dificuldades menores de leitura. Seu comportamento em casa, entretanto, havia piorado, como o de Joshua. Suspeitava que Jeremy estivesse imitando o comportamento do irmão mais velho, especialmente no que dizia respeito a limpar o quarto, ficar de mau humor e, ocasionalmente, recusar-se a ir à escola. Jeremy, porém, apresentava alguns comportamentos diferentes dos de seu irmão mais velho, como fugir de casa por longos períodos, gritar o mais alto possível para acordar o bebê e correr pela casa. A Sra. Simington disse que, em razão do seu trabalho, do tempo dedicado ao bebê, da ausência do marido e do mau comportamento dos meninos, sua capacidade de manter o controle doméstico estava seriamente comprometida.

A terapeuta, então, pediu-lhe que comentasse o modo como cada membro da família (exceto o bebê) se dava com os outros. Ela disse que, apesar dos recentes maus comportamentos, seu relacionamento com os meninos era geralmente positivo. Ambos buscavam seus conselhos com relação a problemas e deveres de casa e também se comportavam melhor quando viam que a mãe estava aborrecida. Seu relacionamento com o filho mais novo, Jeremy, era melhor do que com Joshua, o qual, acreditava ela, estava buscando mais independência à medida que se aproximava da adolescência. O pai, ao contrário, tinha um relacionamento melhor com Joshua, com quem compartilhava o interesse nos esportes e em outras atividades. O relacionamento do pai com Jeremy era mais distante e parecia ter piorado no decorrer dos recentes problemas familiares.

O relacionamento entre Jeremy e Joshua parecia mais complicado. Eles eram amigos, de certo modo – estavam quase sempre juntos e ajudavam-se nas tarefas domésticas e nos deveres de casa. Tinham, entretanto, grupos de amigos separados, nunca interagiam no ônibus que os levava à escola e discutiam veementemente sobre quem teria "mais de alguma coisa" como comida, tempo para jogar videogame e brincar. A mãe disse ainda que eles raramente trabalhavam juntos para conseguir algo que queriam dela ou do pai. Além disso, às vezes eram agressivos um com o outro. Jeremy costumava provocar brigas com Joshua, que era do mesmo tamanho que ele. Em duas ocasiões, no verão anterior e no Ano-Novo, as brigas haviam sido graves o bastante para que fosse preciso buscar assistência médica, mas por motivos de pouca importância. Nas últimas três semanas, não havia ocorrido agressão física, porém os garotos discutiam e gritavam um com o outro quase todos os dias.

Para grande surpresa da Sra. Simington, a terapeuta fez perguntas também sobre seu relacionamento com o marido. Ela parecia reservada quanto a essa questão e explicou, timidamente, que tinha um bom relacionamento com ele. Desculpava-se pela ausência do marido e, sem que fosse necessário, mencionou novamente os horários de trabalho dele. Disse que sentia falta do marido, mas a terapeuta se perguntou se ela sentia mais falta da habilidade dele em lidar com os filhos ou de sua afeição e atenção. A Sra. Simington disse, depois de ser gentilmente incentivada pela terapeuta, que o marido e ela haviam tido brigas acaloradas sobre interromper ou não a terceira gravidez (ela se opôs firmemente) e sobre como lidar com o mau comportamento dos meninos. Não sentia que o casamento estivesse em dificuldade, mas admitiu que era a primeira vez que passava por tal estresse.

A Sra. Simington concordou em incentivar o marido a comparecer à sessão seguinte, e ele o fez. O Sr. Simington era fechado em relação à situação familiar, mas disse que os "problemas" apontados pela mulher não eram tão graves quanto ela achava. Reconheceu que algumas dificuldades financeiras contribuíam para seu ceticismo quanto à necessidade de fazer terapia. Descreveu seu relacionamento com os meninos como bom, e com sua mulher, razoável. Quando a terapeuta lhe perguntou sobre a chegada do bebê e seus sentimentos acerca da família a partir de então, ele reconheceu que se sentia pressionado a manter a família e a dedicar adequadamente aos meninos. Seus modos, porém, indicavam que estava ciente do mal-estar da mulher em relação à família, e queria evitar a censura tanto da mãe quanto da terapeuta.

A terapeuta conversou também com os funcionários da escola, com a permissão dos pais. A professora e a diretora confirmaram o relato da Sra. Simington e disseram que os meninos estavam desenvolvendo sérios problemas de comportamento. A diretora acrescentou que pensava que "algo estivesse acontecendo com o Sr. e Sra. Simington", o que ajudava a causar os problemas dos garotos em sala de aula. A terapeuta concluiu preliminarmente que a família Simington vivia grandes conflitos, maiores, talvez, do que haviam relatado nas sessões, e que os meninos, principalmente Joshua, atendiam aos critérios do DSM-IV-TR do transtorno desafiador de oposição.

Avaliação

A característica essencial do transtorno desafiador de oposição é um "padrão recorrente de comportamento negativista, desobediente, desafiador e hostil com as figuras de autoridade", por pelo menos seis meses (American Psychiatric Association, 2000, p. 100). Para atender aos critérios diagnósticos, a criança deve apresentar quatro dos oito seguintes sintomas, com frequência (ou seja, muito mais do que a maioria das crianças da mesma idade): perda de paciência, raiva, ser vingativo, discutir com adultos, desobedecer, aborrecer os outros, culpar os outros pelos próprios erros ou maus comportamentos e ser suscetível ou aborrecer-se facilmente com os outros. Para serem diagnosticados, os comportamentos devem prejudicar os relacionamentos interpessoais ou o desempenho escolar.

Esses critérios pareciam se aplicar a Jeremy e a Joshua. A mãe disse que os meninos discutiam frequentemente com ela e eram desobedientes. Além disso, eles, especialmente Jeremy, perdiam a paciência com frequência. As conversas com os funcionários da escola confirmaram a tendência dos meninos de culpar os outros por eventos desagradáveis, e que Joshua, em particular, era vingativo. A entrevista que a terapeuta fez com ambos revelou um padrão de raiva contra os pais, além da crença de que outras pessoas quisessem fazer mal a eles. Joshua insistiu que dois colegas queriam prejudicá-lo, e ambos exprimiam raiva dos pais em relação aos recentes acontecimentos em casa.

Quando se avalia uma família com conflitos e crianças com transtorno desafiador de oposição, os membros da família devem ser entrevistados sobre (1) o *conteúdo* dos problemas em casa e (2) o *processo* pelo qual os membros da família se comunicam, resolvem problemas e tentam conseguir o que querem (o conteúdo é, em geral, "o quê", e o processo, em geral, "como"). As questões relacionadas ao conteúdo podem se concentrar no que cada membro gosta e não gosta, no assunto das discussões, nos métodos usados para que os outros membros da família concordem com algo, no que acontece antes e depois de uma discussão ou desobediência, e na percepção que cada membro tem dos problemas familiares (Granic et al., 2003; Schoppe et al., 2001).

Os membros da família estavam nitidamente tentando coagir uns aos outros a dar os poucos recursos familiares que havia (ou seja, dinheiro, atenção e tempo). Quanto aos meninos, a atenção que recebiam dos pais havia diminuído acentuadamente, após a chegada do bebê, e depois das modificações nos horários de trabalho. A atenção que o casal dava a eles, embora negativa, tinha aumentado após os comportamentos problemáticos na escola e a desobediência em casa. Os meninos estavam, assim, obrigando os pais a dar-lhes mais recursos da família.

O processo de coerção, porém, não se limitava aos meninos. A mãe queixava-se de que o marido não dava atenção para a família, pois o tempo que passava em casa não era suficiente para discipliná-los. Consequentemente, ela o puxava para dentro da estrutura familiar, atormentando-o e levando-o às sessões de terapia. Entretanto, poucos problemas haviam sido resolvidos, e notava-se pouca cooperação, em razão desse processo familiar coercitivo.

Quem entrevista famílias deve se concentrar, além disso, nas questões que esclarecem o processo e que envolvem os métodos efetivos de discussão, os efeitos das comunicações sobre os outros e os cenários hipotéticos. Por exemplo, a descrição de uma discussão típica da família, métodos de comunicação da raiva, reação à raiva dos outros, sentimentos sobre o comportamento dos membros da família, estratégias para a solução de problemas, possíveis objetivos de mudança, modos de evitar discussões, dinâmica e regras familiares e discussões entre os pais sobre as crianças.

Após a chegada do bebê, poucas regras e hábitos de rotina haviam sobrevivido na família Simington. Eles raramente faziam as refeições juntos, as tarefas domésticas eram feitas ao acaso, era difícil mandar os meninos para a escola ou para a cama, a hora de voltar para casa era regularmente desrespeitada, e os deveres de casa nem sempre eram concluídos. Os problemas não se resolviam mais com a mesma eficiência e cordialidade de antes da chegada do bebê, em razão da exaustão da Sra. Simington e do distanciamento do marido. Os pais estavam agora deixando os problemas correrem até se tornarem graves e, então, aplicavam uma forte punição aos filhos. Mas, ao longo do tempo, essa prática tornara-se menos eficaz.

Existem várias escalas de avaliação de conflitos, comunicação e dinâmica familiar. Por exemplo, o *Conflict Behavior Questionnaire* (Robin e Foster, 2002), *Parent-Adolescent Communication Scale* (Barnes e Olson, 1985), *Family Assessment Measure* (Skinner et al., 2000) e *Family Adaptability and Cohesion Evaluation Scale* (Olson et al., 1987). Outra escala familiar muito usada é a *Family Environment Scale* (FES), uma medida composta por noventa questões em formato verdadeiro-falso, com dez subescalas: coesão, expressividade, conflito, independência, orientação para a realização, orientação intelecto-cultural, orientação recreacional, ênfase moral e religiosa, organização e controle (Moos e Moos, 1986). Os pais responderam a FES, que revelou resultados muito baixos de coesão e independência, nas três subescalas de orientação e organização. O resultado alto obtido em conflito era evidente. Esses resultados indicavam que os membros da família só interagiam quando os problemas se tornavam sérios, ou quando alguém queria alguma coisa.

Outro modo excelente de avaliar a dinâmica e o padrão de comunicação familiar, especialmente os padrões que parecem estar em contradição, são as observações diretas. As famílias disfuncionais usam comunicações de "duplo vínculo", nas quais as mensagens verbais e não verbais são contraditórias. As observações diretas podem incluir sistemas formais de codificação para os quais o terapeuta grava o áudio ou vídeo da interação familiar e, mais tarde, divide as comunicações em categorias como hostil, neutra e positiva. Exemplos disso são o *Family Coding System* e o *Rapid Marital Interaction Coding System* (Gordis e Margolin, 2001; Heyman et al., 2001).

Muitos terapeutas observam informalmente os membros da família no consultório. A terapeuta dos Simington buscou comportamentos não verbais que contradissessem as interações familiares positivas. Encontrou vários: Joshua girava os olhos quando sua mãe falava sobre a "situação familiar", Jeremy ficava de braços cruzados e olhava com raiva, e o Sr. Simington suspirava. Esses comportamentos indicavam que apenas a Sra. Simington sentia que existia um "problema familiar"; de fato, ela foi a primeira a começar a terapia e insistiu em que os demais participassem. Nenhum dos outros membros da família queria fazer terapia. Isso permitiu que a terapeuta compreendesse algo sobre as interações familiares e deu suporte à visão de que a família estava amplamente desengajada e tinha episódios esporádicos de conflito.

A terapeuta pediu aos meninos e aos pais que mantivessem um registro das discussões, das quebras de regras e de outros problemas em casa. A Sra. Simington manteve rigorosamente o seu, mas o marido e os filhos confiaram na memória para fazer o relato à terapeuta. E mais, os registros e narrações indicaram um interessante padrão: (1) confusão inicial sobre quem era responsável por determinada tarefa, (2) briga subsequente sobre isso e (3) realização eventual da tarefa pela mãe. Ela era, obviamente, quem mais desejava a terapia e quem mais queria mudar o *status quo*.

Fatores de risco e variáveis mantenedoras

Vários padrões familiares podem ser disfuncionais e levar a problemas de comportamento nas crianças. Em uma família emaranhada, as fronteiras são mal definidas, de modo que cada membro parece muito envolvido com todos os demais (Rothbaum et al., 2002). Essas famílias apresentam muitas vezes ansiedade de separação, tensão, superproteção e hostilidade. Uma família isolada evita contato com pessoas de fora. As crianças passam a maior parte do tempo com os pais e participam de poucas atividades extracurriculares.

Na família Simington, o desapego e o conflito pareciam ser os padrões familiares principais. O desapego envolve fronteiras rígidas: cada membro da família fica sozinho enquanto for possível ou até querer alguma coisa de alguém. A comunicação nesse tipo de família é deficiente e os membros interagem apenas quando a situação exige que isso aconteça (por exemplo, em caso de grave problema de comportamento). Famílias conflituosas apresentam brigas e animosidade. A comunicação e as estratégias de solução de problemas são em geral deficientes e é comum que haja distorções cognitivas entre os membros (por exemplo, percepção de intenções prejudiciais). As famílias que têm crianças com problemas de comportamento podem apresentar, além disso, mais de um único padrão disfuncional, como era evidente no caso dos Simington, que apresentavam desapego e conflito.

Os problemas de comunicação podem assumir muitas formas e ser causados pelos membros da família que contradizem as afirmações que fazem. O Sr. Simington afirmava habitualmente que desejava uma mudança positiva na família, mas suspirava e não parecia entusiasmado com isso. Ninguém na família, portanto, acreditava em suas afirmações e, como resultado, todos pareciam frustrados. Os problemas de comunicação podem resultar do fato de que membros da família, como Jeremy, sejam passivos e raramente iniciem uma conversa. Podem resultar também do fato de que estejam excessivamente preocupados com as brigas entre outros membros (por exemplo, pessoas "aliando-se contra" ele ou ela). Mas esse não era o caso dos Simington.

Os problemas de comunicação podem derivar da recusa em entender ou considerar outro ponto de vista. Um membro da família pode dizer algo para outro, mas o segundo vai repudiar a afirmação, ignorá-la ou pensar que a pessoa queria dizer outra coisa. Esse último comportamento demonstra as diferenças entre comunicação e metacomunicação, ou entre a mensagem real e o que subjaz à mensagem ou o que a pessoa realmente quer dizer. Quando as comunicações e as metacomunicações diferem muito, os problemas surgem rapidamente. Esse parecia ser o caso dos pais – o nível de sarcasmo quando conversavam havia aumentado dramaticamente no ano anterior. Eles se desviavam da comunicação direta e, em vez disso, faziam observações maliciosas para coagir ou punir o outro.

Há outros problemas mais específicos de comunicação familiar, como acusações, interrupções, comunicar-se por meio de uma terceira pessoa, fazer preleções ou dar ordens em lugar de simples comunicações, usar digressões, remoer o passado, intelectualizar, fazer ameaças, fazer gozações, monopolizar a conversa e silêncio (Robin e Foster, 2002).

As estratégias de solução de problemas [inadequadas] também corroem famílias disfuncionais. Os problemas podem estar relacionados a situações cotidianas (por exemplo, lixo empilhado) ou aos sentimentos de isolamento e perseguição dos membros. Na família Simington, havia ambos, causados provavelmente pelos padrões deficientes de comunicação. As famílias que têm dificuldade na solução de problemas definem mal esses problemas, discordam sobre as soluções, não conseguem negociá-las e põem em prática soluções equivocadas. A família Simington havia se deixado levar por uma estratégia de solução de problemas pela qual o peso de quase toda a educação e disciplina das crianças ficava a cargo da Sra. Simington. Essa estratégia, porém, estava falhando, pois a mãe vivenciava mais estresse e não podia enfrentar todas as responsabilidades familiares sozinha.

As famílias disfuncionais concentram-se, além disso, em problemas passados, irresolutos ou excessivamente complicados, que não são facilmente solucionáveis. Velhas mágoas como um caso amoroso do passado ou um incidente na escola podem ser constantemente trazidas à tona, não para resolver problemas, mas para punir o ofensor. As estratégias de solução de problemas também podem oscilar, pois os membros da família (1) coagem uns aos outros a aceitar sua própria solução pessoal, (2) oferecem soluções vagas ou que servem a eles próprios, (3) demonstram inflexibilidade ou (4) frustram-se com o processo e desistem.

Os padrões das famílias disfuncionais estão relacionados, além disso, a distorções cognitivas dos pais e dos jovens (Robin e Foster, 2002). As distorções dos pais podem ser de "ruína", "obediência", "perfeccionismo", "autoculpabilização" e "intenção maligna". "Ruína" é a crença de que a liberdade dada para a criança possa ter consequências desastrosas. "Obediência" é a crença de que um jovem deve obedecer a todas as ordens dadas por um dos pais. "Perfeccionismo" é a crença de que o jovem sempre conhece e toma as decisões corretas quanto aos eventos do cotidiano. "Autoculpabilização" é a crença de que a culpa é sempre dos pais quando a criança comete um erro. "Intenção maligna" é a crença de que o jovem apresenta um mau comportamento só para aborrecer ou provocar raiva nos pais. Esta última distorção cognitiva aplicava-se aos Simingtons. A mãe ficava chorosa nas ocasiões em que dizia acreditar que os meninos tentavam deliberadamente aborrecê-la. Não estava claro, porém, se essas afirmações eram destinadas a provocar sentimentos de culpa nos meninos e no marido.

Os jovens também apresentam distorções cognitivas como "justiça", "ruína", "autonomia" e "aprovação" (Robin e Foster, 2002). "Justiça" é a crença de que os pais não são justos ao aplicar as regras. "Ruína" é a crença de que as regras familiares arruinarão o *status* da criança perante os amigos ou na vida em geral. "Autonomia" é a crença de que uma criança deve fazer o que quer. "Aprovação" é a crença de que crianças não devem fazer nada que aborreça os pais. Todas essas distorções, exceto a "aprovação", aplicavam-se a Joshua, o filho mais velho. Ele acreditava que devia ter mais independência e que os pais, principalmente a mãe, haviam propositalmente tentado limitar o tempo que ele passava com os amigos. Essas afirmações condiziam com as declarações iniciais da Sra. Simington, segundo as quais, Joshua estava entrando na adolescência e exigia mais liberdade.

Aspectos do desenvolvimento

Os padrões das famílias disfuncionais estão muitas vezes relacionados às dificuldades na comunicação, à solução de problemas e à cognição, mas tais dificuldades não surgem do dia para a noite. Em famílias muito conflituosas ou com crianças desafiadoras, observa-se, em geral, um padrão parental inadequado de longa duração, coerção ou outras disfunções. Algumas famílias que fazem terapia relutam em admitir isso ou em fornecer informações que possam fazer que um dos membros "pareça ruim". Os Simington culpavam a recém-chegada do bebê pelos problemas que tinham. Entretanto, era nítido que muitas das questões que surgiram na terapia existiam há anos.

Crianças desafiadoras e conflitos familiares podem se desenvolver por meio de processos coercitivos de reforço positivo e negativo, equivocadamente direcionados (Granic e Patterson, 2006).

A mãe (ou pai) pode dar uma ordem como "limpe seu quarto!" para uma criança que responde "não". A mãe pode, então, desculpar o comportamento da criança, culpar alguém pela sua desobediência, "suborná-la" para que faça a tarefa, ou fazer a tarefa por ela. A criança recebe, assim, reforço positivo pela desobediência, e o padrão desafiador continua e piora.

O reforço negativo também se aplica: a mãe (ou pai) pode dar uma ordem que o filho rejeita; a criança e a mãe elevam o tom de voz e gritam à medida que a mãe tenta forçar a criança a obedecer; a mãe pode usar punição física para forçar a obediência, mas isso, em geral, é ineficaz; por fim, ela pode desistir de tentar fazer a criança obedecer. A criança recebe, assim, reforço negativo pela desobediência, pois a mãe cedeu e a aliviou de fazer uma tarefa como limpar o quarto. Ao longo do tempo, a criança aprende que a desobediência ou os acessos de birra obrigam os pais a cederem. Os membros da família, portanto, coagem uns aos outros para conseguir o que querem.

Esse processo coercitivo se aplicava aos Simington. Os meninos tiravam vantagem da ausência do pai e da exaustão da mãe para insistir em pedir alguma coisa até que ela cedesse. A própria Sra. Simington sabia que estava sobrecarregada demais para dar grandes coisas aos meninos, e era por isso que insistia em receber mais ajuda do marido. Ela mesma utilizava a "estratégia" do reforço negativo, atormentando o marido até que o comportamento dele melhorasse. Usava também ameaças veladas de divórcio para que ele frequentasse a terapia.

Os profissionais de terapia familiar sistêmica postulam um modelo desenvolvimental da disfunção. Segundo eles, as famílias atravessam os seguintes estágios de desenvolvimento (Laszloffy, 2002):

1. Casamento.
2. Nascimento do primeiro filho (começo da família).
3. Entrada dos filhos na escola e renegociação da carga de trabalho e da carga de trabalho doméstico (fase familiar da idade escolar dos filhos).
4. Entrada dos filhos na adolescência e modificação dos papéis parentais (fase familiar da adolescência dos filhos).
5. Saída de casa dos filhos e entrada na faculdade (fase familiar de libertação dos filhos).
6. Aposentadoria dos pais e interações com os netos (fase familiar pós-parental – sem filhos).

Muitas famílias atravessam esses estágios com agitação, mas resolvem seus problemas e seguem em frente. Outras emperram em um ou mais estágios e não resolvem suas questões fundamentais. O papel do profissional de terapia familiar sistêmica é ajudar a família a resolver as questões que restringem seu crescimento.

Para os Simington, as fases de desenvolvimento mais problemáticas eram três. Primeiro, a Sra. Simington queixava-se de ter tido filhos antes de desenvolver plenamente sua carreira. Isso produziu um ressentimento latente que se intensificara com os eventos recentes. Um segundo problema desenvolvimental foi a chegada inesperada do bebê. Esse fato limitou sua vida social e a capacidade de criar efetivamente os filhos. Um terceiro problema desenvolvimental era o crescimento dos meninos, em geral, e a entrada de Joshua na adolescência, em especial. O que os adolescentes mais desejam, normalmente, é ter autonomia em relação aos pais, influência mais forte dos colegas, mais habilidades de raciocínio, bem como capacidade de experimentar emoções mais profundas e amplas e relações íntimas. O começo da adolescência pode ser um período turbulento. Isso é ainda mais provável de acontecer quando a família do adolescente é conflituosa, ou quando ocorrem eventos estressantes na vida. Essa era, obviamente, a situação de Joshua.

Os profissionais de terapia familiar sistêmica sugerem, além disso, que, ao longo do tempo, formam-se, dentro das famílias, diversas alianças que causam conflitos e problemas de comportamento nas crianças. Ocorre triangulação quando dois membros da família discordam consistentemente sobre uma questão e pedem que um terceiro membro intervenha e decida por um lado. Vamos pensar em mãe e filha com relacionamento tenso, que constantemente pedem ao pai que decida em suas discussões. O pai que se envolve numa triangulação provavelmente falha, desloca o apoio de um lado para outro para resolver as coisas e evitar rejeição para si mesmo.

Outra aliança problemática é a união de dois ou mais membros da família contra outro membro. Isso pode envolver duas crianças que se aliam contra outra criança, no caso de uma família grande, ou avô e neto contra um dos pais (ou seja, coalizão transgeracional). Crianças podem aliar-se para modificar o comportamento dos pais. Algumas delas comportam-se mal na escola para forçar os pais a parar de brigar e a se concentrar nos problemas imediatos.

Algumas coalizões familiares são apropriadas, é claro, como é o caso de quando os pais realmente se unem para criar os filhos. Um dos problemas principais dos Simington, entretanto, era a fraca coalizão parental. Os pais discordam sobre a disciplina, ou cada um deles educa sozinho as crianças, ou sem apoio. O resultado pode ser crianças que efetivamente manipulam os pais e/ou os ignoram, estabelecendo suas próprias regras. Jeremy e Joshua Simington eram bons exemplos disso – desenvolveram habilidades para conseguir o que queriam em uma família com desordem parental. O terapeuta precisa reconhecer que uma mudança de poder, em relação aos pais, pode ser necessária para restabelecer o equilíbrio e ajudar a família a progredir através das fases de desenvolvimento.

Tratamento

Os terapeutas familiares usam, muitas vezes, técnicas de tratamento como (1) treinamento dos pais em manejo de contingências, (2) treinamento em comunicação familiar e em solução de problemas, e (3) contrato, reenquadramento e intervenções paradoxais (Robin e Foster, 2002). A terapia familiar pode envolver também uma terapia conjugal separada. A terapeuta aconselhou essa abordagem aos pais, mas eles recusaram.

O manejo de contingências implica ajudar os pais a compor uma frente unida, consistente e eficaz para enfrentar o comportamento inadequado do filho (Kearney e Vecchio, 2002). O manejo de contingências era altamente pertinente no caso do Sr. e da Sra. Simington, que precisavam concordar sobre as regras domésticas, conseguir aplicá-las e administrar as consequências. A terapeuta delineou inicialmente as regras relevantes da casa, com os membros da família.

Regras específicas foram estabelecidas para a hora de chegar em casa, para os deveres de casa e as tarefas domésticas; foram também estabelecidas consequências para a desobediência. Os membros da família concordaram com as regras e afixaram uma cópia na porta da geladeira.

O manejo de contingências implicou mudar comportamentos dos pais, como as ordens dadas para os filhos. A terapeuta visava a que as ordens dos pais fossem sucintas, claras e repetidas apenas uma vez. Os pais aprenderam a refrear as preleções, críticas e questionamentos ao dar as ordens. A terapeuta discutiu, além disso, os modos pelos quais o Sr. Simington podia ajudar a esposa a cuidar dos filhos. Ele concordou em alterar seu horário de trabalho, saindo de casa mais cedo de manhã e voltando mais cedo à noite, e também em dar mais ordens aos meninos, aumentar o tempo que passava com eles em atividades recreativas e administrar, ele mesmo, mais consequências. Entretanto, a Sra. Simington precisou lembrá-lo continuamente de manter tais esforços.

A terapeuta analisava com a família, periodicamente, as regras domésticas e os problemas surgidos. Houve alguma confusão inicial sobre quem devia pôr o lixo para fora e quando; e ela, então, designou dias diferentes para os meninos e o pai nas tarefas domésticas. Ajudou o casal a estabelecer uma rotina regular desde a manhã até a noite. O objetivo disso era facilitar as transições relativas à ida para a escola e para a cama. Esse processo caminhou bem até que a terapeuta achou que a família dependia cada vez mais dela para estabelecer as regras e resolver divergências. Concentrou-se, então, nas habilidades de comunicação e no treinamento de solução de problemas.

O treinamento das habilidades de comunicação visa melhorar os modos em que os membros da família conversam e ouvem uns aos outros, para que o façam apropriadamente. O terapeuta pode estabelecer algumas regras fundamentais, como não insultar e não interromper. Um membro da família faz uma afirmação enquanto os outros escutam e repetem com suas palavras o que o primeiro disse. Esse processo ajuda a melhorar a atenção, a habilidade de escutar, permite que todos ouçam a mensagem de cada um e ajuda os membros da família a assimilar o ponto de vista de todos. O terapeuta lida com a escuta e com a repetição com as próprias palavras, dando *feedback* corretivo.

A terapeuta dos Simington explicou as regras fundamentais e permitiu que Joshua fosse o primeiro a falar. O garoto fez várias queixas e então ela pediu a ele que fizesse apenas uma única afirmação, composta por uma frase para cada queixa. O garoto disse que queria fazer mais coisas com os amigos fora de casa. Jeremy tentou repetir com suas próprias palavras essa afirmação, mas cometeu o erro de começar sua própria afirmação. A terapeuta lhe disse que faria sua afirmação mais tarde e, então, ele repetiu corretamente o que o irmão havia dito. Os pais também ficaram mais tentados em responder à afirmação de Joshua do que em repetir com suas palavras o que ele dissera, mas assim o fizeram, diante do encorajamento da terapeuta.

O treinamento de habilidades de comunicação pode se concentrar, posteriormente, no desenvolvimento de breves conversas, nas quais uma pessoa faz duas ou três afirmações, e a segunda escuta, repetindo com suas palavras as afirmações feitas e responde da mesma maneira, enquanto o primeiro escuta. O terapeuta supervisiona as afirmações e fornece *feedback* sobre o modo em que as afirmações foram feitas. No caso em que duas pessoas não conversam, o profissional pode fazer o papel de uma delas e falar com a segunda enquanto a primeira observa.

Existe também um treinamento avançado de habilidades de comunicação que se concentra em conversas mais longas, afirmações positivas como elogios e expressões de apreciação para outro ponto de vista.

No caso dos Simington, o treinamento de habilidades de comunicação progrediu bem no consultório, mas não em casa. A família explicou que o excesso de caos em casa impedia a atmosfera tranquila encontrada na clínica. A terapeuta disse à família para programar momentos de encontro, durante os quais todos se sentariam mais calmos e praticariam as habilidades de comunicação aprendidas. A família concordou em fazer isso durante o jantar e obteve um êxito moderado.

A terapeuta enfatizou o treinamento em solução de problemas para os Simington: levantou um problema específico, e todos os membros da família escreveram as mais variadas soluções (*brainstorming*). Era permitido propor até mesmo soluções absurdas como contratar uma camareira para arrumar as camas. O terapeuta inicialmente coloca um pequeno problema de modo que a família possa praticar o procedimento com êxito. No caso dos Simington, foi a hora de voltar para casa – os meninos queriam voltar às 22 horas, e os pais insistiam em que voltassem às 20 horas. Foram levantadas todas as soluções possíveis, e os membros da família deram uma nota para cada uma delas (A, B, C etc.). Então, a terapeuta e os membros da família escolheram a solução que obtivera a nota mais alta: a volta para casa seria às 20h30 nos dias da semana e às 22 horas nos fins de semana, se todas as tarefas domésticas fossem feitas. Em seguida, abordou problemas mais intrincados.

Os terapeutas familiares usam, além disso, outras técnicas para melhorar a dinâmica familiar e resolver problemas (Barker, 2007), entre elas, contrato de contingências, reenquadramento e intervenções paradoxais. Os contratos ajudam a abordar os conflitos entre pais e adolescentes e requerem que ambas as partes concordem com um modelo escrito, desenvolvido pelo terapeuta. O contrato contém responsabilidades para cada uma das partes, bem como consequências positivas e negativas por aderir ou não a essas condições. Uma vantagem desse método é que ele dá voz ao adolescente nas negociações, e todos os pontos de vista são considerados.

Reenquadramento é um processo com base no qual o terapeuta ajuda os membros da família a transformar uma afirmação ou um problema aparentemente negativo em algo mais positivo. Dizer que uma criança está faltando muito à escola pode ser reenquadrado dizendo que ela deseja mais tempo com os pais. As intervenções paradoxais podem ser usadas para demonstrar a dinâmica familiar. O terapeuta pode encorajar uma criança a ter o máximo possível de acessos de birra para mostrar aos pais que ela faz isso para conseguir a atenção deles.

Os Simington permaneceram em terapia por sete meses e, então, a família encerrou o tratamento. Todos os membros da família relataram bons progressos, mas não ficou claro se a terapia havia simplesmente impedido que as coisas piorassem. Um telefonema dado à família seis meses mais tarde revelou que houvera uma regressão ao nível anterior de funcionamento familiar, mas nada tão grave que justificasse um retorno formal à terapia. Um ponto forte foi a afirmação da Sra. Simington de que o marido havia assumido um papel muito maior na disciplina e nas responsabilidades em relação a Jeremy e Joshua.

Questões para discussão

1. Qual é a principal diferença entre crianças regularmente desobedientes e crianças com transtorno desafiador de oposição? E qual é a diferença entre uma família funcional e outra disfuncional? Uma família pode ser funcional e disfuncional? Dê um exemplo.
2. O que pode acontecer durante a socialização capaz de explicar por que os meninos são mais desafiadores que as meninas? Você acredita que pais e professores têm expectativas diferentes em relação a meninos e meninas? Se sim, quais?
3. Você descreveria sua própria família como saudável, emaranhada, isolada, emocionalmente distante ou conflituosa? Na sua família, padrões diferentes emergem entre os diferentes subsistemas (por exemplo, pai-mãe, pai(ou mãe)-filho, filho-filho)?
4. Qual é o melhor modo de avaliar uma família que tem muitos segredos e medo de contar o que realmente está acontecendo? Sobre quais questões você acredita que as famílias relutam mais em falar a respeito?
5. Um problema comum na terapia familiar é transferir as habilidades do consultório do terapeuta para casa. O que recomendaria – ou o que você faria como terapeuta – para ajudar a família a se comunicar ou resolver problemas em um ambiente doméstico caótico?
6. Você acha que a dinâmica familiar é substancialmente diferente em outras culturas? Se acredita que seja, quais seriam as principais diferenças entre famílias de diferentes descendências? De que modo a etnia influencia a terapia familiar?
7. De que modo a estrutura familiar está mudando? De que maneira um terapeuta familiar pode modificar o tratamento, de forma a atender às necessidades de uma família monoparental, uma família divorciada, uma dirigida por adolescentes inexperientes e uma na qual os pais não possam passar muito tempo com as crianças?

Capítulo 11
Autismo e retardo mental

Sintomas

Jennie Hobson é uma menina branca, de 7 anos, que frequentava uma escola para crianças portadoras de deficiências desenvolvimentais graves. A Sra. D'Angelo era professora de educação especial recém-contratada pela escola, para supervisionar a educação e o treinamento de um pequeno grupo de crianças, o qual incluía Jennie. Sua tarefa imediata era avaliar cinco crianças e decidir se o diagnóstico que haviam recebido anteriormente continuava adequado. Deveria planejar e implementar um programa de educação individualizada que refletisse as necessidades das crianças.

A Sra. D'Angelo observou, primeiro, Jennie, em uma pequena sala de aula, durante cinco dias. Em geral, a menina não era responsiva em relação aos outros, especialmente aos colegas de classe, e raramente mantinha contato visual com alguém. Quando estava sozinha, geralmente ficava de pé, punha as mãos na garganta, a língua para fora e emitia sons estranhos e baixos – e isso podia durar horas. Quando estava sentada, balançava de trás para a frente na cadeira, sem cair. Suas habilidades motoras pareciam excelentes, e usava lápis e papel quando lhe pediam. Mas sua destreza era evidente também na agressão. Pegava muitas vezes joias e óculos de outras pessoas e os atirava pela sala, e era tão rápida que fazia isso em menos de dois segundos.

A professora notou que Jennie era mais agressiva quando se via diante de uma nova pessoa ou algo que não conhecesse. Um dia, um estagiário novo entrou na sala para trabalhar com Jennie, que imediatamente lhe deu um tapa no rosto (a Sra. D'Angelo observou que, quando alguém falava com a menina pela primeira vez, era melhor não inclinar-se sobre ela). Jennie, então, sentou em um canto, olhando para a parede e começou a puxar o próprio cabelo. O estagiário ignorou o comportamento da menina e trabalhou com os demais alunos da sala. Jennie voltou para o seu lugar depois de uma hora, quando o estagiário pediu isso a ela, mas se recusou a trabalhar em suas tarefas educacionais. O dia seguinte de Jennie com o estagiário foi menos problemático, pois ela aparentou se adaptar à nova situação.

A Sra. D'Angelo observou, além disso, que Jennie não falava e só vocalizava sons baixos. O volume dos sons raramente mudava, mas parecia que ela os emitia quando estava entediada ou ansiosa. Ela não se esforçava em se comunicar com os outros e, em geral, esquecia-se deles. Às vezes, assustava-se quando lhe pediam para fazer alguma coisa. Apesar da falta de expressividade, entendia e atendia às solicitações simples que lhe faziam. Obedecia prontamente quando lhe diziam para pegar a lancheira na hora do recreio, ir ao banheiro ou encontrar alguma coisa na sala de aula. Essas ordens pareciam fazer parte de sua rotina e eram, portanto, dignas de serem cumpridas.

Jennie tinha um "livro de figuras", com imagens de coisas que ela podia querer ou precisar. Nunca pegava o livro nem o mostrava a ninguém, porém seguia as instruções para usá-lo com a finalidade de fazer pedidos. Quando lhe mostravam o livro e pediam que apontasse alguma coisa, ela o empurrava da carteira, caso não quisesse nada, ou apontava para uma das cinco figuras (lancheira, biscoito, copo d'água, brinquedo favorito ou banheiro), se realmente quisesse algo. A Sra. D'Angelo percebeu que não havia, naquele momento, nenhum programa para implementar a *expressividade* da linguagem da menina.

As habilidades cognitivas de Jennie eram, em geral, fracas e desenvolviam-se em ritmo muito lento. Ela não era capaz de discriminar cores, entender o conceito de sim e não, ou seguir ordens compostas por mais de uma etapa, como "bata palmas e toque o nariz", e relutava em fazer isso. Seus ex-professores, o Sr. Evan e a Sra. Taylor, disseram que ela aprendia a fazer discriminações básicas, mas, em geral, não as absorvia nem generalizava a informação. Podia aprender a diferença entre vermelho e azul na sala de aula, porém ficava confusa ao fazer a mesma distinção em um ambiente mais natural.

Apesar de suas habilidades cognitivas estagnadas, os comportamentos adaptativos da garota eram apenas moderadamente deficitários. Alimentava-se sozinha, mas nunca usava talheres. Talvez essa última habilidade não tenha sido desenvolvida em razão da agressão. Necessitava de ajuda para se vestir, principalmente seu casaco de inverno, como notou a Sra. D'Angelo. Jennie usava o banheiro sem dificuldade, mas precisava que a lembrassem de se vestir novamente e de lavar as mãos quando terminasse. A professora descobriu, mais tarde, pelos pais da garota, o Sr. e a Sra. Hobson, que ela precisava de ajuda também para tomar banho. Não era evidente, porém, se Jennie não tinha as habilidades para se lavar ou se simplesmente desobedecia aos pais. Ela necessitava de supervisão em todos os lugares públicos e, na maior parte do tempo, na escola e em casa. Não tinha histórico de fuga, mas costumava tocar coisas potencialmente perigosas, como o fogão.

Após observar Jennie na sala de aula, a Sra. D'Angelo teve uma longa conversa com os pais. Eles disseram que a garota "havia sido sempre assim" e deram exemplos de suas dificuldades iniciais. Ambos disseram que ela fora um bebê "diferente", pois não queria ser carregada no colo e, aos três anos de idade, ainda não tinha aprendido a falar. O casal havia pensado inicialmente que a filha fosse surda, porém os exames clínicos haviam indicado que seu funcionamento físico era normal, e que ela tinha habilidades motoras ligeiramente melhores do que o normal. De fato, Jennie havia adquirido as habilidades básicas da vida diária; no entanto, os problemas de comportamento quase sempre impediam uma aprendizagem completa. Os pais disseram que Jennie tinha acessos de birra, tornava-se agressiva e ficava de pé em um canto, por horas, quando alguém pedia para ela fazer algo, como segurar uma colher.

O casal matriculou a filha naquela escola especial quando ela completou quatro anos. Disseram que seu comportamento havia melhorado bastante ao longo dos últimos três anos. Esse fato havia sido crucial para que eles decidissem mantê-la em casa. A redução dos problemas de comportamento havia permitido que outros ensinassem a Jennie habilidades mais adaptativas, mas o casal acrescentara, com tristeza, que a filha "tinha ainda uma longa estrada para percorrer".

A Sra. D'Angelo analisou os últimos registros escolares de modo a eliminar qualquer viés de suas observações e entrevistas iniciais. Alguns poucos testes psicológicos, além de fartas observações feitas nos últimos três anos, confirmavam amplamente que Jennie tinha problemas persistentes no funcionamento cognitivo e social. Os problemas de comportamento haviam melhorado a ponto de ela poder ficar perto de outras crianças na escola especial. A linguagem permanecia severamente deficitária, e era isso o que mais angustiava a professora. Com base em suas observações iniciais, entrevistas e análise das informações anteriores, a professora concluiu provisoriamente que Jennie atendia aos critérios de transtorno autista e retardo mental, com gravidade não especificada. Essa última designação indica que se supõe que haja retardo mental, mas não é possível avaliar o indivíduo por meio de testes padronizados ou, então, o indivíduo não é cooperativo quanto à realização dos testes.

Avaliação

A característica essencial do transtorno autista é "a presença de um desenvolvimento acentuadamente inadequado ou prejudicado nas interações sociais e na comunicação e um repertório acentuadamente restrito de atividades e interesses" [American Psychiatric Association (APA), 2000, p. 70]. Para que o autismo possa ser diagnosticado, as crianças devem apresentar atraso no funcionamento normal ou funcionamento inadequado antes dos três anos. A extensão desses atrasos pode, entretanto, variar consideravelmente. Além disso, as áreas social, comunicativa e comportamental de funcionamento devem estar muito prejudicadas. Os déficits da área social são a marca do autismo (o prefixo "auto" significa "si") – a criança é indiferente à reciprocidade, a brincar e relacionar-se com outras crianças, a compartilhar ou manter contato visual direto. Os contatos físicos e sociais podem ser aversivos para muitas das crianças com autismo; o que pode ser notado na reação inicial de Jennie ao ser pega no colo e na reação ao estagiário que teria se aproximado muito dela.

A maioria das crianças com autismo é, além disso, muda, como Jennie, ou tem muita dificuldade em iniciar ou manter uma conversa com os outros. Se usa a linguagem, esta é muitas vezes estranha ou difícil de entender. São comuns a ecolalia, a repetição de palavras ouvidas e a inversão do pronome, como usar a palavra "você" em lugar de "eu". Crianças com autismo apresentam, às vezes, problemas de comportamento como autolesão, agressão, autoestimulação (como os sons emitidos por Jennie e seu modo de balançar na cadeira), apego a rotinas e preocupação com partes de objetos inanimados, como os sapatos de uma boneca. Os déficits sociais e de linguagem de Jennie eram claros, mas os problemas de comportamento oscilavam. Parava de puxar o cabelo se lhe oferecessem determinados alimentos e era, de certo modo, responsiva às contingências externas sobre seu comportamento.

A característica essencial do retardo mental é um funcionamento intelectual geral significativamente inferior à média, acompanhado de limitações significativas no funcionamento adaptativo em pelo menos duas das seguintes áreas de habilidades: comunicação, autocuidados, vida doméstica, habilidades sociais e interpessoais, uso dos recursos comunitários, autossuficiência, habilidades acadêmicas funcionais, trabalho, lazer, saúde e segurança (APA, 2000, p. 41).

Para ser diagnosticado, o transtorno deve se manifestar antes dos 18 anos. O retardo mental envolve geralmente déficits em muitas áreas de funcionamento, enquanto o autismo inclui déficits em algumas áreas (por exemplo, social e comunicativa), mas não em outras (como desenvolvimento físico e habilidades motoras). Aproximadamente 75% das crianças com autismo atendem também aos critérios de retardo mental (Bolte e Poustka, 2002). O autismo e o retardo mental são deficiências invasivas do desenvolvimento.

O funcionamento intelectual de Jennie não foi formalmente testado, em razão da sua relutância em participar (daí o diagnóstico proposto de retardo mental de tipo não especificado). Mas eram evidentes os déficits na comunicação, autocuidados, habilidades sociais, autossuficiência, desempenho acadêmico e atividades de lazer. Apesar desses déficits invasivos, e semelhantes aos déficits psicóticos, muitas crianças com autismo não apresentam sintomas de esquizofrenia. Jennie não tinha histórico de delírio, alucinações ou catatonia.

A avaliação de uma criança com autismo ou retardo mental deve envolver diferentes áreas de funcionamento possivelmente deficitárias, como a avaliação do funcionamento intelectual, sempre que possível. Entre os testes padronizados de inteligência para avaliar crianças típicas estão a *Stanford-Binet Intelligence Scale* (Roid, 2003), a *Wechsler Preschool and Primary Scale of Intelligence* (Wechsler, 2002) e a *Wechsler Intelligence Scale for Children* (Wechsler, 2003). Esses testes não são aplicados a muitas crianças com autismo ou retardo mental, pois se servem amplamente de conteúdo verbal e de compreensão da linguagem. Nessa população, é difícil ter um quadro preciso do funcionamento intelectual.

As funções cognitivas podem ser mais bem avaliadas por meio de testes que não exijam instruções verbais. Um bom exemplo é a *Leiter International Per-*

formance Scale (Roid e Miller, 1997). Para crianças com funcionamento melhor, podem ser úteis a *Halstead-Reitan Neuropsychological Test Battery* (Jarvis e Barth, 1994), as *Raven's Progressive Matrices* (RPM) (Raven, 2000), e o *Peabody Picture Vocabulary Test* (PPVT-4) (Dunn e Dunn, 2006). A bateria Halstead-Reitan é uma medida excelente da capacidade sensório-motora, as matrizes progressivas de Raven são úteis para avaliar a capacidade de percepção e o teste de vocabulário por imagens é um ótimo dispositivo de avaliação para problemas de linguagem receptiva. Os resultados de cada um dos testes estão correlacionados com os resultados dos testes tradicionais de inteligência. Há instrumentos mais específicos para o autismo, como o *Autism Screening Instrument for Educational Planning* (Krug et al., 2008) e a *Childhood Autism Rating Scale*[1] (Schopler et al., 1988), compostos por questões como:

1. Relacionamento com pessoas: a criança está quase sempre alheia ou desligada do que os adultos estão fazendo. Ele (ou ela) nunca responde nem inicia um contato com o adulto. Apenas tentativas persistentes de obter a atenção da criança têm algum efeito.
2. Uso do corpo: comportamentos que são nitidamente estranhos ou incomuns para crianças nesta idade podem ser: movimentos estranhos dos dedos, posturas peculiares dos dedos ou do corpo, olhar fixamente ou puxar o corpo com os dedos, agressão autodirigida, balançar o corpo, rodopiar, agitar os dedos ou caminhar na ponta dos pés.
3. Adaptação à mudança: a criança apresenta reações fortes a mudanças. Se a mudança for forçada, pode zangar-se muito, impor muita resistência e reagir com acessos de birra.
4. Comunicação verbal: não faz discursos com significado. A criança pode emitir gritos infantis, emitir sons estranhos ou parecidos com os dos animais, sons complexos que se aproximam da fala ou fazer uso bizarro de algumas palavras ou frases reconhecíveis.
5. Comunicação não verbal: a criança faz gestos bizarros ou peculiares que aparentemente não têm significado e não mostra conhecer os significados associados aos gestos ou às expressões faciais dos outros.

As escalas de desenvolvimento podem ser mais adequadas para crianças com suspeita de funcionamento muito deficitário, ou difícil de testar. Jennie foi avaliada aos dois anos, por meio da *Bayley Scales of Infant and Toddler Development-Third Edition* (Bayley, 2005). As BSID são uma medida do funcionamento comportamental, motor e mental que requer que a criança execute várias tarefas e fornece

---

[1] Material extraído de Cars copyright © 1988 do Western Psychological Services. Reprodução autorizada pelo editor, Western Psychological Services, 12-31 Wilshire Boulevard, Los Angeles, Califórnia, 90025, U.S.A., www.wpspublish.com. Proibida a reprodução total ou parcial para qualquer outro propósito sem a autorização escrita do editor. Todos os direitos reservados.

uma escala de classificação do comportamento emocional e social. A média das habilidades motoras de Jennie estava acima da média geral (coordenação e habilidades motoras finas), mas as habilidades mentais eram baixas (discriminações, solução de problemas ou memória). Tal padrão pode caracterizar crianças surdas ou autistas. Além disso, diversos problemas de comportamento foram notados, como resistência a ser tocada e acessos de birra frequentes.

O comportamento adaptativo é um alvo fundamental da avaliação, especialmente em crianças com retardo mental ou desenvolvimento motor e físico prejudicado. Os diagnósticos de retardo mental baseiam-se, com frequência excessiva, apenas nas habilidades cognitivas, sem considerar o comportamento adaptativo. Algumas das escalas de comportamento adaptativo para indivíduos com retardo mental são a *AAMR Adaptive Behavior Scale* (Nihira et al., 1993), o *Adaptive Behavior Assessment System* (Harrison e Oakland, 2003) e as *Vineland Adaptive Behavior Scales* (VABS) (Sparrow et al., 2005).

As VABS contêm entrevistas com os cuidadores e fornecem escalas normativas para comunicação, atividades cotidianas, socialização e habilidades motoras. Além disso, contêm uma subescala de comportamento. A Sra. D'Angelo usou as VABS para entrevistar o Sr. e a Sra. Hobson, a babá de Jennie e seus ex-professores. Eles classificaram as habilidades de comunicação e socialização da garota como muito baixas e as habilidades motoras como adequadas para a sua idade. Os principais comportamentos mal-adaptativos eram o distanciamento e a indiferença ao ambiente imediatamente próximo.

As observações diretas do comportamento também são muito úteis para identificar problemas de socialização e funções do comportamento mal-adaptativo. As observações da Sra. D'Angelo ao longo de diversos dias revelaram que Jennie era mais responsiva aos outros quando (1) estava em situações que considerava rotineiras, (2) não estava ansiosa nem entediada e (3) não achava que a tarefa que tinha de fazer fosse excessiva ou demasiadamente exigente. A professora notou que a responsividade social de Jennie melhorava significativamente após um intervalo ou depois do almoço e, assim, programou pausas frequentes para ela durante o dia. Também observou que o mau comportamento de Jennie ocorria principalmente para fugir de situações aversivas. Essas situações incluíam novos estímulos em seu ambiente, tarefas cansativas e contato físico. A professora achou ainda que alguns alimentos atenuavam o mau comportamento de Jennie.

Fatores de risco e variáveis mantenedoras

A etiologia do autismo não é completamente conhecida, mas, em razão do aspecto invasivo do transtorno e do fato de aparecer em idade precoce, as variáveis biológicas são as que mais despertam suspeitas. A taxa de concordância de autismo é de 60% a 92% em gêmeos idênticos, mas de 0% a 10% em gêmeos fraternos. Os irmãos de uma criança com autismo têm de 2% a 8% de probabilidade de serem autistas. O autismo está ligado também a anormalidades nos cromossomos 7 e 15 (Muhle et al., 2004). Os pais, porém, geralmente não transmitem autismo aos filhos, e os pais de crianças autistas poucas vezes apresentam psicopatologias.

Nenhum parente próximo de Jennie apresentava evidência de psicopatologia, embora a Sra. Hobson houvesse dito que sua mãe havia tido certa vez um "esgotamento nervoso". Jennie tinha dois irmãos mais velhos, um irmão de 13 anos e uma irmã de 9 anos, mas nenhum dos dois apresentava problemas sociais, cognitivos ou de funcionamento adaptativo. Os pais haviam, certa vez, considerado a possibilidade de ter um quarto filho, mas estavam agora desencorajados em razão da experiência com Jennie e do tempo necessário para cuidar dela.

Outros fatores biológicos influenciam o autismo, como problemas cerebrais, que incluem paralisia cerebral, meningite, encefalite, infecções e lesões acidentais. Os problemas neurológicos podem provavelmente explicar diversos casos de autismo (Vargas et al., 2005). Tais problemas envolvem as áreas cerebrais mais responsáveis pelo funcionamento motor e cognitivo como os gânglios da base, o sistema límbico geral e o lobo frontal. A avaliação desses problemas pode envolver técnicas de imagiologia cerebral, como ressonância magnética. Por razões óbvias, entretanto, é difícil aplicá-las em crianças autistas. Jennie não foi avaliada com essas técnicas.

Algumas crianças com autismo apresentam também alterações bioquímicas no neurotransmissor serotonina, envolvido no humor e no comportamento motor (Chugani, 2002). As substâncias que diminuem os níveis de serotonina, como a fenfluramina, ajudam a controlar o excesso de atividade motora como a autoestimulação. Os níveis de serotonina de Jennie não foram medidos formalmente. Entretanto, visto que apresentava boas habilidades motoras e comportamentos motores estranhos, é plausível que seu nível de serotonina estivesse aumentado.

É provável que muitos fatores de risco biológicos conspirem para produzir esse transtorno. Esta é a hipótese de "via final comum", segundo a qual, fatores diferentes, como a genética, desenvolvimento cerebral deficitário e alto nível de serotonina interagem de diferentes maneiras em diferentes crianças com autismo. Todos esses fatores levam ao mesmo resultado ou ao mesmo tipo de disfunção cerebral, que, por sua vez, leva ao autismo. Infelizmente, como no caso de Jennie, os fatores frequentemente não são identificados.

As causas do retardo mental envolvem uma grande mistura de variáveis biológicas e ambientais. As variáveis biológicas durante o período de gestação afetam, muitas vezes, o desenvolvimento do cérebro. Entre as alterações pré-natais que levam ao retardo mental estão as (1) malformações, especialmente problemas na formação do tubo neural, (2) deformações ou crescimento anormal da cabeça ou órgãos, e/ou (3) rupturas ou danos gerais causados por agentes teratogênicos como o álcool durante a gestação (Shepard et al., 2002).

As malformações incluem doenças genéticas ou aberrações cromossômicas, como a síndrome do X frágil, a síndrome de Prader-Willi e a síndrome de Down. Essa última está geralmente associada a trissomia do cromossomo 21, defeitos físicos característicos e retardo mental moderado. Além disso, problemas metabólicos também podem produzir retardo mental, entre eles a fenilcetonúria e a doença de Niemann-Pick (Ding et al., 2004). Jennie, porém, não apresentava nenhum desses problemas.

Os fatores extrínsecos incomuns também podem levar ao retardo mental, entre eles, a falta prolongada de oxigênio (por quase afogamento), trauma cerebral (por ferimento na cabeça) e envenenamento (por excesso de chumbo) (Slomine et al., 2002). Os acidentes são a principal causa de danos em bebês e crianças e suas consequências para o desenvolvimento cognitivo podem ser catastróficas.

A Sra. Hobson disse que o nascimento de Jennie foi "uma experiência muito difícil". Ela nasceu prematuramente, o trabalho de parto foi longo (23 horas) e o parto, complicado. Jennie havia mudado de posição pouco antes do parto, o que tornou difícil a sua retirada. Havia passado um tempo mais longo que o normal no canal do parto, o que fez que ela corresse o risco de falta de oxigenação. Logo após nascer, porém, o resultado do teste Apgar foi normal, e ela não parecia ter sofrido efeitos negativos do processo de nascimento. Assim, não era possível saber se o parto havia causado os problemas cognitivos.

Os fatores ambientais influenciam o retardo mental e podem ter sido relevantes no caso de Jennie. Envolvem retardo familiar e podem incluir fatores como leve comprometimento neurológico, nível de inteligência naturalmente inferior e privação ambiental (Hodapp e Dykens, 2003). Os indivíduos com retardo familiar tendem a apresentar leves déficits cognitivos, experiências educacionais deficitárias, nível socioeconômico baixo e/ou pais que se utilizam de práticas de educação inadequadas.

A privação ambiental inicial de Jennie não havia sido grave, mas, de algum modo, ocorrera realmente. Seu retraimento quando bebê havia frequentemente levado os pais a deixá-la sozinha por medo de perturbá-la. Assim, ela não recebeu muita atenção física ou verbal dos familiares. Os pais haviam também cometido o "erro" (palavra usada por eles) de esperar até que ela tivesse três anos para levá-la a uma avaliação. Pensavam que seus comportamentos estivessem atravessando uma fase e que ela se desenvolvesse mais lentamente que a maioria das crianças. Somente aos três anos, como Jennie ainda não havia aprendido a falar, decidiram levá-la para uma avaliação. Mesmo assim, haviam esperado ainda um ano para matriculá-la na escola. A ausência de atividades educacionais durante esse período talvez não tenha sido a causa dos problemas de Jennie, mas pode ter contribuído para agravá-lo. A oportunidade de ensinar a ela habilidades verbais não havia sido plenamente explorada, por exemplo.

Aspectos do desenvolvimento

O prognóstico para indivíduos com deficiências graves do desenvolvimento é ruim, em geral. Aproximadamente 78% a 90% desses indivíduos continuam a ter comportamento social, funcionamento intelectual e independência insuficientes (Billstedt et al., 2005). Muitos continuam a precisar de cuidados de supervisão por toda a vida. Outros indivíduos com deficiências desenvolvimentais apresentam melhorias mais significativas ao longo do tempo e podem passar a funcionar de modo independente ou com pouca ajuda, como os indivíduos com síndrome de Down ou autismo com bom funcionamento (Khouzam et al., 2004).

Existem alguns bons indicadores sobre a possibilidade de a criança com autismo vir ou não a ter resultados favoráveis de longo prazo. Eles são a média de inteligência e a aquisição de um pouco de linguagem antes dos 5 anos. Mas nenhuma dessas condições se aplicava a Jennie. Além disso, [frequentar] os serviços de educação também estão associados a um prognóstico melhor para o autismo (Charman et al., 2005; Rice, Warren e Betz, 2005). Isso acontece se a linguagem e as habilidades interpessoais forem enfatizadas. A matrícula de Jennie, aos quatro anos, em uma escola que insistia nessas habilidades, era um sinal auspicioso.

O desenvolvimento, em comorbidade, de sintomas de outros transtornos mentais e outras doenças médicas é comum no autismo. A condição de comorbidade médica que mais prevalece é a epilepsia, que se encontra em 25% dos casos (embora não em Jennie) e por toda a infância e adolescência. Alguns sintomas mentais em comorbidade são a hiperatividade, oscilações de humor, afeto inadequado e comportamentos de oposição (Bryson et al., 2008; Hara, 2007).

O percurso de desenvolvimento de crianças com retardo mental está intimamente relacionado aos níveis de funcionamento cognitivo (Hodapp e Dykens, 2003). Tais níveis permanecem estáveis ao longo do tempo, mesmo durante a infância e a adolescência. Baixos resultados no BSID (o mesmo teste aplicado em Jennie) permitem prever resultados baixos de inteligência ao longo da infância e da idade adulta. Isso parece acontecer mesmo que uma criança tenha aulas de educação especial.

Crianças com retardo mental moderado, severo ou profundo tendem a apresentar um desenvolvimento cognitivo estável ou ruim. O prognóstico para aqueles que têm retardo mental leve, principalmente os que possuem boas habilidades verbais, é muito melhor. Os que têm síndrome de Down ou síndrome do X frágil tendem a desenvolver a inteligência em ritmo muito mais lento do que aqueles com outros tipos de retardo mental. Observa-se também maior deficiência à medida que o indivíduo cresce. Muitas crianças com retardo mental desenvolvem gradualmente habilidades de comportamento adaptativo, mas isso depende muito do nível de déficit mental (Bolte e Poustka, 2002).

A limitação das habilidades de linguagem de Jennie sugeria um prognóstico ruim (e era isso o que mais preocupava a Sra. D'Angelo). Crianças que não têm habilidades boas de linguagem são mais propensas a se fechar, a desenvolver comportamentos mal-adaptativos para comunicar e não aprendem habilidades sociais adequadas. A professora suspeitava profundamente que Jennie fosse às vezes agressiva ao comunicar o que queria para evitar uma situação custosa. A menina não tinha, infelizmente, outra maneira de demonstrar sua frustração. Em seu caso, era prioritário desenvolver outra linguagem, a de sinais talvez, ou habilidades amplas de linguagem receptiva.

Jennie, porém, apresentava também alguns sinais de bom prognóstico. O Sr. e a Sra. Hobson expressaram grande desejo de ajudar a filha de todos os modos possíveis. Reconheciam que as dificuldades da garota eram invasivas, e que os pais são participantes ativos de um programa educacional bem-sucedido. Generalizar a linguagem e as habilidades sociais é um aspecto fundamental do tratamento de crianças com autismo e retardo mental, e leva a um resultado melhor. O casal já participava de aulas de treinamento de pais na escola de Jennie e estava ampliando os programas educacionais da escola para o ambiente de casa.

Outro bom sinal prognóstico para Jennie era frequentar uma escola especializada que usava estratégias comportamentais para tratar os déficits de habilidades. O funcionamento de Jennie foi potencializado pela atenção substancial que se prestava agora a seus comportamentos. A intervenção precoce e intensiva é crucial e, no caso de Jennie, já a ajudara a reduzir alguns problemas evidentes de comportamento. Seus comportamentos durante as tarefas e seu comportamento autolesivo haviam melhorado muito desde que os professores haviam começado a usar recompensas tangíveis. A agressão diminuíra em razão de uma programação regular, e ela havia se aproximado mais dos professores. Os comportamentos mal-adaptativos também caíram repentinamente, quando aprendeu a usar o livro de figuras para fazer pedidos. Apesar desses progressos, entretanto, Jennie tinha ainda um longo caminho a percorrer, e seu prognóstico de longo prazo não era, de modo geral, bom.

Tratamento

O tratamento para crianças com autismo e/ou retardo mental concentra-se em (1) déficits de linguagem, habilidades sociais e habilidades de comportamentos adaptativos e (2) excesso de comportamentos mal-adaptativos como agressão, autolesão e autoestimulação. O tratamento pode seguir duas filosofias. O autismo deve ser tratado como uma doença global, por meio de medicação. Os profissionais clínicos dividem-no em problemas separados (por exemplo, linguagem, social) e tratam-nos, então, separadamente com terapia comportamental.

A medicação para crianças com autismo compreende a fenfluramina, substância que reduz os níveis de serotonina no sistema nervoso central (já mencionamos que muitas crianças com autismo têm altos níveis de serotonina, a qual está relacionada ao comportamento motor). A fenfluramina pode ser mais útil para o excesso de comportamento motor. Outras substâncias usadas para tratar o autismo são as anfetaminas e medicamentos antidepressivos, antipsicóticos e antiepiléticos (Leskovec et al., 2008). Essas substâncias melhoram os problemas de comportamento motor e outros, em certa medida, mas os sintomas mais característicos do autismo, como o atraso na linguagem e as habilidades sociais deficitárias, não são afetados. No caso de Jennie, o uso de medicamentos nunca foi considerado.

A terapia comportamental tem sido um dos pilares do tratamento de crianças com autismo e pode abordar problemas específicos. Nessa população, melhorar os problemas de linguagem é a maior prioridade, em função das razões mencionadas anteriormente. A terapia pode envolver modelagem ou reforço de aproximações sucessivas à resposta desejada (Corsello, 2005; Delprato, 2001). De início, qualquer som ou vocalização podem ser reforçados. Depois que a criança já vocaliza regularmente, o professor modela os sons em fonemas, que mais tarde serão usados para formar palavras. Uma criança pode ser recompensada com alimento cada vez que cantarola "hum hum hum". Esses sons, "hum", podem ser modelados no fonema "mmmm". Em seguida, o professor pode modelar esse fonema em palavras como "mamãe" ou "mim". Outros programas de comunicação para crianças com autismo enfatizam as interações recíprocas de linguagem, questões autoiniciadas e autogestão (Goldstein, 2002).

A Sra. D'Angelo iniciou um programa pelo qual Jennie recebia uma recompensa todas as vezes em que emitia sons estranhos. As vocalizações da garota, porém, aumentaram apenas moderadamente. Jennie achava aversiva a atenção extra que recebia pelas vocalizações e virava-se para o lado oposto para começar a emitir os sons. A professora tentou ainda modelar as vocalizações da garota em um breve som de "o"; entretanto, todas as tentativas feitas ao longo de nove meses foram infrutíferas. Ela concluiu que era necessário enfatizar a linguagem de sinais e as habilidades receptivas, incluindo o livro de figuras.

A professora, assim, deu início a dois programas de linguagem para Jennie que se concentravam nessas áreas. A garota tinha habilidades motoras excelentes, de modo que ela começou por ensinar alguns sinais básicos. Muitos dos comportamentos de Jennie eram motivados pela fuga e, dessa forma, a Sra. D'Angelo fez inicialmente um treinamento de comunicação funcional e ensinou-a o sinal de "pausa"[2] (Durand, 2001). O sinal era relativamente simples (dois punhos colocados lado a lado e depois separados) e o [comportamento], reforçado com tempo livre. Jennie obtinha dez minutos de pausa todas as vezes que compunha o sinal. Precisou, no começo de *prompting*,[3] e reagiu agressivamente ao contato físico necessário

---

[2] No original, "break", que significa literalmente "quebra" e se usa para indicar "pausa" ou "intervalo". (NT)

[3] *Prompting:* ajuda, orientação, dica, incentivo, "empurrãozinho". (NT)

(ou seja, a professora mantinha seus punhos unidos e depois os separava). Depois de dar a resposta correta, Jennie fazia uma pausa. Ela afinal aprendeu a fazer o sinal de "pausa" quando queria fugir de determinada tarefa. Montou-se, então, uma programação em que podia pedir no máximo seis pausas por dia. Isso causou inicialmente confusão e agressão por parte dela, mas finalmente ela assimilou a situação e passou a usar as pausas de modo seletivo. A Sra. D'Angelo notou que a agressão motivada pela fuga, que costumava apresentar na sala de aula, diminuiu significativamente. Entretanto, o uso do sinal de "pausa" não se generalizou em outras áreas da escola ou em casa.

A professora tentou ensinar outros sinais à menina, especialmente aqueles relacionados a "banheiro" e "beber". Jennie teve êxito moderado com esses sinais, porém seu desempenho era irregular. Compunha os sinais e recebia reforço em alguns dias; todavia, em outros, não queria usá-los. Nunca usou os sinais fora da sala de aula. A Sra. D'Angelo tentou também outros conceitos – "sim," "não," "comer", e "olá" – mas Jennie nunca os usou.

A professora quis ampliar o uso do livro de figuras simultaneamente ao programa de linguagem. O sucesso foi muito maior – Jennie distinguia aproximadamente uma dúzia de figuras e apontava-as para pedir coisas. Além das figuras mencionadas anteriormente (lancheira, biscoito, brinquedo, banheiro), o livro passou a conter peças de vestuários, alimentos diferentes e alguns brinquedos. Um treinamento específico foi acrescentado de modo que Jennie levasse o livro de figuras para usar em outros ambientes, principalmente em casa. Os pais aprenderam a dar *prompts* para que ela utilizasse o livro em casa e a recompensá-la pelos pedidos adequados.

Jennie teve êxito em usar o livro e um limitado número de sinais, mediante *prompting*, ao longo de diversos meses. Raramente, porém, usava as habilidades sem *prompting* e parecia incapaz ou relutante em aprender ou expressar novas palavras e conceitos. Não mostrava motivação para usar as habilidades de que dispunha e tornava-se ocasionalmente agressiva se alguém fosse ávido em dar-lhe *prompting* para isso.

A Sra. D'Angelo tentou construir algumas habilidades básicas para lidar com a aversão da garota pelas interações sociais. Jennie não tinha basicamente nenhum comportamento social e, por essa razão, a prioridade era estabelecer contato visual. A professora pediu a Jennie que olhasse para ela. A princípio, ela não o fez e recebeu, então, *prompting* da professora que, delicadamente, ergueu seu queixo e estabeleceu contato visual. Ela foi, em seguida, reforçada. Esse processo era um tanto aversivo para Jennie, mas ela chegou a estabelecer contato visual com a professora, após cinco meses de treinamento.

A Sra. D'Angelo, então, ampliou esse treinamento de habilidades sociais, de modo que incluísse imitação básica e observação dos outros. Isso era feito por meio de instrução individualizada e participação nas atividades de grupo. Pedia-se a

Jennie que imitasse um comando da professora composto por duas etapas, como "levante e vá até a porta". Ela imitava, além disso, comportamentos sociais como acenar para se despedir e levantar a mão para avisar que queria indicar algo no livro de figuras. Os programas sociais que exigiam contato físico não funcionavam, em geral. Jennie participava também de atividades simples em grupo com outras crianças. Fazia a bola rolar em direção das outras crianças, fazia jogos básicos e cantava. Interagia um pouco com os colegas durante essas atividades de grupo, mas seus comportamentos não eram profundamente sociais.

A Sra. D'Angelo concentrou-se também nas habilidades adaptativas de cuidado pessoal de Jennie. Ela aprendeu diversas coisas em um período relativamente curto:

1. Vestir-se sozinha completamente (embora ainda fosse preciso preparar as roupas).
2. Comer com garfo.
3. Ir ao banheiro, vestir-se novamente e lavar as mãos sem precisar de *prompting*.
4. Entrar e sair do carro sem ajuda.
5. Organizar o material escolar.
6. Tomar banho, com *prompt* para sair da banheira ao final.

O Sr. e a Sra. Hobson expressaram grande satisfação pelos progressos nas habilidades adaptativas e pela diminuição dos comportamentos desadaptados. A agressão de Jennie reduziu-se a quase zero ao final do ano letivo. No entanto, ela ainda gritava ocasionalmente e puxava o cabelo quando se aborrecia. A Sra. D'Angelo trabalhou bem de perto com os pais durante o ano letivo para ajudar Jennie a generalizar suas novas habilidades em casa. Eles receberam uma lista de programas educacionais para praticar durante as férias de verão, de modo que a menina pudesse manter algumas das novas habilidades. Por sorte, os pais mantiveram o nível geral de funcionamento da filha até o início do ano letivo seguinte.

Durante o ano seguinte, entretanto, o nível de progresso de Jennie permaneceu inalterado, principalmente no que dizia respeito à linguagem e às habilidades sociais. A Sra. D'Angelo achou que requeria um tempo considerável trabalhar com ela apenas para que mantivesse as habilidades já adquiridas. Dado o nível de funcionamento cognitivo da garota, é provável que essa situação perdure durante os próximos anos. Esse percurso ilustra a dificuldade de melhorar o diagnóstico de longo prazo de crianças com autismo. As perspectivas para o futuro de Jennie permanecem nebulosas.

Questões para discussão

1. Pode ser difícil distinguir entre crianças com autismo, com retardo mental moderado, com transtorno de Asperger e com dificuldades severas de aprendizagem. Em quais sintomas e comportamentos você se basearia para fazer essas distinções?

2. Em sua opinião, por que autismo e retardo mental são mais comuns em meninos do que em meninas? Discuta os estereótipos ligados aos gêneros. As razões que você propõe podem ser prevenidas? Como?
3. Quais recomendações você faria ao Sr. e a Sra. Hobson quanto aos cuidados de Jennie em casa? Quais são as principais consequências da condição de Jennie para a família, em geral, e para os irmãos, em particular?
4. Qual é o melhor modo de tratar indivíduos com deficiências graves dentro do sistema público de educação? Examine os prós e os contras das classes de educação separadas e de educação convencional para todas as crianças envolvidas.
5. Uma questão fundamental no tratamento de indivíduos com deficiências é a impossibilidade de seu consentimento informado. Uma pessoa com deficiências deve ser submetida a um tratamento educacional, comportamental ou mesmo aversivo sem sua autorização expressa? E nos casos em que o indivíduo se envolve em comportamentos que põem a vida em risco?
6. Como você trataria um adolescente com deficiências graves que comete um homicídio? Ele deve ser julgado como qualquer outra pessoa ou precisa de considerações especiais? Se acredita que ele precisa de considerações especiais, quais recomendaria?
7. Com muita frequência, confia-se apenas nos testes de inteligência para fazer um diagnóstico de retardo mental. O que você faria, como profissional, para garantir que outros métodos sejam usados para chegar a essa determinação?

Capítulo 12
Doença pediátrica / dor

Sintomas

Francisco Hernandez é um menino de origem latina, de 12 anos, e foi internado em um hospital municipal, depois de um grave acidente de trânsito. Nessa época, cursava o sétimo ano, quando um automóvel em alta velocidade atingiu-o na faixa de pedestres, perto da escola. Ele estava de bicicleta, mas suas roupas haviam ficado presas na parte de trás do veículo. O motorista do carro, sem saber, arrastara-o por quilômetros antes de parar. Francisco sofreu vários ferimentos no lado direito do corpo, nas pernas e nos braço. A cabeça e o rosto ficaram ilesos, porém ele perdeu bastante sangue e sentia uma dor lancinante em razão dos graves machucados.

 O garoto teve sorte, pois havia muita gente por perto e, assim, a ambulância e a polícia chegaram ao local em poucos minutos. Ele foi rapidamente levado ao pronto-socorro, onde os médicos controlaram o sangramento e certificaram-se de que os órgãos não haviam sofrido danos graves. O relatório médico inicial indicava possíveis danos internos, pois Francisco, que oscilava entre a consciência e a inconsciência, dizia sentir muita dor na região abdominal. Seu quadro clínico, por fim, se estabilizou, e ele foi transferido para a UTI pediátrica, para que os médicos pudessem monitorar e tratar os danos sofridos na pele, os sinais vitais e a dor.

 Os pais de Francisco, o Sr. e Sra. Hernandez, chegaram ao hospital enquanto o filho estava no pronto-socorro de traumatologia. Como não falavam inglês, houve uma confusão inicial sobre a localização e as condições do menino. Uma enfermeira bilíngue explicou a eles que Francisco havia se ferido gravemente, mas não havia sofrido lesões cerebrais ou danos sensoriais. Explicou também que ele havia sofrido danos na pele semelhantes a uma queimadura grave. Francisco sentia muita dor, estava profundamente sedado e, provavelmente, não reagiria quando os pais entrassem no quarto.

 A psicóloga pediátrica do hospital visitava todas as crianças internadas, com problemas graves (e seus familiares). Um psicólogo pediátrico é um profissional de saúde mental que estuda e trata as áreas de funcionamento relacionadas à saúde e às doenças nas crianças. Além disso, investiga as áreas de funcionamento social, cognitivo e outras, em jovens com dor, asma, diabetes, câncer e outros quadros clínicos. No caso de Francisco, a psicóloga pediátrica, Dra. Lemos, era responsável pelo trabalho junto aos familiares, a fim de potencializar o resultado do tratamento e remover os obstáculos que pudessem evitar a completa recuperação. Sua primeira tarefa foi visitar o menino e os seus pais na UTI. Os Hernandez estavam visivelmente transtornados e confusos sobre o que havia acontecido. Francisco dormia. A Dra. Lemos explicou, em espanhol, que ela seria o elo entre os pais e a equipe médica e avaliaria a criança e o funcionamento familiar. Compreendeu, porém, que a primeira coisa a ser feita era ajudar os pais a estabilizar suas próprias emoções e resolver as questões familiares relacionadas, como quem cuidaria dos outros filhos. A mãe estava em choque e mal podia falar; o pai, porém, estava furioso e jurou vingança contra o motorista, mas se acalmou quando a Dra. Lemos perguntou sobre a qualidade dos cuidados que seu filho havia recebido. Ele disse que parecia que os médicos cuidavam bem de Francisco e que estava aliviado pelo fato de as intervenções da ambulância, da polícia e da equipe médica terem sido muito rápidas.

O quadro clínico de Francisco ficou mais estável nos dias que se sucederam, mas o nível de dor continuou elevado. Chorava com frequência e se queixava de dor abdominal, um sintoma que desconcertou os médicos, pois eles não haviam encontrado danos internos. Francisco tinha problemas para comer e dormir e estava sob sedação na maior parte do tempo. A psicóloga monitorava o menino e os pais todos os dias; a Sra. Hernandez ficava em geral com o filho no quarto, mas o Sr. Hernandez só aparecia de vez em quando.

Ao longo das três semanas seguintes, o quadro clínico de Francisco melhorou, de modo que a Dra. Lemos passava mais tempo com ele, para avaliar suas condições. Estava preocupada com a reação de Francisco ao acidente. O garoto não queria falar sobre o acidente ou afirmava não se lembrar do que havia acontecido. Às vezes, parecia um tanto "desligado" e, outras vezes, parava de falar repentinamente. A psicóloga sentia que esse comportamento representava alguma dissociação, sintoma comum em crianças recém-traumatizadas. A dissociação é um estado mental em que o indivíduo se distancia emocional e cognitivamente do evento traumático; é um aspecto fundamental no transtorno de estresse agudo, uma condição mental que se segue ao trauma e envolve desapego, redução da consciência sobre o ambiente imediato e desrealização (American Psychiatric Association, 2000).

Outra fonte de preocupação para a psicóloga era a dor de Francisco. Apesar da forte medicação, ele insistia que tinha dores fortes e não conseguia comer ou dormir. Isso produziu grande angústia na mãe, que chorava muito, segurava a mão do filho e levava para ele brinquedos, guloseimas especiais e coisas para ler. A Dra. Lemos notou, entretanto, que Francisco recusava-se a fazer os deveres de casa enviados pelos professores. Além do mais, os membros da equipe do hospital disseram que Francisco dormia bem durante a noite e tinha um apetite saudável, especialmente em relação aos alimentos levados pela mãe.

A Dra. Lemos conversou longamente com a Sra. Hernandez sobre o marido e outros familiares. O Sr. Hernandez trabalhava em dois empregos e não tinha, portanto, tempo para ficar com o filho. Alguns parentes ajudaram a cuidar das duas irmãs mais novas de Francisco, permitindo que a mãe ficasse no hospital. A psicóloga perguntou sobre as tarefas escolares do menino, mas a mãe disse que o filho estava doente demais para se concentrar. Pediu também que conversasse com o filho sobre o acidente, mas ela simplesmente agitou as mãos e sacudiu a cabeça. Não tinha intenção de falar com Francisco sobre o acidente e aborrecê-lo ainda mais.

Com a permissão da Sra. Hernandez, a psicóloga conversou com muitos dos professores de Francisco. Todos disseram que ele era uma criança inteligente e se saía bem na escola, e era benquisto, embora tímido. Preferia quase sempre estar perto da mãe e, ao sair da escola, ia direto para casa. Entretanto, os pais não estavam estreitamente envolvidos na educação do filho. Não participavam das reuniões de pais e mestres nem se manifestavam sobre a evolução das notas nos boletins, o que talvez possa ser explicado pela barreira linguística. Um dado particularmente revelador, porém, foi uma anotação feita pelo orientador, segundo a qual Francisco, às vezes, chorava na escola, pois sentia falta dos pais; comportamento incomum para um menino de 12 anos.

A Dra. Lemos conversou ainda com os médicos de Francisco, que estavam frustrados com os níveis de dor do garoto, pois, embora os ferimentos estivessem sarando, a queixa de dor não havia melhorado desde o momento da internação. O menino insistia também que tinha dor abdominal, mas nenhuma causa médica havia sido encontrada. Os médicos notaram também que ele precisava de menos medicamentos para dor quando sua mãe não estava no hospital. Pediram à Dra. Lemos que avaliasse se a natureza da dor podia ser psicológica. A partir de informações iniciais, obtidas de diversas fontes, a psicóloga chegou à conclusão preliminar de que Francisco estava realmente experimentando dores recorrentes e intensas. Mas pensou que fatores significativos relacionados ao trauma e outros fatores psicológicos pudessem interferir no tratamento.

Avaliação

Segundo o DSM-IV-TR, um problema que constitui o foco de atenção médica envolve fatores psicológicos ou comportamentais que afetam o quadro clínico. Esses fatores podem agravar o quadro clínico, interferir no tratamento, constituir um risco adicional para a saúde ou desencadear sintomas decorrentes do estresse (American Psychiatric Association, 2000, p. 731). Os psicólogos pediátricos são profissionais da saúde que, em geral, trabalham em ambientes hospitalares para tratar fatores psicológicos ou comportamentais que atingem as crianças. Concentram-se, principalmente, em ajudar os jovens a lidar com a doença, cumprir as prescrições medicamentosas e outros tratamentos, gerir a dor e a ansiedade e reduzir problemas de comportamentos. Muitos psicólogos pediátricos abordam também questões familiares, como conflitos, confusão sobre o diagnóstico médico e decisões sobre o tratamento (Carter et al., 2003; Opipari-Arrigan et al., 2006).

A psicóloga pediátrica de Francisco suspeitava que várias questões familiares e psicológicas influenciavam sua dor. O garoto apreciava a atenção da mãe cuja devoção só aumentava quando ele se queixava de dor. Ela permitia que o menino não fizesse o dever de casa e evitava discussões sobre o acidente com o carro. A busca de atenção e o comportamento motivado pela fuga pareciam, assim, ser pertinentes no caso de Francisco. A psicóloga estava também preocupada com a ausência do Sr. Hernandez em relação ao filho e com os efeitos que isso poderia ter sobre seu casamento. Estava preocupada também com a relutância de Francisco em discutir a experiência traumática que tinha vivido.

A avaliação de jovens com fatores psicológicos que afetam quadros clínicos envolve, em geral, uma perspectiva biopsicossocial, a qual presume que variáveis biológicas e sociodesenvolvimentais afetam o quadro clínico da criança e que o quadro clínico, por sua vez, afeta essas variáveis (Anthony e Schanberg, 2007; Kroner-Herwig et al., 2008). As avaliações biológicas de populações pediátricas concentram-se nos sintomas, causas e gravidade do problema médico, com a finalidade de orientar o tratamento médico.

A avaliação psicológica na psicologia pediátrica concentra-se amplamente na dor. Para avaliar a dor em crianças, existem diferentes formas de medida, mas a tarefa pode ser difícil, pois a habilidade de tolerar a dor pode variar muito de uma criança para outra. Um método comum de avaliar a dor é a expressão facial. A criança observa diferentes figuras de rostos com graus variáveis de expressão facial de dor e identifica, então, qual corresponde ao seu nível corrente de dor. Esse método é particularmente útil com crianças muito pequenas (Schiavenato, 2008). A intensidade da dor pode ser avaliada também por uma simples escala de 1 a 10, na qual 10 significa dor extrema. Esses métodos não foram muito úteis no caso de Francisco, porque ele continuava a confirmar o nível mais elevado de dor.

Existem escalas que medem a percepção da dor e o comportamento de dor. A percepção da dor está relacionada a pensamentos e sentimentos relativos à dor; o comportamento de dor refere-se a como a criança a exprime. As técnicas para avaliar esses construtos incluem medidas de autorrelato, como o *McGill Pain Questionnaire*, *Brief Pain Inventory* e o *Pediatric Pain Questionnaire* (Caraceni et al., 2002; Sawyer et al., 2004). Os jovens podem, além disso, fazer registros diários dos eventos que precedem a dor, sua intensidade e duração e sobre a eficácia dos medicamentos e outros tratamentos (Gray, 2008).

Outra técnica fundamental para a avaliação da dor em crianças são as observações comportamentais, que podem compreender variáveis médicas como taxa de batimentos cardíacos, pressão sanguínea e respiração e variáveis comportamentais, como expressões faciais, choro, irritabilidade, lentidão de movimentos, agitação e inquietação (Chambliss et al, 2002). Ao observar Francisco e a mãe, a

Dra. Lemos notou comportamentos interessantes. Francisco geralmente fazia mais caretas, queixava-se e chorava mais quando a mãe estava presente, e era mais obediente, apresentava mais movimento e controle emocional quando a equipe médica conversava com ele.

A avaliação de jovens com fatores psicológicos que afetam quadros clínicos envolve também fatores de desenvolvimento e de personalidade. Uma das possibilidades da avaliação desenvolvimental é a avaliação intelectual. Os psicólogos usam testes de inteligência para verificar se a criança tem atrasos importantes no funcionamento cognitivo e se pode entender um programa de tratamento que envolva técnicas como reestruturação cognitiva ou manejo da dor. Francisco não foi submetido a testes formais de inteligência, mas seus professores disseram que ele era inteligente e falante quando estava de bom humor.

Os fatores de personalidade da criança como a baixa autoestima, o lócus de controle externo, dependência e habilidade de lidar com o estresse, também podem influenciar a dor. Entre os instrumentos úteis para esses casos, há o *Personality Inventory for Children* (Lachar e Gruber, 2000), entrevistas e medidas de autorrelato como a *Piers-Harris Children's Self-Concept Scale* (Piers et al., 2002). Diversos fatores importantes de personalidade pareciam importantes para compreender a dor de Francisco. Sua autoimagem era negativa, menosprezava sua aparência, seu *status* escolar e suas proezas atléticas. Às vezes, parecia deprimido e socialmente retraído, condições muitas vezes associadas às queixas somáticas. Porém, ele havia passado por uma experiência profundamente traumática, portanto, certo nível de tristeza era esperado.

A psicóloga achou que Francisco fosse dependente e incapaz de lidar efetivamente com o estresse. Preferia estar com a mãe e as irmãs e estava nitidamente interessado em receber atenção delas. Não era autossuficiente para manejar sua dor; chamava com frequência a mãe ou a enfermeira para queixar-se de dor, mesmo após ter tomado o medicamento. Também induzia sentimentos de culpa na mãe, dizendo que ela não passava tempo suficiente com ele ou que ela o forçava a fazer os deveres de casa. A mãe reagia a essas afirmações dando mais atenção ao filho e liberando-o dos deveres.

Entrevistar a família e a criança é uma das principais formas de avaliar crianças com dor. As entrevistas são planejadas de modo a revelar as variáveis psicológicas relacionadas à dor da criança, bem como os transtornos mentais que influenciam a gestão da dor. As variáveis fundamentais abrangidas por uma entrevista incluem o nível de excitação e os estados emocionais que podem aumentar a intensidade da dor. Exemplos desses últimos são preocupação, tristeza, medo e raiva. As reações dos pais à dor da criança e o reforço inadvertido da dor são focos igualmente importantes. (Kozlowska et al., 2008).

As entrevistas da Dra. Lemos indicavam que Francisco percebia a dor abdominal como um sintoma grave que lhe causava grande angústia. Ele parecia ter baixa tolerância à dor e era muitas vezes dramático, e até teatral, quando discutia as dificuldades da dor. Apresentava também muitas expressões faciais de dor, queixas verbais e pedidos para ver a mãe ou o médico. Ficava menos entusiasmado ao ver a Dra. Lemos, indicando, certa ocasião, que ela não apreciava plenamente sua condição. A psicóloga avaliou as reações da mãe aos sintomas físicos do filho. A Sra. Hernandez era muito emocional em relação a esses sintomas; às vezes chorava e perguntava a ele, em detalhes, se se sentia confortável. A psicóloga achou também que a família era um pouco problemática, com exceção do pai.

Fatores de risco e variáveis mantenedoras

Há muitas variáveis específicas, como doenças, trauma e acidentes, que podem causar quadros clínicos de doenças pediátricas. Os fatores genéticos também são importantes, assim como doenças físicas como asma ou diabetes. Já as causas de outras doenças pediátricas como dor abdominal e dor de cabeça são mais difíceis de identificar. Cada doença pediátrica tem, em geral, seu próprio conjunto de percursos causais.

A dor é uma experiência que resulta de vários fatores fisiológicos e psicológicos. Alguns dos fatores fisiológicos associados à dor abdominal são, por exemplo, hipersensibilidade do sistema nervoso autônomo, excesso de tensão muscular, síndrome do intestino irritável, intolerância à lactose e falta de fibras alimentares (Blanchard e Scharff, 2002). Os fatores psicológicos associados à dor abdominal incluem ansiedade, depressão e dificuldade de regular a atenção e os pensamentos quando se tenta lidar com a dor (Jarrett et al., 2003). Francisco era uma criança ansiosa e tímida que evitava novas interações sociais. Os professores o descreviam também como eventualmente retraído. A Dra. Lemos não pôde determinar completamente se seu temperamento ansioso e retraído agravava a dor, mas suspeitava que sim.

Alguns dos mais importantes fatores psicossociais que afetam os jovens com doenças pediátricas crônicas envolvem variáveis familiares. As variáveis familiares que mais afetam a dor são a prática parental inconsistente, conflito e emaranhamento. Crianças, cujos pais dão atenção e disciplina inconsistentes, podem aprender a agravar seus sintomas físicos, para receber carinho adicional e recompensas tangíveis. A Sra. Hernandez tinha, certamente, dificuldade em criar seus filhos por ter pouca ajuda do marido, e Francisco sabia que ela deixaria de lado seus muitos compromissos e atenderia às suas necessidades, caso ele se queixasse de dor ou quisesse alguma coisa.

Os adeptos do modelo estrutural de terapia familiar acreditam que conflito e emaranhamento exerçam um papel fundamental na causa e na manutenção das doenças psicossomáticas em crianças. Limites frágeis entre os membros da família podem levar à superproteção, ao excesso de envolvimento na vida uns dos outros e ao eventual conflito (Rodenburg et al., 2007). Tal conflito aumenta a tensão dentro da família e causa ou agrava a doença da criança. A Sra. Hernandez estava nitidamente angustiada em razão de muitos fatores, entre eles a habilidade de lidar com a dor de Francisco. Desse modo, era superprotetora, e esse comportamento levava a conflitos com o marido, que acreditava que o menino precisava de uma abordagem mais disciplinada. A mãe dava muita atenção a Francisco, mas estava, ao mesmo tempo, frustrada com suas solicitações persistentes.

Outras variáveis familiares que afetam crianças com doenças crônicas pediátricas são as habilidades deficientes de solução de problemas e de apoio, pessimismo, inflexibilidade, problemas econômicos, isolamento, modelação e ansiedade quanto à doença pediátrica por parte de um membro da família (Kazak et al., 2002). Muitos desses fatores aplicavam-se ao caso de Francisco. A mãe e ele não resolviam efetivamente os problemas, fato que, mais tarde, provocaria atrasos na reintegração de Francisco à escola. A família não tinha ideia de como lidar com os comportamentos de dor do garoto, como o choro e a recusa em fazer as tarefas. Esses problemas eram agravados pelos sintomas de depressão e pessimismo que a própria Sra. Hernandez tinha em relação à solução do problema da dor do filho. A permanência de Francisco no hospital estava criando também um problema financeiro para a família, além de isolar a Sra. Hernandez do marido e das filhas. Assim, uma notável tensão crescia dentro da família.

As variáveis familiares são, talvez, o fator psicossocial que mais influencia as doenças pediátricas, mas há outros fatores, como a adaptação da criança à doença, métodos de enfrentamento (*coping*) e processos cognitivos (Casey e Brown, 2003; Key et al., 2001). A habilidade de Francisco de enfrentar a dor era, em geral, surpreendentemente deficitária. Pedia constantemente medicamento para dor, mesmo semanas mais tarde, quando a maioria de seus ferimentos já havia sarado. Posteriormente, chegou a pedir, na escola, que o mandassem para casa por sentir dor e buscava informações sobre o que fazer caso viesse a sentir dor em um lugar público. Tinha também crenças estranhas sobre as dores. Acreditava que a dor o faria morrer, apesar de ser constantemente tranquilizado com relação a isso. Superestimava a importância e a gravidade dos fatores de estresse cotidianos, como conversar com outros na escola e o modo em que isso afetava a dor.

Já foi dito que a Dra. Lemos estava preocupada com os aspectos de dissociação e transtorno de estresse agudo que Francisco apresentava. As crianças percebem ferimentos e hospitalização como eventos altamente estressantes, mais ainda do que seus pais. Algumas veem esses eventos com tanto medo que desenvolvem sintomas de dissociação para se afastarem da experiência. Crianças hospitalizadas que se engajam em dissociação têm, em geral, alguma psicopatologia anterior, ferimentos graves – sofreram desfiguração ou trauma cerebral – e pais com transtorno de estresse agudo (Balluffi et al., 2004; Daviss et al., 2000). Francisco era um tanto ansioso socialmente e apresentava grandes cicatrizes, embora ocultas, após a experiência. Sua recusa em falar do acidente podia derivar de certa dissociação durante as fases iniciais da hospitalização. Sua mãe estava nitidamente horrorizada com sua condição e pode ter desenvolvido, ela própria, sintomas de transtorno de estresse agudo.

Aspectos do desenvolvimento

As ideias que as crianças têm sobre doenças modificam-se à medida que suas habilidades cognitivas se desenvolvem. Muitos pesquisadores delinearam as principais etapas de desenvolvimento da compreensão das doenças pelas quais as crianças progridem, em geral (Koopman et al., 2004; McQuaid et al., 2002). Essas etapas estão estreitamente ligadas àquelas do desenvolvimento cognitivo de Piaget. A primeira etapa, incompreensão, refere-se a crianças muito pequenas (de zero a dois anos) que não compreendem os conceitos relacionados a doenças.

A etapa de explicação pré-lógica vai dos 2 aos 6 anos. Nessa etapa, a criança passa por duas formas de pensamento. A etapa inicial de explicação pré-lógica é o fenomenismo, que envolve explicações elementares das doenças. A criança pode pensar que um resfriado provenha de uma planta ou do céu. Essas explicações representam, geralmente, causas muito distantes da criança. A última etapa de explicação pré-lógica é a do contágio; a criança vê a causa da doença como algo mais próximo de si, mas nada que produza contato direto. Pode dizer que um resfriado chega quando se está fora de casa, perto de alguém que esteja doente ou por mágica.

A etapa da explicação lógico-concreta acontece, em geral, entre 7 e 10 anos. Nessa etapa, as crianças passam por duas formas de pensamento e dão mais ênfase às causas internas da doença do que às externas. A explicação lógico-concreta inicial é a contaminação, na qual a criança distingue uma causa externa, como temperatura baixa, de um efeito interno, como nariz entupido. A causa externa pode ser outra pessoa ou evento que causa danos à criança por meio de contato direto ou contaminação. A última explicação da etapa lógico-concreta é a internalização. A criança desenvolve um entendimento mais claro das causas externas e dos efeitos internos e entende mais rapidamente que o contato físico direto com uma fonte externa não leva necessariamente à doença. A criança pode perceber que é preciso "respirar germes" para desenvolver um resfriado.

Francisco tinha 12 anos e havia desenvolvido claramente pelo menos a explicação lógico-concreta em relação à sua dor. Distinguia as causas externas de seu sofrimento (o acidente de trânsito) dos efeitos internos de dor. Sabia também que quanto mais se extenuasse no hospital, mais desconforto sentiria. Entretanto, sua compreensão da dor não era boa. Não sabia exatamente o que a causava, e, às vezes, simplesmente culpava o motorista ou a psicóloga. Quando, porém, era pressionado a dar mais detalhes, não sabia dizer exatamente de que modo a Dra. Lemos podia causar mais dor. A psicóloga achou interessante que o garoto fizesse muitas perguntas sobre a dor; talvez o fizesse para acrescentar credibilidade às queixas de excesso de sofrimento.

As etapas finais da compreensão da doença acontecem quando os adolescentes progridem para as explicações lógico-formais. Essas etapas implicam ainda mais diferenciação entre externo e interno do que anteriormente. A primeira explicação da fase lógico-formal é fisiológica; a criança se dá conta de que a doença afeta especificamente os órgãos internos ou os processos corporais. Um adolescente pode descrever um resfriado em termos de sintomas específicos, do número reduzido de glóbulos brancos no sangue ou de uma supressão do sistema imunológico. A segunda etapa lógico-formal é a psicofisiológica, que envolve e acrescenta um componente psicológico à doença. Um adolescente pode se dar conta de que o estresse agrava ou faz precipitar uma condição física.

Francisco não compreendia plenamente esses conceitos e preferia, em vez disso, enfatizar o aspecto físico da dor. Mencionava prontamente o acidente como explicação para os ferimentos e para a dor, mas não entrava em detalhes. Além disso, ocasionalmente, culpava outras pessoas pelas suas condições físicas, queixava-se de que a Dra. Lemos o fazia piorar e de que sua mãe não lhe trazia algo que ele queria. Compartilhava também a raiva que o pai sentia em razão da imprudência do motorista, embora a Dra. Lemos acreditasse que essa fosse uma reação adaptativa ao que tinha acontecido. O garoto ficou particularmente aborrecido quando um fisioterapeuta o visitou e lhe disse que logo deveria voltar a andar.

Os fatores de desenvolvimento também influenciam as concepções infantis de tratamento das doenças. Crianças mais novas têm quase sempre medo de médicos e de seus procedimentos porque não associam a doença ao tratamento. Têm também distorções cognitivas em relação ao tratamento (Chen et al., 2000). Podem acreditar que sangrarão até a morte por causa de uma injeção. Crianças mais velhas e adolescentes fazem obviamente uma conexão melhor entre a doença e os benefícios do tratamento médico. Algumas tiram vantagem disso; aprendem em tenra idade que a necessidade de fazer um tratamento é um pretexto legítimo para deixar de fazer alguma coisa.

Francisco aprendeu rapidamente, no hospital, que um dos modos de conseguir atenção e de ser dispensado das tarefas era queixar-se de dor. Os Hernandez discutiam com frequência sobre isso, e Francisco mostrava-se, em geral, mais forte e capaz de lidar com a dor quando o pai estava por perto. Compreendia também os benefícios do tratamento médico e costumava pedir medicamento para a dor.

Da infância para a adolescência, modificam-se também outras variáveis relacionadas a doenças. As crianças tornam-se mais tolerantes à dor, têm melhor conhecimento sobre como evitar doenças, estão mais sintonizadas com as regras para a boa saúde e mais conscientes de suas sensações e mudanças corporais (especialmente durante a puberdade). As modificações de desenvolvimento referem-se também à adesão ao tratamento (Matsui, 2007; Rapoff, 2006).

O desenvolvimento físico de crianças e adolescentes é rápido e isso exige reavaliações constantes da medicação e de outros tratamentos. Francisco não era muito tolerante à dor e não estava em sintonia com as mudanças sutis nas sensações corporais que não fossem a dor.

Outra variável relativa a doenças que se modifica ao longo do tempo é a habilidade da criança em enfrentar problemas de saúde. À medida que crescem, as crianças aprendem a lidar melhor com a dor e com outras doenças. Isso ocorre provavelmente em função de já terem adquirido maior experiência e melhor conhecimento cognitivo sobre o que fazer. Algumas das estratégias de enfrentamento são distração, exercícios, atividades cognitivas, como ler, apoio social, repouso e imaginar eventos incompatíveis com a dor (Sawyer et al., 2004). As habilidades de enfrentamento de Francisco não eram muito boas. Sua primeira reação à dor abdominal era alertar um adulto e queixar-se dos sintomas de modo dramático. Ele visava à atenção e a outras recompensas para os sintomas, e não a tratamentos eficazes.

Tratamento

O tratamento da dor em crianças envolve uma combinação de abordagens médicas e psicológicas e concentra-se também no cumprimento da medicação prescrita. Os medicamentos para crianças compreendem substâncias anti-inflamatórias não esteroides (ibuprofeno), opiáceos (morfina), tricíclicos (imipramina), antipsicóticos (gabapentina) e agonistas adrenérgicos (clonidina) (Chambliss et al., 2002). Quando a dor que a criança sente estende-se para ambientes fora do hospital e se torna crônica, é importante cumprir corretamente a medicação prescrita, que envolve instruir a criança e os pais a respeito dos sintomas e sobre a necessidade do medicamento, estabelecer horários regulares para tomar as doses, sob supervisão, simplificar as dosagens do medicamento e aumentar o apoio social e as recompensas para o uso adequado (Charach et al., 2008). A Dra. Lemos percebeu que cumprir corretamente a prescrição da medicação não seria um problema para a família Hernandez.

O manejo da dor em crianças pode envolver também hipnose, massagem terapêutica, exercícios de respiração, distração e visualização (Kozlowska et al., 2008). A psicóloga utilizou as três últimas com Francisco. Os exercícios de respiração ensinam a criança a inspirar lentamente pelo nariz e expirar lentamente pela boca. A criança pode contar enquanto faz isso, para garantir que o ritmo de respiração seja lento e regular. Algumas crianças imaginam que são um balão de ar quente que se infla de ar e depois desinfla. A respiração deve ser profunda e diafragmática, o que significa que a criança deve empurrar o diafragma com dois dedos para garantir uma respiração completa e plena. Os exercícios de respiração ajudam a abaixar a excitação física, que pode exacerbar a dor.

Ao tomar injeção, a Dra. Lemos trabalhou com Francisco no sentido de distraí-lo, enquanto ele recebia a picada da agulha, e de visualizar seus lugares favoritos quando sentisse dor mais forte. O garoto pensava nas últimas férias na praia com a família e em seu quarto quando sentia mais desconforto. A psicóloga incentivou a Sra. Hernandez a usar essas técnicas com o filho; e a mãe conseguiu utilizá-las. Pouco tempo depois, Francisco relatou que gostava dos exercícios de respiração e que estes ajudavam a atenuar a dor.

O manejo da dor em crianças implica também modificar os ganhos ou as recompensas secundárias que elas recebem pelas expressões inadequadas de dor. Francisco recebia nitidamente mais atenção da mãe até por expressões mínimas de desconforto. A Dra. Lemos conversou em particular com a mãe, para ajudá-la a perceber a conexão existente entre as tentativas que fazia para agradar o filho e suas queixas de dor. A Sra. Hernandez achava difícil modificar seu comportamento, mas concordou em recompensar o filho por fazer os exercícios de respiração quando tivesse dor. Concordou também em elogiá-lo por ser corajoso diante da dor e em dar-lhe guloseimas e outras recompensas quando obedecesse à fisioterapeuta.

É preciso abordar também as variáveis familiares que contribuem para a dor. A tensão existente entre o casal. Hernandez era evidente e aborrecia Francisco. A Dra. Lemos conseguiu conversar com o pai, durante uma de suas visitas, e contou-lhe os esforços que a esposa fazia para recompensar o empenho do garoto em se recuperar. O Sr. Hernandez foi receptivo a isso, de modo que a psicóloga o incentivou a usar táticas semelhantes com o filho. Ele teve uma longa conversa com o menino sobre como estava orgulhoso por ele ter voltado a andar. Além disso, encorajou Francisco a fazer seus deveres enquanto estava no hospital, e o menino concordou.

Já foram citados os sintomas de dissociação e de transtorno agudo de estresse que, às vezes, ocorrem em crianças hospitalizadas após terem sofrido um trauma. O tratamento imediato dessa situação requer uma breve instrução sobre a dissociação que inclua a explicação de que o distanciamento é um método comum de adaptação ao trauma. Os profissionais clínicos são estimulados a não forçar as crianças ou os pais, durante esse período inicial e delicado, a discutir o evento traumático, mas sim a fornecer apoio e oportunidades para fazer isso (Winston et al., 2002).

A Dra. Lemos visitava Francisco e sua mãe diariamente, no hospital, para construir uma relação e estabelecer confiança. Aprendeu a levar guloseimas e brinquedos para o menino com objetivo de melhorar a opinião que o menino tinha sobre ela e ofereceu-se para brincar com ele, de modo que a Sra. Hernandez pudesse sair um pouco para comer alguma coisa ou fazer uma pausa. A psicóloga ficou feliz quando, certa vez, depois de brincar com o garoto, ele mencionou o acidente de trânsito. Ela não o pressionou por detalhes, mas o elogiou por trazer o assunto à tona e ofereceu-se para ouvi-lo, no momento em que ele quisesse conversar mais detalhadamente.

Esse momento veio à tona uma semana mais tarde, novamente, quando a Sra. Hernandez não estava no quarto. Francisco disse que estava prestes a atravessar a rua, na faixa de pedestres, quando notou uma forma indistinta a seu lado. Não se lembrava do impacto, mas sim de ter sido arrastado e de pensar que o carro não pararia mais. O intervalo de tempo entre o impacto e a sensação de que o carro finalmente havia parado pareceu durar horas para ele. Francisco disse que não se lembrava de muita coisa depois disso, apenas de algumas pessoas que gritavam e da sirene da ambulância. Percebeu que havia sangue e teve medo de morrer. A Dra. Lemos elogiou-o por dar essas informações e não o pressionou para que desse mais detalhes. Pediu-lhe, porém, que contasse a história outra vez para ver se surgiriam mais informações. Francisco acrescentou mais detalhes sobre a experiência no hospital, mas não sobre o acidente.

A Dra. Lemos notou que havia uma importante informação sobre o acidente que queria rever novamente com o garoto. Ele dissera que o intervalo de tempo entre o impacto e a sensação de que o carro havia parado parecia ter durado horas, como se houvesse acontecido em câmera lenta. A psicóloga perguntou-lhe, enquanto continuavam a jogar, quanto tempo ele achava que o acidente todo tinha durado. Francisco pensou por um momento e depois elaborou a resposta correta: apenas dois ou três segundos, no máximo.

A Dra. Lemos elogiou-o por elaborar essa resposta e deu sua própria opinião, ou seja, o evento que pareceu longo e difícil, na realidade, foi breve e rápido. Francisco apreciou essa nova perspectiva e sentiu o trauma como menos assustador para ele. Conseguiu discutir sobre o acidente diversas vezes com a psicóloga e com sua mãe antes de sair do hospital. Elaborar e discutir precocemente os eventos traumáticos enquanto a criança ainda está no hospital pode ajudar a prevenir o desenvolvimento de um posterior transtorno de estresse pós-traumático (Balluffi et al., 2004).

Francisco permaneceu cinco semanas no hospital. Durante esse tempo, os ferimentos e a dor melhoraram de forma generalizada. O humor também melhorou depois da visita dos colegas e professores, e de receber cartões e cartas das pessoas do bairro. Ele saiu do hospital de muletas, mas os médicos previam uma recuperação total, apesar de ficarem algumas cicatrizes. A Dra. Lemos entrou em contato com a família Hernandez três e seis meses mais tarde e descobriu que Francisco tinha voltado à escola e parecia estar se adaptando bem. Em sua opinião, o prognóstico de longo prazo do garoto provavelmente era bom.

Questões para discussão

1. Como você distinguiria entre dor real e dor exagerada em crianças? O que reforçaria a dor exagerada?
2. Discuta as diferenças culturais em relação à expressão da dor e ao tratamento. Qual cultura é mais estoica, e qual é mais expressiva em relação à dor?
3. Discuta o modo pelo qual os fatores psicológicos afetam os transtornos cuja natureza se acreditava ser principalmente biológica. Quais fatores psicológicos, além

do estresse, podem desencadear a dor e outras reações físicas? De que modo sua personalidade e seu comportamento afetam o funcionamento de seu corpo?
4. Uma questão que certamente é preocupante no tratamento de crianças com doenças pediátricas é o cumprimento da prescrição feita para a medicação. Como você faria para ajudar uma criança a manter a regularidade nas consultas médicas, na fisioterapia e nas prescrições medicamentosas?
5. De que modo o tratamento de Francisco seria diferente se ele tivesse outras doenças pediátricas? Discuta questões específicas relacionadas ao diabetes infantil, às deficiências visuais e auditivas, ao câncer e às dores de cabeça.
6. Uma das doenças pediátricas mais graves é a Aids. Como terapeuta, no que você se concentraria ao abordar a família de tal criança?
7. Muitas crianças ficam aterrorizadas com relação aos procedimentos cirúrgicos, dentais e médicos em geral. Como você faria para reduzir o medo da criança nessas situações? O que os hospitais poderiam fazer para facilitar o tratamento de crianças com doenças pediátricas?
8. Discuta a questão do apoio social e sua influência sobre problemas médicos em uma criança, bem como nos familiares que cuidam dela.

Capítulo 13
Efeitos do abuso sexual e transtorno de estresse pós-traumático

Sintomas

Joline Kennington, uma menina branca, de 12 anos, foi encaminhada para tratamento pela mãe, a Sra. Kennington, e pela assistente social de um departamento público de serviços familiares. Uma psicóloga clínica especializada em jovens que enfrentam circunstâncias traumáticas a atendeu. As circunstâncias de Joline envolviam suposto abuso sexual por parte do pai, que estava preso. A Sra. Kennington e a assistente social achavam que a menina precisava de terapia para tratar do trauma e a perda do pai.

Na entrevista inicial, a psicóloga tentou conversar separadamente com Joline, que foi reticente e estabeleceu pouco contato visual. Respondeu de início, com brevidade, a perguntas que não se relacionavam à situação recente de abuso. Falou do cachorro, dos pratos e programas de televisão preferidos. A psicóloga tentou estabelecer uma boa relação com ela e, então, perguntou sobre os eventos recentes. Ela chorou baixinho e não falou nada. A psicóloga confortou-a e a agradeceu por ter comparecido, e conseguiu fazer que a garota prometesse voltar na semana seguinte.

A psicóloga entrevistou a Sra. Kennington que, em sua opinião, tinha muito a dizer sobre a situação. Ela contou que o pai de Joline abusava sexualmente da filha havia dez meses. Aparentemente, suspeitava do marido quando ele entrava no quarto de Joline, fechava a porta e ficava lá por longos períodos, porém insistiu que só percebeu o comportamento estranho do marido pouco antes de chamar a polícia. Ela alegou que fez perguntas a Joline sobre a situação, e a filha começou a chorar, dizendo "papai me toca em partes ruins". A Sra. Kennington disse que chamou imediatamente a polícia que, por sua vez, entrou em contato com o departamento de serviços familiares. Depois das entrevistas com os Kennington e Joline, o pai fora preso sob a acusação de abuso sexual de menor e permaneceria na prisão à espera de julgamento.

A mãe levou Jolie para fazer aconselhamento, pois a garota estava perturbada pelo fato de ter de testemunhar no julgamento do pai na semana seguinte. O Sr. Kennington negava vigorosamente as acusações, porém sua esposa disse que ele era um "mentiroso patológico" que "diria qualquer coisa para salvar a própria pele". A psicóloga notou que a Sra. Kennington estava mais preocupada com o desempenho de Joline no banco de testemunhas do que com seu estado emocional relativo a isso. Estava preocupada com a impressão que a filha causaria ao júri, se pareceria verossímil e se o pai a intimidaria.

A psicóloga notou que a Sra. Kennington tinha uma relação distante com a família. O marido e ela haviam enfrentado grandes problemas conjugais, durante muitos anos, e discutido frequentemente sobre finanças, educação das crianças e sexo. A Sra. Kennington descrevia o marido como abusivo, brutal e grosseiro. Ela não tinha conhecimento das atividades diárias da filha, como, suas tarefas escolares; porém, elogiava efusivamente a garota e insistia em afirmar que o relacionamento entre elas era estreito e afetuoso. Também não era próxima dos dois filhos, pois ambos lhe lembravam o marido. Os meninos, de 17 e 19 anos, já não viviam em casa quando o pai fora preso. Não tinham conhecimento dos recentes eventos familiares, mas "os meninos", como dissera a Sra. Kennington, "vão ficar do lado do pai".

A psicóloga conversou com a assistente social do serviço familiar, a Sra. Tracy, encarregada do caso de Joline, que forneceu uma visão mais equilibrada da situação. Disse que a situação era nebulosa, e que a polícia e o departamento de serviços familiares haviam agido com base somente no relato de Joline após a mãe ter chamado a polícia. Joline havia dito que o pai entrava em seu quarto e a acariciava. Ele supostamente acariciava o corpo da filha e pedia a ela que fizesse o mesmo com ele. A Sra. Tracy disse que Joline afirmou que o pai havia tocado a região genital dela e pedido a ela que acariciasse a dele. Mas, de início, não havia relato de beijos, penetração vaginal ou contato sexual oral.

A Sra. Tracy perguntou a Joline com qual frequência e por quanto tempo duravam as carícias, mas a menina não deu uma resposta clara. Disse, inicialmente, que os abusos haviam começado a partir do seu 10º aniversário. Entretanto, quando foi entrevistada novamente, antes da mãe, contou que haviam começado havia um mês. Relatou abusos mais abrangentes durante a segunda entrevista, acrescentando beijos e contato sexual oral. Não estava claro o que realmente havia acontecido. As explicações dos fatos dadas pela garota oscilaram ainda mais nas entrevistas seguintes, mas ela insistia em afirmar que o pai a acariciava e pedia a ela que fizesse o mesmo. Em entrevistas recentes, porém, disse não lembrar se ele a beijava e se havia ocorrido contato oral.

A assistente social comunicou sua suspeita de que a Sra. Kennington influenciava as respostas da filha. A mãe parecia querer punir o marido por ofensas do passado, encorajando a menina a exagerar na gravidade do suposto abuso. Além disso, a Sra. Kennington diminuiu o intervalo de tempo durante o qual o abuso vinha ocorrendo a fim de evitar que sofresse recriminações por ter demorado a procurar ajuda. O que realmente aconteceu com Joline, se é que alguma coisa havia acontecido, não estava claro. A Sra. Tracy disse que sua "reação espontânea" foi pensar que o abuso tinha acontecido, mas a natureza do abuso era desconhecida. Portanto, ela mostrou preocupação com a possibilidade de que as diferentes explicações sobre o que acontecera pudessem prejudicar as chances de que o promotor público pedisse a condenação do acusado.

A Sra. Tracy disse também que Joline tivera outros problemas nos últimos meses. Seu rendimento escolar havia caído dramaticamente – sua média caiu de B para D e F. Joline sentia também um enorme senso de culpa e tristeza pela perda do pai, assim como raiva dele e da mãe. Ela disse à assistente social que a mãe "havia esperado demais" e ignorado suas queixas sobre o pai. A Sra. Tracy suspeitou de que a Sra. Kennington só havia chamado a polícia depois de uma discussão importante com o marido, por outra questão. Além disso, Joline estava muito nervosa quanto à possibilidade de testemunhar no tribunal.

A psicóloga completou a avaliação inicial entrevistando a professora de Joline, com a permissão da mãe. A professora, a Sra. Ecahn, disse que ela era uma garota inteligente e que estava com problemas para se concentrar nas tarefas. Parecia, além disso, agitada e ocasionalmente chorava durante a aula. A professora e outros funcionários da escola estavam cientes da situação da menina, de modo que haviam feito algumas adaptações para ajudá-la. As professoras haviam lhe dado muito apoio emocional e criado atividades supervisionadas para ela, após o horário escolar. Com base nas informações obtidas de todas essas fontes, a psicóloga suspeitou que o abuso havia ocorrido e que Joline estava sofrendo seus efeitos. Suspeitou que a menina apresentasse sintomas de transtorno de estresse pós-traumático (TEPT).

Avaliação

A característica essencial do TEPT é o desenvolvimento de sintomas característicos depois da exposição a um fator extremo de estresse traumático, que envolva uma experiência direta com morte ou ferimentos graves efetivos ou com ameaça de morte, de ferimentos graves e outros danos à própria integridade física; ou, então, depois de testemunhar eventos que envolvam morte, ferimentos ou ameaças à integridade física de outra pessoa; ou, ainda, depois de tomar conhecimento de uma morte inesperada ou violenta, de ferimentos graves ou de ameaça de morte e ferimentos sofridos por um familiar ou outra pessoa estreitamente ligada ao indivíduo (American Psychiatric Association (APA), 2000, p. 463).

Para o TEPT ser diagnosticado, a reação do indivíduo ao trauma deve envolver medo intenso, impotência, horror ou, nos mais jovens, comportamento desorganizado ou agitado (APA, 2000, p. 463). Outros sintomas relacionados ao TEPT podem surgir em indivíduos que sofreram abusos sexuais, entre eles, comportamento autodestrutivo e impulsivo, queixas somáticas, comportamentos depressivos, vergonha, problemas sociais, sensação de ter sido "danificado", ou estar sob ameaça, e mudanças na personalidade (APA, 2000, p. 465).

Um aspecto fundamental do TEPT é que o evento traumático é constantemente revivido sob a forma de lembranças, sonhos, senso de reevocação, ou sofrimento fisiológico ou psicológico quando o indivíduo depara com sinais que lhe recordam o trauma. Crianças pequenas podem também reviver o trauma por meio de jogos repetitivos e acreditar que suas vidas foram abreviadas ou que são capazes de prever eventos negativos. Um indivíduo com TEPT apresenta, em geral, excitação mais elevada e evita estímulos ligados ao evento traumático. Para que o TEPT seja diagnosticado, esses sintomas devem durar mais de um mês e prejudicar significativamente o funcionamento do indivíduo. O TEPT passa a ser crônico, quando os sintomas duram mais de três meses (APA, 2000).

Joline parecia atender a alguns dos critérios diagnósticos do TEPT. O abuso relatado envolvia uma ameaça à sua integridade física – ela havia dito à assistente social que se sentia exposta ao perigo e "suja" como consequência disso. Relatou sentir-se impotente durante os episódios de abuso, sem ousar resistir ao pai vigoroso. Tinha pesadelos com o abuso e sentia ansiedade quando confrontada com o fato de que deveria encarar o pai no tribunal. Evitava falar mais sobre o que havia acontecido. Ela havia perdido o interesse pelas atividades que antes a faziam feliz e estava distante dos outros. Os sintomas do TEPT estavam evidentes também na raiva e nos problemas de concentração. Esses sintomas afetaram seu funcionamento social e escolar. Assim, o diagnóstico de TEPT parecia fundamentado. Aproximadamente 29% a 39% de jovens que sofrem abuso sexual desenvolvem TEPT (Molnar et al., 2001).

A avaliação de jovens que sofreram abuso sexual e apresentam sintomas de TEPT envolve, em geral, uma entrevista. Por razões óbvias, os entrevistadores concentram-se na criança e devem fazê-lo cuidadosamente e sem forçá-la. O entrevistador deve estabelecer uma relação com a criança e fornecer um ambiente seguro e sigiloso, no qual ela se sinta à vontade para exprimir seus problemas pessoais. A psicóloga encontrou-se com Joline e com a assistente social, que já tinha uma relação especial com a garota. Após algumas sessões, Joline disse estar disposta a conversar individualmente com a psicóloga sobre o abuso. Nesse ínterim, o processo judicial foi adiado em razão da relutância da menina em testemunhar.

A primeira tarefa da psicóloga foi tentar esclarecer se havia ocorrido o abuso e, em caso afirmativo, de que tipo. Após longas conversas, com a garantia de confidencialidade, Joline repetiu a versão inicial dos eventos. Disse que o pai entrava em seu quarto, à noite, havia vários meses, conversava com ela sobre como havia sido seu dia e iniciava algum contato físico. No começo, foram massagens corporais, que depois progrediram para carícias no corpo todo. O Sr. Kennington, algum tempo depois, pediu a ela que fizesse o mesmo e dirigiu a mão para a região genital. À medida que os eventos progrediam, pedia a ela para não contar a ninguém sobre o "tempo especial que passavam juntos". Porém, não fizera ameaças.

Joline disse que não houve beijos nem outras atividades. Admitiu ter mentido para a polícia após a mãe dizer a ela: "faça que a história seja a mais dolorosa possível". Ela obedeceu, porém, mais tarde, confundiu o que havia dito sobre esses eventos, que não haviam acontecido. Afirmou também que contou o que estava acontecendo à mãe, diversas vezes, antes de a polícia aparecer, mas ela não tomou nenhuma atitude até a noite em que teve uma discussão séria com o marido.

Os profissionais clínicos usam escalas de classificação para avaliar o TEPT e os relativos sintomas causados por abuso sexual. Um deles é o *Trauma Symptom Checklist for Children*[1] que contém questões relacionadas a ansiedade, depressão, raiva, estresse pós-traumático, dissociação e preocupações sexuais (Briere, 1996). Algumas das questões desse instrumento são:

- Sonhos ruins ou pesadelos.
- Lembrar-me de coisas que aconteceram e das quais não gosto.
- Ter medo de que alguém me mate.

A avaliação de crianças, após a comunicação do abuso, deve se concentrar em diversos elementos (Crooks e Wolfe, 2007; Wolfe, 2007), como:

- Padrões de comportamento que podem levar à revitimização (por exemplo, delinquência, faltas à escola).
- Sintomas de TEPT e ansiedade geral.
- Relacionamentos sexuais e com colegas.
- Causas e sentimentos a respeito do abuso sofrido.
- Nível de desorganização geral.
- Atmosfera familiar.

Joline não apresentava comportamentos disruptivos, uso de substância, roubo ou agressão, porém mostrava sintomas depressivos de retraimento social, culpa e ideação suicida. Disse que sentia que suas colegas de classe a olhavam de modo "engraçado", que havia causado o problema judicial do pai e que a família "estaria melhor se eu estivesse morta". A psicóloga fez um contrato verbal com Joline para garantir que a procuraria se tivesse pensamento suicida ou, de qualquer modo, antes de uma tentativa de suicídio.

Joline tinha ansiedade em relação a ir à escola e a testemunhar no tribunal. Isso persistiu por tanto tempo que, por fim, ela se recusou a testemunhar, e as acusações contra o pai caíram por terra (ele mudou de cidade e não teve mais contato com a filha ou com a Sra. Kennington). A psicóloga suspeitou que Joline havia se recusado a testemunhar em razão da culpa que sentia pela situação. Ela culpava a si mesma

---

[1] Reproduzido com autorização especial do Editor, *Psychological Assessment Resources*, Inc., 16204 North Florida Avenue, Lutz, Florida 33549. Extraído de *Trauma Symptom Checklist for Children* de John Briere, Ph.D. Copyright 1989, 1995 por PAR, Inc. Reprodução proibida sem autorização da PAR, Inc.

por alguns aspectos do abuso e dizia até que o pai não teria tido problemas judiciais se ela não vivesse no apartamento.

A psicóloga discutiu também o relacionamento da menina com os colegas e familiares. Joline disse que as amigas e pessoas da escola davam-lhe apoio, mas sentia-se incomodada pela atenção que a mídia havia dado ao caso recentemente. O relacionamento com a mãe estava tenso, pois a Sra. Kennington estava aborrecida porque a filha não testemunharia no tribunal, e Joline estava aborrecida com a mãe por ela ter demorado tanto tempo para tomar uma atitude com relação ao abuso. A psicóloga acreditava que Joline estivesse aprendendo a se adaptar às principais mudanças em sua vida, mas que precisaria lidar com muitos de seus sentimentos negativos.

A avaliação de crianças que sofreram abuso sexual pode incluir bonecas anatômicas. O terapeuta pode usá-las quando a criança reluta em descrever o abuso ou quando não tem habilidades verbais suficientes para descrevê-lo. A criança aprende a desenhar o corpo humano e a identificar as diferentes partes do corpo. A boneca é, então, apresentada à criança, que responde a diferentes perguntas sobre o que o autor do abuso eventualmente fez. O uso de bonecas facilita a memória quanto aos detalhes dos eventos abusivos, mas não é útil se a criança esqueceu completamente o que acontecera. A utilização das bonecas pode revelar jogos sexuais e agressivos entre os que sofreram abuso sexual e não parece propiciar a invenção de histórias de abuso, fonte de grande controvérsia nessa área (Faller, 2005). No caso de Joline, bonecas não foram usadas.

Fatores de risco e variáveis mantenedoras

Nenhuma criança está imune a abusos, mas alguns fatores podem precipitar o abuso sexual (Hilyard e Wolfe, 2002; Wolfe et al., 2003). Tais fatores podem ser baixa renda familiar, isolamento da família, conflito conjugal, abuso de substância por parte de um dos genitores, presença de um padrasto, atitudes patriarcais, falta de contato social da criança, atitudes familiares sexualmente restritivas e relacionamento mãe-criança insuficiente. Esse relacionamento insuficiente deve ter as seguintes características:

- Uma situação anterior em que a criança viveu longe da mãe.
- Desapego emocional por parte da mãe.
- Supervisão insuficiente da criança.
- Tendência de a mãe punir o desenvolvimento sexual da criança.

Algumas dessas características não se aplicavam à Joline e à sua família. O *status* socioeconômico da família era de classe média, o Sr. Kennington era o pai biológico da garota, Joline tinha muitos amigos próximos, a mãe e ela nunca haviam se separado, e a família não estava isolada dos outros, pois vivia em um ambiente urbano e interagia regulamente com outras famílias. Não ficou evidente se a família tinha atitudes sexualmente restritivas, embora isso parecesse acontecer com a Sra. Kennington.

Algumas das outras características enumeradas realmente se *aplicavam* à família. O pai foi descrito como um homem tradicional e conservador em relação à estrutura familiar. Desaprovava a carreira da esposa e o tempo que ela passava fora de casa e brigava muito com ela por fazerem pouco sexo e pela falta de afeto. Além disso, Joline e a mãe também tinham um relacionamento problemático. A assistente social acreditava que a Sra. Kennington se ressentia do afeto do marido pela filha, e ela teria demorado a chamar a polícia para deliberadamente envenenar o relacionamento entre eles. Parecia apreensiva em relação ao potencial desenvolvimento sexual da filha, chegando a dizer à assistente social, em algum momento, que não se sentia à vontade para conversar com Joline sobre namoro e sexo.

Diversas precondições preparam o cenário para o abuso sexual (Wolfe, 2007). Em primeiro lugar, o autor do abuso deve estar motivado a abusar sexualmente da criança. Muitos acreditam que o abuso sexual esteja relacionado à gratificação sexual, mas, frequentemente, está relacionado ao desejo de poder e à necessidade de humilhar os outros. A psicóloga de Joline acreditava que as recentes dificuldades de trabalho do Sr. Kennington, a saída de casa dos filhos mais velhos e as discussões com a mulher haviam criado uma sensação de falta de poder, que era atenuada pelo controle sobre a filha. Mas ninguém entrevistou o Sr. Kennington, de modo que não havia evidências diretas dessa necessidade de poder ou do desejo de humilhar Joline.

Uma segunda precondição para o abuso sexual é que o autor deve superar as inibições quanto a atividades sexuais com crianças. O indivíduo pode se envolver com álcool, negar as consequências negativas do abuso, aceitar pornografia infantil como meio legítimo, atribuir o comportamento à falta de autocontrole ou acreditar que um pai pode fazer o que quiser com um filho. A última condição aplicava-se certamente a Joline, mas não havia evidências disponíveis para os outros fatores. Se o pai acreditava ou não que as interações sexuais com a filha envolviam afeto e não eram abusivas, não era sabido.

Uma terceira precondição para o abuso sexual é que o autor supere os obstáculos externos ao comportamento sexual: a descoberta e a prisão. Inicialmente, isso não devia ser difícil para o Sr. Kennington, porque a esposa permitia que ele passasse tempo considerável com Joline e não dava ouvidos às queixas de abuso sexual feitas pela menina. Aparentemente, o Sr. Kennington pensava, de forma equivocada, que seu pedido de silêncio sobre o "tempo especial que passavam juntos" evitaria qualquer problema.

O autor precisa, enfim, superar a resistência da criança ao contato sexual. O Sr. Kennington aproveitou a confusão inicial de Joline sobre a diferença entre afeto normal e exploração na relação pais e filha. A atenção extra que dedicava a Joline pode tê-la mantido serena por algum tempo, antes de ela relatar o abuso à mãe.

Os pesquisadores desenvolveram modelos etiológicos do TEPT. Evitar continuamente os pensamentos associados ao trauma pode exacerbar os sintomas do transtorno (Tull et al., 2004). O indivíduo precisa assimilar completamente esses pensamentos em sua psique para que os sintomas do TEPT se atenuem. Esse modelo podia se aplicar a Joline, que apresentou inicialmente resistência em compartilhar os eventos sexuais. Outros afirmam que os eventos traumáticos desencadeiam sentimentos de vergonha e de senso de culpa (Leskela et al., 2002). Esses sentimentos podem então deflagrar sintomas de TEPT como excitação fisiológica e visão negativa do futuro. Joline tinha muitos desses sentimentos, os quais a psicóloga acreditava serem responsáveis pelos sintomas de TEPT.

Outras teorias etiológicas do TEPT envolvem uma abordagem mais integrada. Fletcher (2003) delineou um modelo para a etiologia do TEPT em crianças que inclui os eventos traumáticos, reações emocionais e biológicas, atribuições, características individuais e do ambiente social. Um evento traumático envolveria, em geral, morte, ferimento, perda da integridade física, repentinidade, imprevisibilidade, incontrolabilidade, exposição crônica ou severa, proximidade e/ou estigma social. Muitos destes aplicavam-se a Joline.

As reações emocionais do TEPT incluem medo, horror e impotência, enquanto as reações biológicas englobam modificação nos neurotransmissores como a noradrenalina, dopamina, serotonina e acetilcolina. As atribuições ligadas ao TEPT envolvem uma apreciação de que a situação traumática era inevitável, a crença de que a segurança estará sempre ameaçada ou a atitude de que o futuro estará marcado para sempre pelo trauma (Fletcher, 2003). Em certa medida, essas crenças eram evidentes em Joline.

As características individuais também podem ajudar no surgimento do TEPT, incluindo uma predisposição biológica à reatividade negativa aos eventos estressantes, vulnerabilidades psicológicas baseadas em experiências passadas e incapacidade de enfrentar os fatores de estresse. Algumas características do ambiente social também podem levar ao TEPT. Essas características incluem reações familiares negativas ao trauma e ao indivíduo que o sofreu, apoio insuficiente da comunidade e dificuldades financeiras.

As habilidades de enfrentamento (*coping*) de Joline eram bastante boas, dadas as circunstâncias, embora ela continuasse a apresentar emoções negativas e desempenho escolar insuficiente. Ela ficou aborrecida com as mudanças em sua vida e continuou assim por um longo período. A condição de Joline foi agravada pelo relacionamento tenso com a mãe e com a situação financeira problemática da família. Entretanto, o apoio positivo recebido da comunidade, dos funcionários da escola, do departamento de serviços familiares, dos amigos e da psicóloga, provavelmente impediu o desenvolvimento de alguns sintomas de longo prazo do TEPT.

Aspectos do desenvolvimento

Os pesquisadores estudaram as consequências de curto e longo prazos do abuso em crianças, e estas parecem variar conforme a idade. Até os 2 anos e meio, as crianças que enfrentam um trauma (por exemplo, uma catástrofe natural) podem apresentar problemas de sono e de uso do banheiro, reações de susto excessivo a ruídos altos, comportamento excessivamente meticuloso ou dependente, perda de habilidades do desenvolvimento importantes em relação à fala e aos movimentos, imobilidade repentina, medo intenso de separação, esquiva de sinais que recordem o trauma, retraimento social ou falta de responsividade a outros (Johnson, 2004; Miller-Perrin e Perrin, 2007; Monahon, 1993).

As reações de crianças muito pequenas que sofreram abuso sexual podem incluir tocar inadequadamente outras crianças, dar atenção incomum à própria zona genital (por exemplo, massageando), demonstrar conhecimento sexual avançado para a idade, apresentar dor nos genitais ou doenças sexualmente transmissíveis. O último sintoma pode, obviamente, acontecer em qualquer idade. Os jogos da criança podem reevocar o trauma de abuso e, caso ela tenha habilidades verbais suficientes, pode começar repentinamente a discutir questões relativas ao abuso.

As crianças de 2 anos e meio a 6 anos que sofreram abuso sexual podem apresentar ansiedade de separação, retraimento social, pesadelos, pensamento mágico para explicar os eventos "ruins", queixas somáticas, imagens visuais desagradáveis, regressão na linguagem e nos cuidados próprios, narração repetida do evento traumático, envolvimento do evento traumático em jogos e com os colegas, modificações no humor e na personalidade e medo de que o trauma volte a acontecer. A criança pode se tornar mais sensível a aniversários do evento traumático. Podem apresentar jogos sexualizados, medo repentino e específico de um lugar ou de um gênero, tocar os outros agressivamente e apresentar excesso de preocupação com masturbação ou com a zona genital. Crianças nessa faixa etária têm uma memória melhor dos eventos traumáticos do que as crianças menores (Johnson, 2004; Miller--Perrin e Perrin, 2007; Monahon, 1993).

Já as crianças de 6 a 11 anos que enfrentam um trauma geral podem evocá-lo por meio de histórias detalhadas e jogos. Essas crianças apresentam medos específicos e imagens visuais indesejadas, distrabilidade, pouca concentração, culpa pelo próprio papel no evento traumático e sensibilidade às reações dos pais. As reações mencionadas para crianças mais novas aplicam-se também às de 6 a 11 anos. As crianças que sofreram abuso nessa idade podem apresentar, além disso, comportamentos sexuais evidentes, dar indicações sobre sua experiência sexual, descrever o abuso verbalmente ou agir como crianças mais novas que sofreram abuso sexual. Têm memória melhor que as crianças em idade pré-escolar, de modo que se lembram do abuso com mais detalhes e por mais tempo (Johnson, 2004; Miller-Perrin e Perrin, 2007; Monahon, 1993).

Os adolescentes que enfrentam um trauma, em geral, podem apresentar diversas reações que incluem:

- Delinquência, imprudência ou comportamento de risco.
- Propensão a acidentes.
- Vingança.
- Vergonha e culpa.
- Senso de humilhação.
- Lembranças intensas.
- Depressão e pessimismo.
- Problemas nos relacionamentos interpessoais.
- Envolvimento social extremo ou retraimento.

As principais reações de Joline eram culpa, retraimento social, vergonha, sintomas depressivos e repressão sexual. Ela ficava nitidamente incomodada ao falar de questões sexuais, embora isso seja quase sempre normal em crianças de 12 anos. Tinha também um relacionamento tenso com a mãe, queria deixar a escola e, às vezes, evitava sair com as amigas. Continuava a se culpar pela ausência do pai e, ocasionalmente, pensava em suicídio.

Adultos que sofreram abuso sexual tendem a se casar cedo e a ter filhos mais cedo que a população em geral, a deixar a escola, a ter medo da independência e a procurar um grupo social diferente. Os problemas comuns de longo prazo incluem ansiedade e depressão, sentimento de isolamento, abuso de substância, baixa autoestima, transtorno de sono e transtornos alimentares. As mulheres que sofrem abuso sexual correm risco maior de revitimização por estupro ou abuso conjugal (Gladstone et al., 2004).

Os aspectos do desenvolvimento do TEPT podem indicar quão severo será o transtorno. O nível cognitivo e social da criança é certamente crucial. As crianças que são mais desenvolvidas cognitivamente podem avaliar um evento como mais traumático e ter mais pensamentos autodestrutivos. Além disso, podem ser mais suscetíveis à depressão, sentir consequências mais abstratas do trauma e lembrar melhor do trauma do que crianças menores. As crianças maiores e os adolescentes com melhor desenvolvimento cognitivo tendem, porém, a ter habilidades melhores de enfrentamento. As crianças menores, com habilidades sociais insuficientes, podem não desenvolver ampla rede de suporte nem comunicar efetivamente seus medos e preocupações sobre o futuro. Ao contrário, os adolescentes com boas habilidades sociais podem atenuar os sintomas de TEPT conversando com os amigos e fugindo das situações familiares aversivas.

As diferenças de desenvolvimento podem influenciar, além disso, o modo como as crianças reagem ao evento traumático. As crianças reagem pior a eventos traumáticos, pois têm menos controle (e menor percepção de controle), comportamento mais desorganizado e mais sensibilidade aos sinais que lembram o evento que os adolescentes (Fletcher, 2003). Por outro lado, as crianças menores dissociam-se melhor do evento traumático e isso pode protegê-las um pouco de desenvolver o TEPT. Isso pode explicar também por que crianças que sofreram traumas graves desenvolvem, às vezes, transtorno de identidade dissociativa (múltipla personalidade).

As habilidades cognitivas e sociais de Joline eram boas, em geral. Porém, esse aspecto acabou sendo uma faca de dois gumes. Suas habilidades cognitivas permitiram que entendesse que não tinha culpa do abuso sexual e que a mãe, embora não fosse irrepreensível, era vítima dessas circunstâncias. Joline, entretanto, passou a ter medo dos homens em geral, a ver o comportamento e a atividade sexual como algo repulsivo, e continuou a ter lembranças desagradáveis do abuso. O desenvolvimento social positivo permitiu que ela desenvolvesse habilidades de enfrentamento, confiasse na rede de apoio e se tornasse mais autoconfiante do que anteriormente. O apego aos amigos, contudo, ocorreu em detrimento do relacionamento continuamente tenso com a mãe e do desempenho escolar.

Tratamento

Os clínicos que tratam crianças que sofreram abuso sexual concentram-se na criança e nos pais, ou seja, naquele que restou, já que o outro foi removido da família. O tratamento voltado para os pais envolve quase sempre a construção de métodos melhores de disciplina por meio de modelação, *role-playing* e instruções sobre *time-out* e reforço positivo adequado. Outros tratamentos voltados para os pais incluem terapia cognitiva para modificar os pensamentos irracionais sobre o comportamento da criança, raiva, treinamento em autocontrole e treinamento geral de habilidades de enfrentamento (Cohen et al., 2004). A psicóloga de Joline não deu ênfase ao treinamento da mãe porque a Sra. Kennington não estava envolvida em abuso evidente em relação à filha e porque ela não desejava ter participação ativa na terapia. Seria possível, porém, argumentar que a negligência da mãe em relação ao trauma da filha já havia sido um abuso propriamente dito e merecia intervenção.

O tratamento voltado para a criança que sofreu maus-tratos, especialmente abuso sexual, depende muito da idade da criança. A ludoterapia pode ser útil para crianças em idade pré-escolar que ainda não desenvolveram plenamente as habilidades sociais e cognitivas. Na ludoterapia, a criança interage com objetos de recreação que permitam a expressão em um ambiente confortável. Esses objetos podem ser uma casa de bonecas, marionetes, tintas, argila e material de construção. É uma terapia eficaz para superar a resistência à terapia, potencializar a comunicação sobre determinados eventos, promover o pensamento criativo e a fantasia e liberar emoções (Schaefer e Kaduson, 2007). Quando a criança se envolve em um jogo de faz de conta, o terapeuta pode levantar questões sobre cenários hipotéticos (como solicitações inadequadas por parte de outros) e sobre como a criança se protegeria (por exemplo, contar aos outros os toques "ruins").

O tratamento de crianças em idade pré-escolar que sofreram abuso sexual pode se concentrar na fala da criança sobre os eventos traumáticos. Isso ajuda a diminuir a sua apreensão e permite que identifique as pessoas em quem pode confiar. As técnicas de imaginação emotiva ajudam a abordar os pesadelos. O terapeuta pede à criança que imagine formar uma equipe com seu super-herói favorito para combater um pesadelo ruim. O terapeuta pode também instruir a criança sobre por que o comportamento de tocar é inadequado e como recusar toques indesejados. Essas últimas técnicas não foram, porém, necessárias com Joline.

Já para crianças de idade escolar que sofreram abuso sexual, o tratamento concentra-se no controle do impulso e da raiva, na expressão emocional, no treinamento em solução de problemas, na exposição gradual aos estímulos temidos por meio do treinamento de relaxamento, na melhora da autoestima, no aumento da atividade social para reduzir o isolamento, na depressão e na terapia cognitiva. É importante também fornecer instrução sobre sexualidade, abuso sexual e segurança pessoal (Putnam, 2003). A terapia de grupo pode ser útil para educar a expressão emocional e construir apoio social. Outra técnica de tratamento é fazer que a criança escreva cartas a vítimas hipotéticas ou a familiares, descrevendo seus sentimentos, de modo a adquirir o domínio sobre eles (Boriskin, 2004).

A psicóloga de Joline pediu a ela que escrevesse uma carta a uma menina hipotética de 12 anos que havia sofrido abusos por parte do pai. Também pediu que escrevesse sobre seus sentimentos e que desse conselhos a si própria. Joline escreveu várias cartas breves sobre seus sentimentos de culpa e tristeza e, felizmente, disse à outra criança que ela não deveria sentir culpa pelo abuso. Aconselhou-a a conversar com os amigos, a consultar um terapeuta e a viver a vida "um dia de cada vez". À medida que a garota escrevia as cartas, a psicóloga conversava com ela sobre seus sentimentos e a ajudava a atenuar a culpa e a raiva.

Durante a terapia, surgiu um tema controverso: Joline queria escrever uma carta para o pai. A mãe opôs-se de modo irreversível e insistiu que a filha não tivesse contato com o pai. A psicóloga sugeriu um acordo, ou seja, Joline escreveria a carta, mas a destinaria à psicóloga e não ao pai. A garota concordou e escreveu uma carta longa e digressiva a respeito da raiva que sentia do pai, da esperança de que ele estivesse bem e do desejo de reencontrá-lo no futuro. A mãe disse que Joline levou vários dias para escrever a carta e, durante esse tempo, chorou muitas vezes. A Sra. Kennington achou que esse processo era autodestrutivo, mas a psicóloga sabia que a menina precisava expressar esses sentimentos para que o abuso ficasse para trás. O humor de Joline melhorou um pouco depois de escrever a carta.

O tratamento de Joline concentrou-se nos seus sentimentos de isolamento, medo generalizado dos homens e questões sobre namoro e sexo. A psicóloga utilizou a terapia cognitiva para reduzir as interpretações negativas da menina sobre as ações dos outros, uma vez que ela as via sempre como ameaçadoras ou más. Isso se aplicava também àqueles que estavam perto dela, incluindo a mãe e os colegas, e era um resultado natural da traição do pai. Joline sentia muitas vezes que as amigas a olhavam de modo estranho e que não queriam interagir com ela. Passou a reconhecer que talvez elas se sentissem apenas embaraçadas perto dela, pois não sabiam o que dizer. A psicóloga sugeriu que três de suas melhores amigas estivessem presentes na terapia, e essa questão com as amigas foi totalmente resolvida. Porém, a terapia não ajudou a melhorar o relacionamento de Joline com a mãe.

A psicóloga ajudou-a identificar os homens "bons" em sua vida, para que visse que o abuso não fazia parte da natureza de todos os homens. Identificou seus irmãos, o pastor e o orientador da escola como modelos positivos. A psicóloga respondeu às perguntas de Joline sobre namoro e sexo e discutiu longamente a respeito de contatos sexuais adequados e inadequados.

O início do tratamento para crianças com sintomas de TEPT destina-se a encerrar o trauma e ajudar a criança a recuperar-se em um ambiente seguro. Em seguida, o tratamento pode, para crianças que sofreram abuso sexual, reunir outros componentes como expressão emocional, terapia familiar e exposição a pensamentos e sinais relacionados ao trauma. Joline evitava persistentemente o antigo apartamento no qual o pai a havia molestado. Quando a psicóloga julgou que estivesse pronta, elas deram uma volta, juntas, pelo apartamento. A menina identificou diferentes aspectos do local e entrou em seu antigo quarto. Chorou por um bom tempo, mas depois se acalmou. Escreveu outra carta para o pai depois dessa experiência e, assim como a anterior, esta também não foi enviada, e ela a manteve em sigilo.

O prognóstico de longo prazo para indivíduos que sofreram abuso ou que apresentam sintomas de TEPT depende amplamente do grau de expressão emocional que manifestam (catarse), do nível do apoio familiar e social, da exposição a sinais que recordem o trauma e das habilidades de enfrentamento. Joline permaneceu em terapia por sete meses e, então, mudou-se com a mãe para outra cidade. Ao final do tratamento, suas notas na escola haviam melhorado, e ela havia se adaptado bem aos eventos passados e à vida nova. A psicóloga acreditava que o prognóstico de longo prazo de Joline seria provavelmente bom.

Questões para discussão

1. Aproximadamente um quarto das meninas e um sexto dos meninos sofrem abuso sexual por volta dos 18 anos. A que você acha que se deve essa alta prevalência?
2. Se fosse entrevistar uma criança que sofreu abusos graves, quais temas você acha que seriam importantes abordar em primeiro lugar? Em quais características de si mesmo(a) pensaria, ao conversar com essa criança?

3. Quais os tipos de trauma com maior probabilidade de levar ao TEPT? Por que algumas pessoas apresentam TEPT após um evento terrível e outras não? Discuta questões pessoais, familiares e sociais ao abordar a questão.
4. Quais eventos de sua vida você descreveria como traumáticos? O que, nesses eventos, fez que os sentisse como traumáticos?
5. Visto o comportamento da Sra. Kennington, você acredita que Joline deveria ficar com ela depois que o pai foi embora? Discuta as vantagens e desvantagens dessa situação.
6. Se pudesse falar com Joline sobre a situação dela, o que gostaria de dizer? Se fosse terapeuta e houvesse sofrido abuso no passado, você falaria sobre isso como parte da terapia, a fim de ajudar o paciente? Justifique sua resposta.
7. É possível que as lembranças de um abuso sofrido no passado sejam reprimidas e lembradas mais tarde? Argumente sua resposta. Quais são as consequências judiciais, entre outras, que decorrem desse fenômeno?
8. Discuta a utilidade e a conveniência dos grupos de autoajuda para tratar pessoas que sofreram abuso sexual. Discuta os prós e os contras de participar de grupos de apoio em vez de receber orientação de profissionais treinados que nunca sofreram abuso.

Capítulo 14
Caso misto 2

Sintomas

Cindy Weller é uma adolescente, branca, de 14 anos e foi encaminhada a uma clínica ambulatorial para jovens com comportamento de recusa escolar. Na época da avaliação inicial, cursava o primeiro ano do ensino médio. A mãe, a Sra. Weller, decidira encaminhar a filha após receber um aviso oficial da escola, comunicando que Cindy havia faltado 28 dias nas aulas, desde o começo do ano. Na maioria desses dias, a ausência havia sido parcial: ela havia faltado na parte da tarde. O diretor encaminhou o caso de Cindy ao tribunal juvenil,[1] conforme as normas da escola, e ela seria acusada de ausências injustificadas, e os pais poderiam ser acusados de negligência educacional. O diretor informou à mãe que o tribunal costumava ser mais favorável em relação a famílias que buscavam terapia. A Sra. Weller agendou uma consulta para Cindy, para ela mesma e para o ex-marido.

Um psicólogo clínico entrevistou a menina e os pais separadamente. A primeira foi Cindy, mas ela forneceu informações vagas. Quando o psicólogo lhe perguntou quantos dias havia faltado à escola, respondeu, com irritação: "não muitos". No entanto, conhecia as normas da escola de encaminhar o estudante ao tribunal, após vinte faltas em um mesmo semestre. Tranquilizada a respeito da confidencialidade, falou mais. Disse que não gostava da escola e a achava entediante. Não gostava dos colegas de classe, dos professores, das disciplinas, bem como do ensino médio, no qual havia ingressado. O psicólogo perguntou-lhe se havia algo na escola de que gostasse e ela respondeu que gostava dos intervalos com os amigos.

Além disso, o psicólogo perguntou sobre suas atividades fora da escola. Cindy respondeu que ela e os amigos faltavam à escola com frequência para "dar uma volta e fumar maconha" ou ficar na casa de alguém, assistindo à televisão ou jogando videogames. Isso acontecia aproximadamente duas ou três vezes por semana. Geralmente, dava uma volta no shopping do bairro ou voltava para casa para dormir. Durante os fins de semana, a rotina era a mesma. O psicólogo investigou o uso de

---

[1] Em casos como este, no Brasil, o diretor da escola primeiramente chama os pais para averiguar o porquê das ausências e tenta solucionar o problema. Caso isso continue a ocorrer, a questão das faltas reiteradas e sem justificativas ou da evasão escolar configurar-se-á em negligência com o menor. Neste caso, a direção da escola deve solicitar a intervenção do Conselho Tutelar. Se a questão não for dirimida no âmbito do Conselho, este encaminhará o caso à promotoria de Justiça da Infância e da Juventude. (NRT)

drogas mais a fundo e descobriu que a menina, às vezes, usava crack e cocaína, além de maconha. Exceto pelas faltas à escola, o uso de drogas parecia não interferir significativamente em seu funcionamento diário. Ela nunca havia faltado a nenhum compromisso com a família ou a uma consulta médica por estar intoxicada. Não se colocava em situações perigosas por causa do uso de drogas. Não andava de carro com amigos intoxicados nem ingeria álcool quando usava outras drogas.

O psicólogo investigou também aspectos do passado de Cindy. A jovem disse que os pais tinham se divorciado há um ano, após um período de intensas brigas. Descreveu o modo com que os pais discutiam e se tornavam fisicamente agressivos um com o outro. Cindy já havia chamado a polícia duas vezes. O casal Weller havia, porém, mantido contato estreito após o divórcio e consultava-se com frequência a respeito da filha (note-se que ambos compareceram à clínica). Cindy disse que o divórcio havia sido uma "coisa boa" e estava contente pelo fato de o pai não estar em casa. Porém, a mãe e ela não se davam bem. Contou que brigavam com frequência e que a Sra. Weller "contava os dias até poder botá-la para fora de casa". A menina, então, evitava ao máximo ficar em casa e interagir com a mãe.

Cindy insistiu que precisava de um tempo para passar com os amigos e aludiu ao fato de que poderia não voltar mais à escola. Estava ansiosa sobre seu desempenho em diversas disciplinas e afirmava que não entendia as tarefas nem percebia que relevância teriam em sua vida. Disse sentir-se "um peixe fora d'água" durante muitas das aulas e faltava à escola para estar com os amigos que lhe davam mais apoio. Negou ter angústias emocionais fora da escola, mas o psicólogo notou que estava preocupada com o que aconteceria no tribunal, e que seu humor estava levemente deprimido. Cindy sacudia os ombros em resposta a diversas perguntas e chorou quando ele lhe perguntou sobre seus planos para o futuro. Ela não forneceu nenhuma ideia quanto aos objetivos do tratamento.

A Sra. Weller estava desejosa de dar informações sobre a filha e de criticá-la. Culpou-a diretamente pelos problemas recentes e chamou-a de perturbada. Ressaltou a longa história de recusa escolar da filha, relatando que ela havia faltado 17 dias no sétimo ano e cinquenta dias no oitavo. Mas a escola não havia tomado nenhuma providência legal até aquele momento. A mãe disse estar surpresa com as normas da escola a respeito do absenteísmo e lamentou o tempo que perderia no trabalho para comparecer ao tribunal e às sessões de terapia.

Quando o psicólogo lhe perguntou por que Cindy se recusava a ir à escola, sacudiu os ombros e disse que a filha "estava se viciando em drogas". Encontrara maconha e cocaína em seu quarto no verão anterior e havia expulsado a garota de casa, mas depois cedeu e deixou que voltasse. Acreditava que Cindy faltasse à escola para "comemorar" com os amigos. Achava também que estava se juntando a uma gangue e que começaria a praticar furtos. Afirmou que Cindy não lhe dava mais ouvidos, estava "fora de controle" e "se encaminhava para grandes problemas". Duvidou que o psicólogo pudesse ajudá-la.

O Sr. Weller, que permaneceu em silêncio até esse ponto da conversa, adotou um tom mais suave. Disse que o divórcio foi difícil para Cindy e que ela estava provavelmente "rebelando-se" contra ele e a ex-mulher. Admitiu os conflitos conjugais e a violência ocorridos e especulou que Cindy houvesse ficado, de algum modo, "marcada". Revelou que ela ainda brigava com frequência com ele e com a ex-mulher, usando, às vezes, um linguajar obsceno. Ameaçava fugir de casa e já havia realmente fugido duas vezes. Nas duas ocasiões, havia ficado na casa de uma amiga por quatro dias e depois voltado. Concordava com a ex-mulher que Cindy estava "se encaminhando para grandes problemas".

O psicólogo, com a permissão dos pais, conversou também com vários funcionários da escola. O quadro clínico que surgiu foi diferente. Diversos professores descreveram Cindy como ansiosa, deprimida e retraída. Ninguém disse que ela era disruptiva na sala de aula, mas um professor se queixou de que ela parecia "fora do ar" e hesitaria se lhe fizessem uma pergunta. Todos disseram que Cindy estava faltando às aulas. Sua orientadora, a Sra. Arias, contou que a garota tinha ameaçado se ferir no começo do ano, caso não conseguisse os horários de aula que queria. A ameaça não foi levada a sério, mas a orientadora se mostrou preocupada com a família e a vida social de Cindy, e disse que ela era uma estudante "de risco".

Depois desse processo de avaliação inicial, o psicólogo concluiu que Cindy tinha dificuldades tanto de internalização e externalização como escolares. Concluiu que o comportamento de recusa escolar era o problema mais sério e imediato. Os outros problemas a serem abordados pela terapia eram depressão, uso de substâncias, desobediência e conflito familiar.

Avaliação

O comportamento de recusa escolar refere-se à recusa em frequentar a escola ou à dificuldade de permanecer na sala de aula por todo o período de aulas. É o caso de crianças e adolescentes, de 5 a 17 anos, que apresentam um ou mais dos seguintes comportamentos (Kearney, 2007):

- Faltam integralmente à escola.
- Vão à escola, mas saem ao longo do dia.
- Vão à escola apenas após apresentar problemas graves de comportamento, como acessos de birra pela manhã.
- Vão à escola aterrorizados e pedem repetidamente para serem dispensados.

Termos como "fobia escolar" ou "matar aulas" são usados às vezes para descrever essa população, porém o termo "recusa escolar" é preferível, pois abrange todas as crianças e jovens que têm problemas para ir à escola. O comportamento de recusa escolar é diferente da retirada da escola, que significa, por sua vez, que um dos pais deliberadamente tira a criança da escola por motivos econômicos ou para impedir que lhe causem danos (por exemplo, sequestro por parte do ex-cônjuge).

Cindy estava secretamente recusando a escola por sua própria vontade. Os pais sabiam pouco sobre seu absenteísmo até que a escola lhes apresentou os registros. Seu comportamento de recusa escolar pertencia claramente ao segundo tipo: ia à escola, mas ia embora durante o dia para estar com os amigos. O problema era crônico, pois o absenteísmo ocorria intermitentemente havia três anos. Aquele ano, porém, fora pior que os anteriores, e a interferência na família e no funcionamento escolar era evidente.

A maioria dos casos de recusa escolar envolve um padrão complexo de comportamentos de internalização e externalização (Kearney, 2001). Os comportamentos comuns de internalização são medo, ansiedade, depressão, retraimento social, ideação suicida, fadiga e queixas somáticas, como dor de estômago, dor de cabeça e náusea. As queixas somáticas podem ser reais ou exageradas para evitar a escola. Cindy não apresentava queixas somáticas, mas relatara sentir ansiedade geral e depressão na escola. Isso se aplicava especialmente às situações em que tinha de interagir com colegas de classe que não conhecia ou quando precisava fazer uma apresentação diante dos outros. Cindy era uma "seguidora" e evitava situações em que devia iniciar um contato ou estar no centro das atenções.

O comportamento de externalização em jovens que apresentam recusa escolar é composto por agressão verbal e física, desobediência, fuga de casa ou da escola e acessos de birra. Cindy era nitidamente desobediente em relação a muitas solicitações dos pais e professores e apresentava histórico de fuga de casa e da escola. Os pais disseram que ela se tornava agressiva verbal e fisicamente quando não conseguia o que queria. Recordaram um incidente em que Cindy tentou empurrar a mãe da escada para poder sair de casa e encontrar os amigos.

A avaliação de jovens com comportamento e recusa escolar deve abranger muitas áreas de funcionamento. Foram usados, nesse caso, diversos questionários de autorrelato e questionários para pais e professores sobre problemas de internalização. Os resultados de Cindy encontravam-se dentro da variação normal segundo o *Children's Depression Inventory* (Kovacs, 1999), mas ela, na verdade, confirmou diversas questões do inventário. Essas questões envolviam tarefas escolares insuficientes, sentimentos de não ser amado, humor deprimido, fadiga e pensamento sobre suicídio. O psicólogo estabeleceu um contrato pelo qual Cindy prometia entrar em contato com ele se pensasse seriamente ou se tivesse impulsos de suicídio.

Cindy relatou também nível de ansiedade social de moderado a alto na *Multidimensional Anxiety Scale for Children* (March, 1997) e na *Social Anxiety Scale for Children-Revised* (La Greca, 1998). Cindy sentia mais ansiedade perto de crianças que não conhecia bem e preocupava-se com a avaliação dos outros sobre sua aparência e comportamento (mas isso é quase sempre normal em jovens de 14 anos).

Essa preocupação explicava parcialmente por que era chegada ao pequeno grupo de amigos que faltava à escola. O resultado de Cindy na *Piers-Harris Self-Concept Scale for Children* (Piers et al., 2002) revelava que tinha reservas quanto à sua popularidade, desempenho diante de outros, força interior e inteligência.

Cindy foi submetida também à *School Refusal Assessment Scale-Revised* (Kearney, 2002), um instrumento que mede a força de quatro condições funcionais que circundam o comportamento de recusa escolar. Esse instrumento de medida revelou que Cindy faltava à escola principalmente para obter recompensas tangíveis como visitar os amigos, usar drogas e assistir à televisão em casa. Uma preocupação secundária era o desejo de fugir de situações aversivas de avaliação social na escola, como encontrar pessoas novas e apresentar uma performance esportiva ou acadêmica diante de outros. Ela, portanto, faltava à escola por mais de um motivo. É mais difícil tratar crianças e jovens que recusam a escola por razões múltiplas, como no caso de Cindy, do que aqueles que a recusam por apenas uma causa.

O psicólogo usou também questionários para pais e professores sobre os comportamentos de externalização. Os pais confirmaram diversas questões do *Child Behavior Checklist* (relacionadas a comportamentos delinquente, agressivo, ansioso, deprimido e socialmente problemáticos). Mencionaram as frequentes desobediências, discussões, insultos, choro, preocupação, nervosismo e insucesso da filha em conviver bem com os outros. A avaliação dos pais confirmou o relato de Cindy sobre os sintomas mistos de internalização e externalização. O casal respondeu à versão para pais da *School Refusal Assessment Scale-Revised*. Classificaram Cindy em um ponto alto da dimensão de recompensas tangíveis, convencidos de que ela recusava a escola porque se divertia mais fora dela.

A orientadora de Cindy, a Sra. Arias, preencheu o *Teacher's Report Form*. Suas opiniões sobre a garota correspondiam estreitamente às dos pais. Apresentou os registros acadêmicos de Cindy, que mostravam uma boa frequência nas aulas matinais (ciência da computação, inglês e estudos sociais), mas frequência ruim nas aulas do período da tarde (coral, matemática, ciências da terra e educação física). Cindy saía-se mal em todas as disciplinas, porém os professores de ciência da computação, inglês e estudos sociais disseram que ela só precisaria terminar alguns trabalhos de recuperação para aumentar as notas e passar de ano.

A avaliação de crianças e jovens com recusa escolar pode incluir observação direta do comportamento. O psicólogo observou Cindy duas vezes, a partir das 6 horas da manhã, horário em que deveria acordar, até as 8h15 da manhã, horário em que começava a primeira aula. As observações revelaram considerável conflito entre a Sra. Weller e Cindy, que passava momentos ruins entre acordar e ficar pronta para a escola. Porém, uma vez que chegava à escola, ia para a sala de aula sem incidentes. A Sra. Arias observou Cindy por dois dias, em segredo, após ela sair da aula de estudos sociais. Em ambos os dias, almoçou com três amigos e saiu da escola. A Sra. Arias estendeu a observação para o terceiro dia, esperando pegá-la enquanto saía da escola sem permissão. Foi o que ela fez, e a orientadora deu-lhe quatro dias de punição (*detention*).[2]

Fatores de risco e variáveis mantenedoras

Os precursores do comportamento de recusa escolar não são sempre claros, mas entre os principais desencadeadores estão a entrada em uma nova escola, o início de um ano letivo estressante, desentendimentos com um professor, problemas com colegas, ansiedade de separação e doença grave. Variáveis familiares também podem provocar comportamento de recusa escolar. A entrada de Cindy no ensino médio foi problemática – ela se confundia para encontrar as classes e para entender como fazer os deveres de casa. Sentia, além disso, que alguns dos professores eram distantes e se preocupavam mais com os bons alunos. Ela se queixava também da composição étnica da escola.

Muitas crianças recusam a escola por uma ou mais de quatro razões ou funções (Kearney, 2001). Em primeiro lugar, podem recusar a escola para evitar emoções estranhas ou negativas que sentem lá dentro (esquiva de estímulos que provocam afetividade negativa). Geralmente, isso acontece com crianças menores que faltam por se sentirem ansiosas ou perturbadas no ambiente escolar. Essas crianças não conseguem em geral identificar nada que as aborreça, mas relatam, às vezes, sentimentos de mal-estar com relação ao tamanho e amplidão do prédio escolar. Essas crianças relatam também sintomas físicos aversivos como dor de estômago, tendem a ser mais sensíveis, mais reativas aos fatores de estresse e mais dependentes do que crianças que não recusam a escola. A criança pode ter uma fobia específica de algum objeto ou de alguma situação relacionada à escola, mas esses casos são raros e não são representativos daqueles que faltam às aulas.

Uma segunda razão ou função da recusa escolar – que se aplica melhor a Cindy – é fugir de situações aversivas sociais ou de avaliação. É o caso, em geral, de adolescentes que faltam à escola para evitar situações que exigem interação social ou apresentações diante de outros. Esses jovens evitam pessoas como colegas, professores e outros funcionários da escola. Podem evitar testes, apresentações orais, escrever na frente dos outros, recitais, ambientes de esporte, andar na classe ou nos corredores, almoçar na lanchonete, eventos de grupo, aglomerações ou outros ambientes que envolvam interação ou avaliação social. Apresentam, em geral, ansiedade social alta e personalização. Podem presumir que duas pessoas sussurrando em um corredor estejam falando deles. A ansiedade social é comum nos adolescentes, mas problemática se interferir na frequência escolar.

Cindy faltava à escola, em parte, para escapar das situações sociais aversivas e de avaliação. Ficava nervosa diante dos outros, especialmente quando encontrava

---

[2] *Detention*: punição escolar que consiste em prolongar a permanência do aluno na escola para além do horário das aulas.

pessoas novas. Preocupava-se também com as consequências de voltar às aulas em tempo integral e perceber que colegas e professores a olhariam de modo estranho. Achava mais fácil faltar à tarde, quando muitas disciplinas envolviam interação social e avaliação. Gostava de faltar à aula de educação física para não precisar apresentar performances esportivas na frente dos outros. Faltava também no coral para não ter de cantar na frente dos outros. Gostava de faltar à aula de matemática para não precisar escrever e resolver problemas na lousa. A recusa escolar de Cindy, porém, não se limitava sempre às aulas do período da tarde. Faltava a todas as aulas matinais de inglês, em que os alunos deviam fazer relatórios orais. Preferia ficar com seu pequeno grupo de amigos e frequentemente escapava das outras pessoas.

Uma terceira razão que as crianças podem ter para a recusa escolar é obter a atenção dos pais ou de quem cuida delas. É o que geralmente acontece com crianças pequenas que apresentam problemas de comportamento de manhã, para ficar em casa com os pais. Entre os comportamentos comuns de recusa estão a de levantar da cama, trancar-se em um quarto ou no carro, agarrar-se a alguma coisa, fazer birra e fugir da escola. Essas crianças podem apresentar altos níveis de ansiedade de separação (a recusa escolar é um dos sintomas do transtorno de ansiedade de separação), mas conseguir atenção é o maior problema. Essas crianças têm medos, são desobedientes, manipuladoras e dependentes. Mas essa condição funcional não se aplicava a Cindy. Ela queria ficar o mais longe possível dos pais.

Algumas crianças recusam a escola para obter reforço tangível. É o caso de adolescentes que faltam para ir atrás dos divertimentos que existem fora da escola, como ficar com amigos, dormir e assistir à televisão. Em geral, não têm ansiedade na escola e são mais propensos aos sintomas de transtorno desafiador de oposição ou de conduta. Os comportamentos mais comuns que se associam às faltas são, nesse caso, agressão, uso de substância, mentiras e fuga de casa.

Cindy certamente recusava a escola para obter reforço tangível. Esse padrão teve início no ano anterior, quando faltou à escola para ir fazer compras com os amigos, e foi reforçado quando descobriu que podia sair da escola sem grandes consequências. Os funcionários da escola raramente avisavam os pais a respeito das faltas. É difícil rastrear o absenteísmo em escolas grandes como a de Cindy, e, portanto, problemas como os dela podem se agravar durante algum tempo.

As duas primeiras condições funcionais – evitar emoções negativas ou sintomas físicos associados à escola e fugir de situações aversivas sociais e/ou de avaliação – representam a situação de jovens que recusam a escola para escapar de algo desagradável dentro do ambiente escolar (reforço negativo). As duas últimas condições funcionais – obter atenção e reforço tangível – representam a situação de jovens que recusam a escola para obter algo agradável fora da escola (reforço positivo). Como já foi dito antes, há muitos jovens que recusam a escola por mais de uma razão. Uma criança pode inicialmente faltar à escola para evitar interações sociais e descobrir, em seguida, os aspectos positivos de ficar em casa sozinha (por exemplo, assistir à televisão e conversar ao telefone sem interrupção). Ou, ao contrário, pode faltar por longos períodos para ficar com os amigos e tornar-se, então, ansiosa quanto ao fato de ter de voltar para aulas, colegas e professores novos.

Esse cenário complexo parece aplicar-se a Cindy. Ela recusava a escola para obter recompensas tangíveis fora e ficava nervosa por ter de voltar para aulas que não frequentava há algum tempo. O psicólogo achava que a garota desejava voltar à escola mais do que admitia, porém estava preocupada com o que aconteceria se voltasse (por exemplo, perguntas intrusivas por parte dos outros). O psicólogo reconheceu que outros comportamentos podiam igualmente interferir no retorno de Cindy à frequência em tempo integral: uso frequente de droga, relacionamento familiar deteriorado e sintomas depressivos. Problemas como estes, em comorbidade, geralmente complicam o tratamento de crianças com comportamento de recusa escolar crônico.

Aspectos do desenvolvimento

Muitos fatores e funções mantêm o comportamento de recusa escolar. Em primeiro lugar, algumas dinâmicas familiares disfuncionais podem preparar o terreno para o desenvolvimento desse comportamento. Uma dinâmica bem conhecida é o emaranhamento ou o excesso de envolvimento dos familiares nas vidas uns dos outros. Essas famílias caracterizam-se por excesso de indulgência e superproteção por parte dos pais, dependência, hostilidade e distanciamento por parte do pai. Esse padrão leva, muitas vezes, a comportamentos de ansiedade de separação e de busca de atenção, por parte da criança, que podem piorar quando ela entra na escola. Cindy nunca havia sido muito próxima dos pais. Ela se comportou mal no passado para conseguir que os pais parassem de brigar, mas, naquele momento, evitava-os sempre que possível.

Outro padrão familiar característico de jovens que recusam a escola é o isolamento, caracterizado por poucos contatos externos por parte dos familiares. As crianças que pertencem a famílias isoladas passam muito de seu tempo livre com os pais e podem desenvolver menos amizades do que as crianças de sua idade. É menos provável, além disso, que essas famílias busquem tratamento para o comportamento da criança. Esse padrão está relacionado àqueles que recusam a escola para fugir de situações aversivas sociais ou de avaliação. Os pais de Cindy isolavam-se quase sempre dos outros, e ela passara muito tempo em casa, nos primeiros anos de escola. Mesmo depois da separação, o casal permanecia em estreito contato e não socializava muito com os outros. O isolamento familiar inicial pode ter levado Cindy a desenvolver ansiedade social e a se tornar uma "seguidora". Assim, passava o tempo apenas com um pequeno grupo de amigos, acabando por seguir os que faltavam à escola.

Um terceiro padrão familiar comum aos que recusam a escola é o desapego. Os membros de famílias com desapego estão insuficientemente envolvidos nas vidas uns dos outros e prestam pouca atenção às necessidades e desejos de cada familiar. Pais desapegados em geral esperam muito tempo antes de reagir aos problemas de comportamento do filho. Os padrões de comunicação e de expressão emocional são insuficientes. Esse padrão parece especialmente pertinente ao caso de Cindy. Os pais mantinham pouca comunicação positiva com a filha. A Sra. Weller deixava quase sempre que o mau comportamento da menina prosseguisse enquanto não afetasse sua vida e estava, naquele momento, preocupada com a frequência de Cindy na escola. Porém, o histórico de comportamento de recusa escolar da menina vinha de muito tempo. A mãe só interviu depois que a escola a avisou que haveria um processo legal.

Outro padrão familiar encontrado em famílias de crianças com recusa escolar é o conflito. Essas famílias caracterizam-se por discussões verbais ou brigas corporais, habilidades ruins de solução de problemas e coerção. O antagonismo familiar pode resultar de problemas conjugais que levam a uma disciplina inconsistente e, posteriormente, a problemas como a recusa escolar. Inversamente, o comportamento de recusa escolar da criança pode desencadear brigas conjugais, pois os pais podem discordar sobre o modo de abordar a situação. O conflito é mais característico nos casos de crianças que recusam a escola para obter reforço tangível (Kearney, 2001). O conflito entre os familiares era certamente um padrão de longa data no caso de Cindy.

De que modo esses padrões familiares interagiam para produzir o comportamento de recusa escolar de Cindy? Uma das possibilidades é a de que seus pais fossem pessoas relativamente retraídas, ficassem geralmente isoladas e quisessem que Cindy fizesse o mesmo. Isso podia explicar por que ela, inicialmente, tinha poucos amigos e havia se tornado, em seguida, ansiosa em situações sociais novas. Fatores familiares de estresse e pouco apoio social externo podem ter criado uma atmosfera de conflito que privou Cindy da atenção dos pais. Boa parte do reforço que recebia provinha, então, de fontes externas. Quando os pais se separaram, ela ficou mais interessada em aproveitar as coisas materiais que estavam disponíveis para os amigos (por exemplo, videogames e drogas). Seus amigos começaram a faltar à escola para aproveitar mais essas atividades, e Cindy os seguiu. Após o divórcio, a Sra. Weller afastou-se da filha e chegou a culpá-la por seus problemas conjugais. À medida que esse afastamento piorou, Cindy passou a faltar mais às aulas e a procurar as recompensas tangíveis com mais vigor do que antes. Isso lhe permitiu, além de tudo, faltar às aulas que implicavam manter muito contato com os outros.

O que se pode dizer do prognóstico de longo prazo para jovens que recusam a escola? Os adultos que recusaram a escola durante a adolescência correm mais risco de ter problemas conjugais, de trabalho, ansiedade, depressão, abuso de álcool e comportamento infrator. Os que abandonam a escola têm probabilidade menor de frequentar a universidade e de obter sucesso econômico (Kearney, 2008).

Qual é o prognóstico de longo prazo para Cindy? O programa de tratamento a que ela foi submetida foi moderadamente eficaz, mas seu comportamento crônico de recusa escolar certamente aumentou o risco de comportamentos infratores e de um eventual abandono da escola. Esses efeitos podem prejudicar seu sucesso escolar e financeiro de longo prazo. A esquiva social de Cindy, a depressão, o uso de substâncias e o apoio insuficiente dos pais também podem predispô-la a problemas na idade adulta.

Tratamento

O psicólogo de Cindy queria tratar seus problemas múltiplos de comportamento, mas concentrou-se principalmente em reduzir seu comportamento de recusa escolar, na esperança de que, desse modo, os comportamentos secundários (por exemplo, ansiedade social, depressão e uso de substâncias) diminuíssem. Há diferentes tratamentos para jovens com comportamento de recusa escolar relacionados às funções descritas anteriormente (Kearney e Albano, 2007). Algumas crianças recusam a escola para evitar emoções negativas experimentadas lá dentro. Essas crianças podem ser beneficiadas por treinamento de relaxamento, respiração e reexposição gradual ao ambiente escolar. O treinamento de relaxamento e respiração as ajuda a controlar os sintomas de ansiedade ligados à escola, como tensão muscular ou hiperventilação. Podem ser gradualmente reintroduzidas na sala de aula e em outros ambientes de modo a associar o relaxamento e a respiração normal aos estímulos ligados à escola. Esse tratamento, porém, não se aplicava a Cindy.

Para jovens que recusam a escola para fugir de situações aversivas sociais e de avaliação, como acontecia, em parte, com Cindy, pode ser útil um tratamento que envolva modelação, *role-playing* e terapia cognitiva. A modelação e o *role-playing* ajudam a desenvolver habilidades sociais. As habilidades de Cindy eram relativamente boas, mas ela muitas vezes se retraía e não as exercia. O psicólogo acreditava que o retraimento derivava de seus comportamentos depressivos e da ansiedade social. No cerne desses sintomas estavam as distorções cognitivas que a menina tinha sobre si mesma e sobre suas interações com os outros.

O psicólogo trabalhou com Cindy para identificar seus processos distorcidos de pensamento, que mantinham a depressão e a ansiedade. Cindy tinha autoconsciência de sua aparência e comportamentos diante dos outros. Às vezes, supunha que os outros a julgassem negativamente, ainda que não dispusesse de evidências para isso. Achava que o psicólogo, na primeira vez que a encontrara, houvesse pensado que seu cabelo era desgrenhado, sua pele era ruim e que seu nariz era grande. Também pensava que os outros a julgariam duramente, da mesma forma que sua mãe havia feito no passado, quando ela tentou fazer coisas novas por sua própria conta. Evitava assim situações novas e raramente tentava fazer coisas diferentes das que já fazia.

O psicólogo ajudou-a a tentar modos novos de interagir com o ambiente. Encorajou-a consideravelmente a convidar os pais a fazer o mesmo. Pediu a Cindy que se envolvesse em novas situações na escola (conversando com outros de fora do grupo), na igreja (reunindo-se ao grupo de jovens) e na família (iniciando mais conversas com a mãe). Cindy examinava seus pensamentos durante cada situação e modificava aqueles irracionais. Aprendeu também a prestar atenção aos *feedbacks* positivos e negativos que recebia quando encontrava pessoas pela primeira vez. Esses esforços haviam sido planejados para ajudá-la a pensar de modo mais realista, a aumentar seu nível de atividade e a reduzir a ansiedade social e o retraimento. Ela foi gradualmente assumindo mais riscos e se envolvendo com os outros de modo mais ativo, ao longo de diversas semanas.

Já para crianças que recusam a escola para obter atenção, pode ser útil treinar os pais em manejo de contingências. São incentivados a estabelecer, para o filho, rotinas matutinas e noturnas, a dar ordens com mais clareza, a recompensar ativamente comportamentos pró-sociais e de frequência à escola e a punir ou ignorar comportamentos inadequados de recusa escolar. Tal programa de tratamento é usado com crianças pequenas, mas certos aspectos podem ser aplicados também aos adolescentes.

O psicólogo de Cindy ajudou a Sra. Weller a melhorar a clareza das afirmações que dirigia à filha. Ela foi incentivada a dizer, em termos unívocos, o que queria que Cindy fizesse quanto às tarefas domésticas, à hora de voltar para casa e à frequência escolar. Cindy e a mãe combinaram os horários em que ela deveria levantar de manhã, ir à escola, voltar para casa da escola e reunir-se com os amigos. Os pais elogiavam-na por seu comportamento positivo e evitavam sarcasmo ou comentários contundentes. O psicólogo notou que o Sr. Weller conseguiu melhorar seu relacionamento com Cindy. A atitude da Sra. Weller, porém, continuou negativa, e seu relacionamento com a filha, tenso.

A terapia familiar pode ser útil para jovens que recusam a escola para obter reforço tangível. Essa abordagem enfatiza a contrato [de contingências] e a solução de problemas, a comunicação e as habilidades de recusa em relação aos pares. O primeiro objetivo do psicólogo foi reestabelecer a frequência em tempo integral de Cindy na escola, de modo que as sessões de tratamento iniciais da família envolveram contrato. Os contratos escritos continham condições pelas quais Cindy frequentaria a escola em troca da oportunidade de fazer tarefas em casa, mediante pagamento. Ela ganharia a chance de ser paga, em dinheiro, ao passar o aspirador de pó na casa e limpar os banheiros, se frequentasse a escola em período integral por uma semana. Caso perdesse alguma aula, precisaria fazer as tarefas domésticas sem pagamento; e caso recusasse a fazer as tarefas domésticas, ficaria de castigo no fim de semana. Um membro da equipe da clínica entraria em contato com a escola diariamente e informaria os pais a respeito de qualquer falta por parte de Cindy.

Cindy teve muitos problemas para cumprir esses contratos iniciais. Saiu da escola em quatro diferentes ocasiões, nas duas primeiras semanas. O psicólogo, então, avisou-a de que um dos pais ou um funcionário da escola a acompanharia de uma aula para outra, caso ela continuasse a faltar. Cindy ainda faltou a aulas do período da tarde ao longo das duas semanas seguintes. O Sr. Weller e a orientadora, revezaram-se para acompanhar Cindy a cada aula do período da tarde. Nessas condições, a menina frequentava a escola e recebia as recompensas estabelecidas no contrato. Esse procedimento foi logo eliminado gradualmente, mas a orientadora pediu aos professores de Cindy que ficassem de olho enquanto ela passava de uma aula para outra.

O psicólogo concentrou-se nas habilidades de recusar convites [inapropriados] de colegas da adolescente. Isso implicava que Cindy usasse comportamentos e afirmações para recusar os convites para faltar à aula, sem se sentir rejeitada. Foi incentivada a evitar permanecer nos corredores, onde era provável que recebesse convites desse tipo. Seu horário de almoço também foi alterado a fim de evitar que fosse tentada a sair da escola por alguns colegas. O psicólogo ajudou Cindy a formular respostas para os que queriam que ela faltasse às aulas. Foi incentivada a dizer "não", pois queria ganhar dinheiro pelas tarefas domésticas, frequentando a escola (ou seja, cumprindo o contrato). Outro objetivo era reduzir o tempo que passava com pessoas que faltavam à escola. A compensação para isso era passar um tempo adicional com os amigos durante os fins de semana.

O psicólogo trabalhou também com os pais para melhorar suas habilidades de solução de problemas e de comunicação. Eles aprenderam a definir os problemas existentes, a elaborar soluções, a comunicar-se de modo respeitoso e a implementar e avaliar soluções. Grande parte desses processos ocorreu quando a família elaborou os contratos de frequência à escola. Esses procedimentos, em geral, atenuaram as tensões familiares, mas não produziram grandes progressos na comunicação em geral. Os familiares continuavam a interromper uns aos outros.

O psicólogo concentrou-se no uso de drogas de Cindy. Ela foi orientada sobre os efeitos perniciosos da maconha e da cocaína, e ele preparou para ela uma programação de modo que reduzisse o uso de drogas comodamente, ao longo do tempo. Mas isso não produziu resultados. Cindy *aumentou* ligeiramente o uso de drogas, embora isso tenha acontecido principalmente nos fins de semana. O único ponto positivo era que ela continuava a se abster de álcool.

O tratamento de Cindy durou quatro meses e, nesse período, sua frequência escolar aumentou gradualmente. Ao final da terapia, ela frequentava a escola por aproximadamente 90% do tempo, e todas as suas notas, exceto duas, eram suficientes. As notas suficientes incluíam o inglês, pois ela havia terminado as apresentações orais que deveria fazer. A ansiedade social e a depressão diminuíram de modo generalizado. Entretanto, as interações familiares e as habilidades de solução de problemas permaneceram medianas. Cindy deixou a terapia quando a

Sra. Weller decidiu que não era mais necessário – em outras palavras, quando não havia mais nenhum processo judicial. Um contato informal com Cindy, seis meses mais tarde, revelou que seu funcionamento geral era bom. A frequência escolar permanecia estável, mas o relacionamento com os pais continuava distante. O nível de uso de drogas não havia mudado.

Questões para discussão

1. Cindy atendia aos critérios de diagnósticos de algum transtorno do DSM-IV-TR? Caso sim, qual(is)? Justifique sua resposta. Quais são as vantagens e as desvantagens de atribuir um caso como este – que envolve diversos problemas de comportamento – a determinado transtorno mental?
2. Discuta a questão da comorbidade ou da ocorrência de diversos problemas em um mesmo indivíduo. Quais problemas estão mais estritamente relacionados?
3. Compare os problemas de comportamento de Cindy com outros discutidos neste livro. Compare a ansiedade social de Cindy com a de Bradley, do Capítulo 2; sua depressão com a de Anna, do Capítulo 3; o uso de substâncias de Cindy com o de Jennifer, do Capítulo 9; e seu conflito familiar com o da família Simington, do Capítulo 10. Discuta qual é o caso mais grave e por quê. De que maneira um tratamento específico poderia ser usado de forma diferente com Cindy, comparado aos outros casos citados? De que modo o prognóstico de Cindy difere dos outros?
4. Como você modificaria seu protocolo de avaliação para uma criança com diversos problemas de comportamento? Quais questões passariam a ser mais pertinentes?
5. Como você modificaria seu programa de tratamento para uma jovens com diversos problemas de comportamento? Como os procedimentos de terapia dupla deveriam ser conduzidos? Por que e de que modo a terapia familiar se tornaria crucial?
6. O caso de Cindy parecia crônico. Como modificaria sua avaliação ou tratamento de um jovem que você sabe que apresenta problemas há um ano ou mais?
7. Quais procedimentos recomendaria para evitar problemas crônicos ou múltiplos como os de Cindy? Quais procedimentos recomendaria para depois da terapia para jovens com problemas crônicos ou graves?
8. Quais tratamentos são mais eficazes para crianças e por quê?

Capítulo 15
Caso misto 3

Sintomas

Athena Galvez é uma jovem de 17 anos, de descendência hispânica, asiática e caucasiana. Ela foi encaminhada a uma unidade psiquiátrica ambulatorial por motivo de automutilação e outros comportamentos estranhos. Na época, cursava o décimo ano; porém, havia ido à escola esporadicamente, nas duas semanas anteriores. Seus pais, o Sr. e Sra. Galvez, levaram-na ao hospital por recomendação da psicóloga clínica e da orientadora da escola. Athena havia arranhado as pernas com cacos de vidro e representava um perigo para si própria. Os pais perceberam que seus tornozelos sangravam, pois o sangue estava manchando as meias brancas que usava.

A psicóloga havia feito o encaminhamento com base, além disso, em outras preocupações imediatas. A fala de Athena era ocasionalmente incoerente e, às vezes, proferia frases que não faziam sentido para ninguém, apenas para ela. Dizia à psicóloga que sua "mãe morta pairava no teto", apesar de a mãe estar viva e viver com ela. Quando lhe pediu que esclarecesse, a garota disse que se preocupava com a possibilidade de sua mãe morrer, mas sua afirmação ainda parecia exagerada. A psicóloga estava preocupada também com a apatia da menina, que parecia deprimida e não se importava mais em ir à escola ou em cuidar da higiene. Ao longo das últimas semanas, estava ficando cada vez mais desmazelada e não responsiva.

A orientadora da escola disse que Athena apresentava comportamentos estranhos desde o início do ano letivo. Os professores a encontravam parada no meio do corredor, durante as aulas, olhando para o teto e contando. Quando perguntavam a ela o que estava fazendo, não respondia ou dizia que precisava "contar todos os tijolos do teto para ter a certeza de que ninguém pudesse passar por eles". A orientadora disse que a garota passava também muito tempo no banheiro lavando as mãos ou contando os ladrilhos. Athena era uma aluna inteligente que, em geral, tinha um bom desempenho escolar. Suas notas no começo do ano eram boas, mas haviam piorado a partir de então. No momento, suas notas eram suficientes em apenas três das seis disciplinas, e a menina corria o risco de ser reprovada pela terceira vez em sua breve vida escolar. A orientadora, porém, não mencionou sinais diretos ou relatos de automutilação.

A hospitalização de Athena foi motivada também pelo fato de ela ter dirigido o carro dos pais a uma velocidade de aproximadamente 130 quilômetros por hora em uma rua movimentada, havia três semanas. Levou uma multa e, mais tarde, deparou com os pais confusos e abatidos. Athena disse que havia sentido um impulso irresistível de dirigir em alta velocidade. Retraiu-se quando lhe perguntaram o que a havia levado a fazer isso. A psicóloga perguntou-lhe se já havia feito isso outras vezes, e Athena sacudiu os ombros, admitindo que sim.

O comportamento da jovem naquele momento preocupava a psicóloga mais ainda, em razão de seu comportamento estranho no passado. Athena havia sido internada 19 meses antes, na ala psiquiátrica do hospital, por ter ferido as pernas com uma tesoura, tentar falar uma língua estrangeira (elementar e inaudível), andar em cima das carteiras na escola e afirmar que "espíritos estranhos" estavam em torno dela. Muitas vezes, apontava para o espaço vazio e movia o dedo, como se acompanhasse alguma coisa. Quando lhe perguntavam o que estava fazendo, dizia que estava "rastreando o espírito". Durante esse tempo, como ocorrera no episódio daquele momento, suas tarefas escolares e cuidados com a higiene haviam diminuído dramaticamente, no período de dois meses.

Durante essa estranha série de eventos, 19 meses antes, Athena se envolveu também em outros comportamentos perigosos. Roubou o cartão de crédito da mãe e, em quatro horas, gastou aproximadamente 3 mil dólares em compras, em um shopping. Ficava de pé no telhado da casa, no meio da noite, e fez sexo sem proteção com três colegas de classe, dos quais um deles era uma garota, em um período de sete dias. Os pais de Athena disseram que esse último incidente havia sido altamente incomum, pois ela não tinha experiência sexual anterior e, muitas vezes, se referia ao sexo como "feio". O que tornou o comportamento da menina ainda mais incomum foi o fato de manifestar uma urgência sexual, a qual sentia que precisava satisfazer, porém não manifestou mais nenhum desejo sexual a partir de então.

Athena estava assustada e inicialmente não responsiva quando foi internada no hospital pela primeira vez. A psiquiatra que a avaliara afirmou que a garota estava distante, apresentava alguns comportamentos estereotipados (enrolava os cabelos e fazia a cadeira girar), e queria que sua cama ficasse perto da janela. A equipe chegou a pensar que Athena queria ficar perto da janela para quebrar os vidros e ferir-se com os cacos, de modo que ficou sob vigilância em um quarto onde não havia vidros ou objetos pontiagudos à disposição.

Durante a primeira hospitalização, Athena gradualmente ficou mais sociável, e a probabilidade de que se ferisse diminuía à medida que permanecia na unidade. Havia participado de sessões de terapia em grupo, tomado antidepressivos, antipsicóticos e outros estabilizadores de humor, e tornou-se sociável com os outros durante as refeições. O único comportamento incomum foi uma "estranheza" geral, como observar o teto, apontar para nada em especial e mover a cabeça de um lado para outro. Quando lhe perguntavam por que fazia isso, respondia que "tinha de fazer." Athena recebeu alta nove dias mais tarde, quando seu humor se estabilizou e não representava mais um perigo para si própria.

Após receber alta do hospital, Athena voltou à escola, continuou a tomar os medicamentos, retomou o contato com alguns amigos e familiares e concordou em consultar um psicólogo clínico. Os pais relataram alguns comportamentos inadequados de menor importância durante os sete meses que se seguiram à alta, mas nada intolerável ou difícil de lidar. O primeiro sinal de problemas surgira, porém, aproximadamente um ano antes, quando o humor de Athena se tornou mais irritável e oscilante. Tinha problemas para dormir e convenceu os pais de que o motivo disso eram os medicamentos. Quando, porém, parou de tomá-los, seu comportamento se deteriorou. O humor oscilava entre mau humor e euforia. Essas alterações não estavam relacionadas a nenhum evento específico no ambiente e ocorriam diariamente. Athena não cuidava adequadamente da higiene, vestia-se de modo incomum e, às vezes, insistia para que sua cama fosse colocada perto da janela a fim de que pudesse "ver os passarinhos de manhã e outras coisas à noite". Os comportamentos que apresentava agora, de automutilação, apatia, contar, lavar as mãos e apontar, haviam se desenvolvido ao longo dos últimos seis meses.

Na mesma unidade do hospital em que Athena estivera anteriormente, a nova psiquiatra analisou o comportamento da menina, o histórico de medicações, todos os relatos da psicóloga que a atendeu anteriormente, da orientadora e dos pais. Colocou-a sob estreita supervisão e deu-lhe um sedativo para que relaxasse. Dadas as informações disponíveis, a psiquiatra acreditou que ela atendesse aos critérios de transtorno psicótico, de humor, de personalidade e/ou de ansiedade.

Avaliação

Uma definição específica de psicose refere-se a alucinações e delírios, com falta de compreensão da natureza problemática desses sintomas. As alucinações envolvem sensações na ausência de estímulos externos; por exemplo, ver coisas que não estão efetivamente presentes ou ouvir vozes quando não há ninguém por perto. Os delírios são pensamentos bizarros que se mantêm, apesar de haver claras evidências do contrário. Um exemplo comum é o delírio persecutório no qual a pessoa equivocadamente acredita que alguém ou algo quer prejudicá-la. Uma definição mais ampla de psicose compreende sintomas diferentes das alucinações e delírios, como padrões de fala desorganizados, comportamento catatônico e sintomas negativos como afeto embotado ou higiene insuficiente. A esquizofrenia é uma condição grave que afeta muitas áreas do funcionamento cognitivo e social e interfere significativamente na capacidade de trabalhar, concentrar-se e cuidar de si próprio.

Athena tinha esquizofrenia? É difícil responder com precisão porque ela parecia apresentar alguns, mas não todos, elementos desse transtorno. Os relatos que fazia sobre ver a mãe pairando no teto e sua ocasional desconexão dos outros eram preocupantes. Ela apresentava ainda alguns sintomas negativos como apatia e não responsividade, que podiam, porém, derivar das alterações normais e anormais do humor, do uso de substâncias ou de fatores orgânicos. Seu comportamento estereotipado também era incomum, embora talvez não atingisse o nível de uma reação psicótica.

A avaliação de indivíduos com esquizofrenia envolve frequentemente entrevistas e observações. A versão infantil do *Schedule for Affective Disorders and Schizophrenia* (SADS) (Ambrosini, 2000) pode ser usada para avaliar comportamentos estranhos como os de Athena. Caso o indivíduo esteja incoerente ou excessivamente desconfiado, os familiares e os amigos próximos deverão fornecer a maioria das informações. É preciso abranger o histórico completo dos sintomas, as alterações repentinas do humor e os transtornos familiares do passado. Pode-se submeter o indivíduo a testes psicológicos, se ele tiver condições de fazê-los; a versão para adolescentes do *Minnesota Multiphasic Personality Inventory* (MMPI-A) (Butcher et al., 1992) contém uma escala de esquizofrenia. A avaliação médica é crucial para descartar causas orgânicas concomitantes como lesão cerebral, anomalias da tireoide e uso de drogas. A psiquiatra aplicou a Athena uma entrevista não estruturada para avaliar os sintomas presentes e baseou-se no relatório do estudo de caso da psicóloga.

Athena tinha transtorno de humor? Transtornos de humor envolvem depressão e/ou mania. A garota apresentava muitos sintomas depressivos evidentes. Era socialmente isolada, não responsiva e apresentava comportamento potencialmente suicida. Um episódio maníaco é "um período distinto durante o qual o humor se apresenta persistente e anormalmente elevado, expansivo ou irritável" (American Psychiatric Association, 2000, p. 357). Outros sintomas comuns da mania são a autoestima inflada ou grandiosidade, menor necessidade de sono, fala premente, pensamentos rápidos, distrabilidade, envolvimento maior em atividades dirigidas a um objetivo ou agitação psicomotora e envolvimento excessivo em atividades gratificantes, mas potencialmente perigosas (American Psychiatric Association, 2000, p. 357).

Ela apresentava alguns desses sintomas, em certo grau. Seu humor era muitas vezes irritável e mudava rapidamente da felicidade para a tristeza e a raiva, e assim por diante. Seus pais haviam dito que estavam sempre "pisando em ovos" perto dela, pois não sabiam qual era o humor do momento e temiam fazer alguma coisa que desencadeasse uma reação explosiva por parte dela. Athena tinha, além disso, repentes de impulsividade que eram potencialmente perigosos como dirigir em alta velocidade e envolvimento em pelo menos uma farra sexual. Tinha também problemas para dormir, mas não apresentava grandiosidade ou pensamentos rápidos.

A avaliação da mania ou do transtorno bipolar (alternando fases de mania e depressão) pode incluir entrevistas diagnósticas estruturadas como o SADS (versão para crianças) ou testes psicológicos. Os relatos de familiares sobre os comportamentos cotidianos são muito importantes. A psiquiatra pediu aos pais que descrevessem o comportamento diário da filha e descobriu que Athena ficava com raiva e desafiadora quando lhe diziam o que fazer, oscilava entre a não responsividade e a loquacidade e tinha problemas de concentração. Tinha, ocasionalmente, episódios de euforia e ingeria álcool com os colegas.

Athena teria transtorno de personalidade? O transtorno de personalidade é um padrão persistente de vivência interna e comportamento que se desvia acentuadamente das expectativas da cultura do indivíduo, é pervasivo e inflexível, começa na adolescência ou no início da idade adulta, é estável ao longo do tempo e leva a sofrimento ou a prejuízos funcionais (APA, 2000, p. 685).

Os transtornos de personalidade abrangem ampla classe de comportamentos que são (1) estranhos ou excêntricos, (2) dramáticos ou profundamente emocionais e (3) ansiosos ou de esquiva. O primeiro agrupamento inclui os transtornos de personalidade paranoide, esquizoide, esquizotípica.

O transtorno de personalidade paranoide inclui desconfiança e suspeita quanto aos outros, assim como ciúme intenso, dúvidas sobre a lealdade dos outros e relutância a confiar nas pessoas. O transtorno de personalidade esquizoide engloba distanciamento, pouca reação emocional, indiferença e afeto embotado. O transtorno de personalidade esquizotípica envolve déficits interpessoais e ausência de amigos em razão dos comportamentos estranhos. Tais comportamentos incluem frequentemente ideias de referência (ou seja, atribuem sentido pessoal a quase todos os eventos [como se fossem especificamente destinados a eles]), pensamento mágico, supersticiosidade, fantasias ou preocupações incomuns, experiências perceptivas estranhas, fala e pensamento esquisitos.

O comportamento de "rastrear o espírito" e a fala em língua estrangeira de Athena eram obviamente bizarros e poderiam fazer parte de um transtorno de personalidade. O comportamento oscilante poderia indicar também o transtorno de personalidade borderline. A avaliação dos transtornos de personalidade compreende, em geral, testes psicológicos como o MMPI-A ou o *Millon Adolescent Personality Inventory* (Millon et al., 1993), bem como entrevistas e observações.

Athena poderia ter transtorno obsessivo-compulsivo (TOC)? Esse transtorno consiste em (1) obsessões ou ideias, pensamentos, impulsos e imagens recorrentes e intrusivos, (2) compulsões ou comportamentos repetitivos como lavar as mãos, que ocorrem em resposta a uma obsessão. As compulsões ajudam a reduzir a ansiedade provocada pela obsessão: a preocupação incessante de ter deixado o fogão aceso (obsessão) pode ser temporariamente aliviada pelo ato de verificar (compulsão). As obsessões, e as compulsões decorrentes, podem ocorrer em ciclos que consomem tempo. A psiquiatra considerou um diagnóstico de TOC para Athena, em razão de sua propensão a lavar as mãos e a contar os tijolos do teto. Às vezes, suas contagens estavam relacionadas a um específico processo de comportamento, como a preocupação de que alguém "entrasse pelo teto", mas às vezes não.

A avaliação de TOC envolve entrevistas (por exemplo, *Anxiety Disorders Interview Schedule for Children*; consulte o Capítulo 2), automonitoramento, observação, classificações clínicas [*Children's Yale-Brown Obsessive Compulsive*

Scale (Scahill et al., 1997)], e instrumentos de autorrelato, como o *Short Leyton Obsessional Inventory for Children and Adolescents* (Bamber et al., 2002). A psicóloga de Athena pediu-lhe que automonitorasse seu comportamento de verificação, mas ela colaborava apenas esporadicamente.

Fatores de risco e variáveis mantenedoras

Fatores genéticos e outros fatores biológicos influenciam condições psicóticas como a esquizofrenia, assim como transtornos de humor graves. Quanto mais próximo geneticamente um indivíduo for de outro que apresente esquizofrenia, maior é o risco de que contraia esse transtorno. Crianças que têm um dos pais ou um irmão gêmeo com esquizofrenia são particularmente mais vulneráveis do que a população em geral a desenvolver esse transtorno (Shih et al., 2004).

Há outros fatores biológicos que influenciam a psicose. Os sintomas negativos da esquizofrenia podem estar relacionados a alterações cerebrais ou a danos ao sistema límbico, à amígdala ou ao córtex pré-frontal. É comum as pessoas com esquizofrenia passarem por complicações pré-natais e nascerem com peso inferior à média (Cannon et al., 2002). Tais problemas podem estar relacionados ao alargamento dos ventrículos cerebrais (espaços), encontrado algumas vezes em pessoas com sintomas negativos de esquizofrenia. Uma vulnerabilidade no desenvolvimento do cérebro, decorrente talvez de uma predisposição genética, também pode produzir sintomas de esquizofrenia, após a ocorrência de fatores de estresse ambientais fundamentais, como vírus ou instabilidade familiar. Déficits neuropsicológicos de memória e atenção, bem como excesso de dopamina, estão relacionados aos sintomas positivos da esquizofrenia (Asarnow e Asarnow, 2003; Reichenberg e Harvey, 2007).

Os pais de Athena relataram que a gravidez da Sra. Galvez havia sido difícil. A gestação foi supervisionada por uma obstetra especializada em gravidez de alto risco, e a menina nasceu prematuramente, oito semanas antes do esperado, pesando apenas 2,5 quilos. Athena ficava doente com facilidade quando era bebê e contraía resfriados frequentemente na creche. Nos anos seguintes, porém, sua saúde não foi, em geral, problemática, mas é possível que alterações cerebrais importantes já houvessem ocorrido. Não havia histórico familiar de esquizofrenia, mas a mãe admitiu ter sido hospitalizada durante a faculdade em razão de uma depressão grave e ter tomado, ocasionalmente, medicamentos antidepressivos. A Sra. Galvez não relatou nenhuma psicopatologia pessoal, mas disse que sua mãe sofria de demência precoce. Ambos os pais admitiram que houvesse muito conflito familiar relacionados aos comportamentos de Athena. Em famílias onde há esquizofrenia, é comum a comunicação ser insuficiente, e o estilo de interação – emoção expressa –, hostil (Lopez et al., 2004).

Os fatores de risco para transtornos de humor graves podem ser semelhantes aos das reações psicóticas. Uma semelhança fundamental é a depressão grave em familiar próximo, como era o caso de Athena. Além disso, uma forte predisposição genética e possíveis alterações nos neurotransmissores serotonina e noradrenalina influenciam os transtornos de humor (Garlow e Nemeroff, 2004). Do ponto de vista ambiental, jovens com transtorno bipolar tendem a ter pouco apoio dos familiares e amigos, e, muitas vezes, sua regulação afetiva e sua interação social são prejudicadas (Geller e DelBello, 2003).

As interações sociais de Athena pareciam predispô-la a um transtorno de humor grave. Seus comportamentos estranhos quase sempre impediam amizades estreitas, e ela afirmou, na época, que havia muitos anos que não tinha uma melhor amiga. Saía com colegas apenas ocasionalmente e, às vezes, ao fazê-lo, envolvia-se em atos promíscuos ou perigosos, como ingerir álcool. Seus pais não lhe davam muito apoio e, na família, eram comuns as preleções e o distanciamento.

Os pesquisadores têm investigado os precursores dos transtornos de personalidade entre jovens. Ao contrário do que ocorre nos transtornos psicóticos ou nos transtornos de humor graves, esses precursores são mais psicológicos e ambientais do que biológicos. Diversas características parecem estar relacionadas ao desenvolvimento dos transtornos de personalidade (Geiger e Crick, 2001; Shiner, 2005):

- Visão hostil e paranoide do mundo.
- Emoção intensa, instável e inadequada e afeto restrito e embotado.
- Impulsividade e rigidez.
- Relações excessivamente próximas e relações distantes ou de esquiva.
- Senso negativo ou falta de senso de si e exagerado senso de si.
- Processos de pensamento e comportamentos peculiares.
- Ausência de preocupação pelas normas sociais e necessidade dos outros.

Muitas dessas características se aplicavam a Athena. Seu estado emocional variava com frequência e envolvia estados afetivos diferentes, como raiva, tristeza e alegria. Seu afeto, às vezes, estava embotado. A regulação emocional está relacionada ao apego precoce, e isso talvez tivesse sido problemático no caso de Athena. As alterações no sistema límbico, anteriormente citadas como fator que predispõe à esquizofrenia, também podem estar implicadas. Os transtornos de personalidade esquizoide e esquizotípica podem ocorrer ao longo de um espectro de comportamento anormal que inclui a esquizofrenia.

Outro precursor dos transtornos de personalidade apresentados por Athena era o comportamento impulsivo. Uma conexão possível era a incapacidade de controlar determinados aspectos do comportamento, semelhantes aos sintomas de transtorno de déficit de atenção/hiperatividade, e sua dificuldade de concentração na escola. Os relacionamentos de Athena com outras pessoas eram geralmente distantes e de esquiva, sua autoimagem era instável, e tinha, certamente, comportamentos e processos de pensamento peculiares. Mas outros precursores não se aplicavam a ela. Não era hostil ou paranoide em relação às pessoas e não deixava de se preocupar com elas. Queria ter amigos próximos, mas dizia que as pessoas pareciam se afastar dela.

Muitos dos precursores da ansiedade, mencionados no Capítulo 2, se aplicam ao TOC, entre eles a reatividade fisiológica, cognições negativas, eventos estressantes de vida e modelação familiar. Uma predisposição genética para o TOC pode se sobrepor à síndrome de Tourette (March et al., 2004). É comum que crianças que apresentam TOC tenham familiares com sintomas obsessivos-compulsivos ou tiques. Anomalias em diversas áreas do cérebro têm sido encontradas, especialmente nos gânglios da base, no cíngulo anterior esquerdo e no córtex frontal. Jovens com TOC apresentam também alterações neuroendócrinas e na serotonina (Cameron, 2007). No caso de Athena, não havia histórico de TOC ou tiques, embora as potenciais alterações cerebrais mencionadas anteriormente talvez se aplicassem a ela.

Aspectos do desenvolvimento

As condições psicóticas podem se desenvolver de dois modos. Muitas psicoses, como a esquizofrenia, ocorrem em episódios que abrangem três estágios principais. O estágio prodrômico envolve a deterioração gradual do comportamento ao longo de diversos meses. O indivíduo apresenta um aumento da apatia em relação aos eventos cotidianos e aos cuidados consigo mesmo, nos comportamentos peculiares, como fala ou pensamentos estranhos, nos problemas de concentração e de memória e nas alterações emocionais e distanciamento das outras pessoas. O estágio prodrômico pode evoluir para um estágio ativo ou agudo, no qual ocorrem sintomas plenamente evidentes de esquizofrenia, como alucinações e delírios. Um fator forte de estresse ambiental como a perda do emprego ou o fim de um relacionamento pode desencadear esses sintomas, que requerem muitas vezes extenso tratamento hospitalar. Após o tratamento, o indivíduo pode entrar na fase residual, na qual recupera um nível melhor de funcionamento, semelhante ao da fase prodrômica inicial. Entretanto, esse processo de estágios não se aplica a todos os episódios nem a todos os indivíduos com esquizofrenia.

O processo de estágios foi confuso no caso de Athena. A fase prodrômica pode ser situada entre o momento em que ela parou de tomar o medicamento e o momento em que foi internada pela segunda vez, mas não ficou claro se seus comportamentos se deterioram significativamente ao longo do tempo, ou se os comportamentos estranhos simplesmente permaneceram no mesmo nível. Apenas a apatia e os cortes na pele tinham se intensificado consideravelmente nas semanas que precederam a hospitalização. Não houve uma fase ativa clara, pois Athena não apresentou alucinações ou delírios. Após a primeira internação, ela voltou imediatamente ao estado inicial, que envolvia alguns comportamentos estranhos, mas não perigosos (consulte a seção "Tratamento").

Outro modo de considerar a psicose do ponto de vista do desenvolvimento é avaliar os estudos longitudinais realizados junto a essa população. Esses trabalhos estudam, em geral, o "alto risco": crianças cujos pais têm esquizofrenia são acompanhadas ao longo do tempo para identificar os precursores do transtorno. A esquizofrenia é um transtorno neurodesenvolvimental cujas bases biológicas estão nas predisposições genéticas, nos eventos pré-natais e nas alterações bioquímicas do cérebro. Muitos acreditam que a esquizofrenia pode se desenvolver como um transtorno que dura a vida toda, com sinais indicadores na infância, ou pode se intensificar repentinamente no final da adolescência ou no começo da idade adulta. Os sinais indicadores na infância são a hiper-responsividade ao estresse, dificuldades motoras e comportamentos inadequados em sala de aula, mas esses sinais ocorrem também em muitas crianças que, ao final, não desenvolverão esquizofrenia (Schiffman et al., 2004).

Athena, na verdade, apresentou alguns desses sinais precoces. Ela estava quase sempre em apuros na escola por não permanecer sentada e, muitas vezes, chorava por longos períodos quando algo estressante acontecia. Seus pais haviam-na submetido, no segundo ano, a uma avaliação de transtorno de déficit de atenção/hiperatividade e de transtorno de aprendizagem, mas ela não se qualificou para a educação especial porque se acreditou que seus comportamentos inadequados fossem manejáveis por meio de intervenções dentro da sala de aula. Mesmo recentemente, Athena continuava a reagir aos fatores de estresse de modo estranho e às vezes explosivo. Muitos adolescentes com esquizofrenia continuam a ter problemas significativos com esse transtorno na idade adulta. Os prognósticos são mais favoráveis nos casos em que o primeiro episódio evidente de esquizofrenia não foi precedido por comportamentos estranhos e quando, após a primeira hospitalização, os danos não forem grandes (Singh, 2007). Nada disso se aplicava a Athena, que poderia, por esse motivo, continuar a ter problemas de funcionamento na idade adulta.

A progressão desenvolvimental da mania ou do transtorno bipolar também pode ser sinalizada por alguns indicadores precoces. As crianças que desenvolvem transtorno bipolar são, em geral, irritáveis, agressivas, hiperativas, distraem-se facilmente e têm humor instável. São descritas, às vezes, como eufóricas, grandiosas, paranoides e com fala e pensamentos rápidos no início da adolescência (Geller e DelBello, 2003). Quando atingem a metade ou o final da adolescência, algumas apresentam episódios evidentes de mania e depressão, e outras, não.

Muitos desses sintomas se sobrepõem aos sintomas relacionados para a esquizofrenia e se aplicavam a Athena. Ela era uma criança irritável que queria as coisas de seu jeito e tinha problemas de concentração nas tarefas escolares, pois era distraída. A hiperatividade na escola frustrava os professores, mas não a ponto de justificar uma indicação para medicação ou terapia de modificação de comportamento. Ela nunca era agressiva nem realmente grandiosa ou paranoide. Além disso, apenas ocasionalmente havia apresentado outros sinais precoces como euforia, pensamentos rápidos ou fala premente. Os fatores que indicam um bom prognóstico para o transtorno bipolar são manifestação tardia, manutenção de medicação e recaída tardia (Geller e DelBello, 2003). Em razão dos sintomas mistos que ela apresentava, o resultado de longo prazo de Athena no que se refere a esses problemas, não era claro.

Com relação aos transtornos de personalidade, a tendência geral do comportamento ao longo da infância pode ser útil para prever problemas posteriores. Uma criança cujo temperamento apresenta maior inibição comportamental pode ter probabilidade mais alta de desenvolver um transtorno de personalidade esquiva ou ansiosa. Já a criança dependente dos pais na infância, em razão de problemas de saúde, pode estar mais predisposta ao transtorno de personalidade dependente. E uma criança cujo apego aos pais é problemático pode estar predisposta a transtornos de personalidade com desregulação emocional (por exemplo, esquizoide, borderline). As pesquisas nessa área são limitadas. Os pais de Athena haviam indulgenciado, tolerado e até reforçado alguns dos primeiros comportamentos estranhos da filha. A mãe encorajou sua tendência a usar roupas incomuns, e ambas haviam admitido seus comportamentos dramáticos e inadequados em público.

Muitas crianças apresentam comportamentos ritualísticos de menor vulto como contar ou precisar que as coisas sejam "exatamente daquele modo". Esses comportamentos em geral desaparecem na fase intermediária da infância, e a vida da criança se torna mais social e passa a se interessar por diversas atividades adequadas (Evans et al., 2002). Fortes predisposições biológicas, modelação parental ou reforço do comportamento obsessivo-compulsivo podem induzir algumas crianças a manter seus padrões ritualísticos precoces e desenvolver o TOC. Athena, porém, não manifestava padrões ritualísticos. Apresentava, às vezes, fala e pensamentos rápidos ou estranhos, mas nada, em sua infância, indicava pensamentos recorrentes, intrusivos e excessivamente inusitados.

Tratamento

O tratamento de crianças com condições psicóticas e/ou transtornos de humor graves compreende quase sempre hospitalização, medicação e tratamento ambulatorial para manter o cumprimento das prescrições médicas e tratar as questões pessoais e familiares de modo a prevenir recaídas (Schaeffer e Ross, 2002). Tudo isso foi aplicado a Athena; e, durante sua permanência no hospital, frequentou sessões de terapia em grupo e individual, com membros da equipe e outros pacientes. Essas sessões se concentravam em reconectá-la aos outros e melhorar sua disposição a interagir e compartilhar suas experiências pessoais recentes. Athena tornou-se gradualmente mais responsiva a outras pessoas durante a internação, mas as iniciativas espontâneas de começar uma conversa tinham nível apenas moderado.

A automutilação de Athena também era uma prioridade. A psicóloga clínica visitava regularmente a garota no hospital para discutir essa questão, embora ela tivesse dificuldade em explicar por que apresentava esse comportamento. A psicóloga perguntou-lhe sobre os antecedentes do comportamento e os estados de humor que precediam a automutilação. A garota disse que a automutilação ocorria quando se sentia agitada; e o fato de se cortar a ajudava a concentrar-se e a acalmar-se. Às vezes, isso acontecia após uma discussão com os pais, mas com mais frequência quando ela se sentia ansiosa ou irritada sem motivo.

Athena tomava quatro medicamentos para tratar os sintomas e os antecedentes da automutilação. O primeiro era um estabilizador de humor, a carbamazepina (Tegretol), que ajuda a reduzir a agitação e a agressão, produzindo um efeito calmante e sedativo. O segundo era uma substância antipsicótica atípica, a olanzapina (Zyprexa); o terceiro, um antidepressivo, a paroxetina (Paxil); e o quarto, um ansiolítico, o lorazepam (Ativan). Os pais e a garota foram instruídos a respeito das dosagens, dos efeitos colaterais e sobre a necessidade de cumprir as prescrições. Athena recebeu alta do hospital quando a psiquiatra se convenceu de que o humor da menina estava estável e que não correria mais o risco iminente de se machucar, fosse cortando-se ou de algum outro modo.

Após receber alta, Athena foi para uma estrutura residencial que precedeu sua volta para casa. Nessa estrutura – uma residência para um grupo de sete adolescentes com comportamento semelhante e problemas de humor –, ela tomou seus medicamentos, participou de sessões de terapia em grupo, fez várias tarefas domésticas e visitou regularmente os pais. O propósito desse arranjo era monitorar de perto o humor da menina e os efeitos colaterais da medicação, aumentar suas interações e apoio sociais e ajudá-la a desempenhar-se como uma adolescente normal. Athena permaneceu na residência por quatro semanas, aumentando gradualmente o tempo que passava em casa com os pais (por exemplo, nos fins de semana), até a alta. Durante a permanência, participou de atividades de grupo e fez amizade com outros dois residentes. A medicação foi ajustada conforme as necessidades, e ela e os pais retomaram o tratamento com a psicóloga clínica.

A intervenção psicológica para adolescentes com psicose e/ou transtornos de humor graves concentra-se frequentemente nos familiares (McFarlane et al., 2003; Pavuluri et al., 2004). Isso implica fornecer instruções amplas sobre o transtorno do adolescente, bem como treinar habilidades de comunicação e de solução de problemas, para ajudar os familiares a resolver conflitos com eficácia e prevenir recaídas. A instrução sobre o transtorno inclui fornecer informações sobre os sintomas específicos, levar à compreensão de que o adolescente é altamente vulnerável a recaídas e à aceitação do fato de que a medicação será, provavelmente, uma necessidade de longo prazo para tratar os sintomas. Os tratamentos familiares mais avançados têm o objetivo de distinguir a personalidade do adolescente dos sintomas do transtorno psicótico ou de humor e ajudar os familiares a reconhecer e enfrentar os eventos estressantes que podem desencadear uma recaída.

A instrução sobre os sintomas e transtornos de Athena não foi necessária, pois a família os conhecia de longa data. Foi mais relevante fornecer à família estratégias para resolver os problemas, em vez de aceitar ou brigar. Cada membro da família definiu os problemas ocorridos na semana anterior de modo específico (por exemplo, "Athena voltou para casa tarde depois da escola", "minha mãe gritou comigo sem razão") e escreveu as soluções potenciais. A psicóloga estabeleceu também um processo, com base no qual os familiares se reuniam em casa para discutir os problemas. As soluções potenciais eram comparadas e adotava-se, então, uma solução geral, aceitável para todos, e que deveria ser colocada em prática e avaliada. Acrescentou ainda ao processo o treinamento das habilidades de comunicação: cada familiar fazia uma afirmação e os outros deveriam repetir tal afirmação com suas próprias palavras antes de responder.

A família de Athena teve, de início, certa dificuldade no treinamento, pois todos estavam muito habituados a evitar conflitos ou a ter grandes brigas. Mas a menina e os pais estavam também motivados pelo desejo de evitar outro episódio de comportamentos bizarros e hospitalização. A frequência da família à terapia e os esforços feitos para pôr em prática os procedimentos foram bons. As habilidades da família de estabelecer regras domésticas, consequências e enfrentar imediatamente os problemas desenvolveram-se consideravelmente. Um ótimo efeito colateral do tratamento foi a redução do estresse em casa, o que permitiu que os pais monitorassem melhor o humor da filha e o uso dos medicamentos. A medicação foi ocasionalmente problemática, pois Athena se queixava da quantidade de medicamentos que lhe fora prescrita. A psicóloga, a psiquiatra e os pais elogiaram-na substancialmente e deram-lhe outras recompensas por continuar a cumprir as prescrições.

A psicóloga trabalhou também com a família Galvez, no sentido de separar a personalidade genuína de Athena dos sintomas mais bizarros. Isso não teve muito êxito, pois os pais se queixavam da necessidade de modificar a medicação sempre que Athena se tornava mais taciturna. A psicóloga ressaltou o fato de que todos, especialmente os adolescentes, experimentam alterações repentinas de humor durante o dia, ou durante a semana, e que não é realista esperar um humor absolutamente regular. A psicóloga ajudou a família a identificar comportamentos que eram inaceitáveis ou que mereciam mais preocupação, como casos de automutilação, desobediência grave, comportamento explosivo ou altamente impulsivo e rituais estranhos.

A situação de Athena manteve-se estável durante o ano seguinte. Não apresentou mais comportamentos de automutilação e, embora a fala e o pensamento continuassem às vezes peculiares, fez poucas afirmações realmente bizarras. Seu humor esteve geralmente consistente, mas, às vezes, ela ficava agitada. Os comportamentos ritualísticos haviam em grande parte desaparecido.

Athena havia sido impulsiva, ocasionalmente, e precisou de ajuda considerável para terminar o ensino médio. A família e ela permaneceram em terapia, e Athena continuou a viver com os pais. Compreendeu que precisava de cuidados de longo prazo e de apoio da família, até porque ainda não sabia que rumo sua vida tomaria.

Questões para discussão

1. Que diagnóstico você faria para Athena? Examine cuidadosamente o DSM--IV-TR para verificar se Athena realmente atendia aos critérios dos transtornos mencionados neste capítulo. Identifique qual, em sua opinião, é o diagnóstico principal para o caso dela.
2. Quais comportamentos de Athena podem ser interpretados como comportamentos normais de um adolescente? Se não fossem levados em consideração esses comportamentos, Athena atenderia aos critérios de transtorno mental?
3. Pense em possíveis razões para que um adolescente se engaje em automutilação. Se um adolescente não tem transtorno mental diagnosticável por que se feriria deliberadamente? O que pode ser feito para remediar essa situação?
4. Quando se avalia alguém com delírios e alucinações, quais perguntas você acredita que devam ser feitas? Quais informações gostaria de obter sobre alguém que ouve vozes?
5. Discuta a importância dos familiares no tratamento de adolescentes com graves problemas de comportamento. Você acha que os familiares podem influenciar os adolescentes com tais problemas ou os problemas são mais abordáveis por meio de tratamento psicológico e farmacológico? Athena deveria ter ido para casa após a internação?
6. Quais são os problemas éticos levantados pela medicação de adolescentes com esquizofrenia ou transtorno bipolar? O que deve acontecer se o adolescente não quiser tomar o medicamento?
7. Indivíduos com esquizofrenia são frequentemente retratados pela mídia como perigosos. Por que isso pode acontecer, e o que os profissionais de saúde mental podem fazer para dissipar esse mito?
8. O que você faria para reduzir o estigma que Athena pode precisar enfrentar por parte dos colegas em razão do seu estado mental?
9. Com qual criança/adolescente deste livro você mais gostaria de trabalhar e por quê?

Referências

Abramson, L. Y., Alloy, L. B., Hankin, B. L., Haeffel, G. J., MacCoon, D. G., Gibb, B. E. (2002). Cognitive vulnerability-stress models of depression in a self-regulatory and psychobiological context. In: I. H. Gotlib; C. L. Hammen (Eds.). *Handbook of depression* (p. 268-294). New York: Guilford.

Achenbach, T. M., Rescorla, L. A. (2001). *Manual for the ASEBA schoolage forms & profiles*. Burlington, VT: University of Vermont Research Center for Children, Youth, Families.

Ahn, M. S., Frazier, J. A. (2004). Diagnostic and treatment issues in childhood-onset bipolar disorder. *Essencial Psychopharmacology*, 25-44.

Alegria, M., Woo, M., Cao, Z., Torres, M., Meng, X. L. e Striegel-Moore, R. (2007). Prevalence and correlates of eating disorders in Latinos in the United States. *International Journal of Eating Disorders*, 40 (Suppl), S15-S21.

Alexander, G. M. (2003). An evolutionary perspective of sex-typed toy preferences: Pink, blue, and the brain. *Archives of Sexual Behavior*, 32, 7-14.

Ambrosini, P. J. (2000). Historical development and present status of the schedule for affective disorders and schizophrenia for school-age children (K-SADS). *Journal of the American Academy of Child and Adolescent Psychiatry*, 39, 49-58.

American Academy of Child and Adolescent Psychiatry. (2001). Summary of the practice parameter for the use of stimulant medications in the treatment of children, adolescents, and adults. *Journal of the American Academy of Child and Adolescent Psychiatry*, 40, 1352-1355.

American Psychiatric Association. (2000). *Diagnostic and statistical manual of mental disorders* (4th ed., text rev.). Washington, DC: American Psychiatric Association.

Anderluh, M. B., Tchanturia, K., Rabe--Hesketh, S., Treasure, J. (2003). Childhood obsessive-compulsive personality traits in adult women with eating disorders: Defining a broader eating disorder phenotype. *American Journal of Psychiatry*, 160, 242-247.

Anderson, D. A., Lundgren, J. D., Shapiro, J. R., Paulosky, C. A. (2004). Assessment of eating disorders: Review and recommendations for clinical use. *Behavior Modification*, 28, 763-782.

Andrist, L. C. (2003). Media images, body dissatisfaction, and disordered eating in adolescent women. *American Journal of Maternal Child Nursing*, 28, 119-123.

Anthony, K. K., Schanberg, L. E. (2007). Assessment and management of pain syndromes and arthritis pain in children and adolescents. *Rheumatic Diseases Clinics of North America*, 33, 625-660.

Armstrong, T. D., Costello, E. J. (2002). Community studies on adolescent substance use, abuse, or dependence and psychiatric comorbidity. *Journal of Consulting and Clinical Psychology*, 70, 1224-1239.

Asarnow, J. R., Asarnow, R. F. (2003). Childhood-onset schizophrenia. In: E. J. Mash, R.

A. Barkley (Eds.). *Child psychopathology* (2nd ed.) (p. 340-361). New York: Guilford.

Babin, P. R. (2003). Diagnosing depression in persons with brain injuries: A look at theories, the DSM-IV and depression measures. *Brain Injury, 17*, 889-900.

Bailer, U. F., Kaye, W. H. (2003). A review of neuropeptide and neuroendocrine dysregulation in anorexia and bulimia nervosa. *Current Drug Targets, CNS and Neurological Disorders, 2*, 53-59.

Balluffi, A., Kassam-Adams, N., Kazak, A., Tucker, M., Dominguez, T., Helfaer, M. (2004). Traumatic stress in parents of children admitted to the pediatric intensive care unit. *Pediatric Critical Care Medicine, 5*, 547-553.

Bamber, D., Tamplin, A., Park, R. J., Kyte, Z. A., Goodyer, I. (2002). Development of a Short Leyton Obsessional Inventory for Children and Adolescents. *Journal of the American Academy of Child and Adolescent Psychiatry, 41*, 1246-1252.

Barker, P. (2007). *Basic family therapy* (7th ed). Ames, IA: Blackwell.

Barkley, R. A. (2000). *Taking charge of ADHD: The complete, authoritative guide for parents.* New York: Guilford.

Barkley, R. A. (2003). Issues in the diagnosis of attention-deficit/hyperactivity disorder in children. *Brain and Development, 25*, 77-83.

Barnes, H. L., Olson, D. H. (1985). Parent-adolescent communication and the circumplex model. *Child Development, 56*, 438-447.

Bayley, N. (2005). *Bayley Scales of Infant and Toddler Development-Third edition*. San Antonio, TX: Harcourt.

Bearden, C. E., Soares, J. C., Klunder, A. D., Nicoletti, M., Dierschke, N., Hayashi, K. M., Narr, K. L., Brambilla, P., Sassi, R. B., Axelson, D., Ryan,N., Birmaher, B., Thompson, P. M. (2008). Threedimensional mapping of hippocampal anatomy in adolescents with bipolar disorder. *Journal of the American Academy of Child and Adolescent Psychiatry, 47*, 515-525.

Beauchaine, T. P., Webster-Stratton, C., Reid, M. J. (2005). Mediators, moderators, and predictors of 1-year outcomes among children treated for early-onset conduct problems: A latent growth curve analysis. *Journal of Consulting and Clinical Psychology, 73*, 371-388.

Beck, A. T. (2005). The current state of cognitive therapy: A 40-year retrospective. *Archives of General Psychiatry, 62*, 953-959.

Beidel, D. C., Turner, S. M., Morris, T. L. (2000). *Social Phobia and Anxiety Inventory for Children: Manual.* North Tonawanda, NY: Multi-Health Systems.

Beitchman, J. H., Wilson, B., Johnson, C. J., Atkinson, L., Young, A., Adlaf, E., Escobar, M., Douglas, L. (2001). Fourteen-year follow-up of speech/language-impaired and control children: Psychiatric outcome. *Journal of the American Academy of Child and Adolescent Psychiatry, 40*, 75-82.

Berkman, N. D., Lohr, K. N., Bulik, C. M. (2007). Outcomes of eating disorders: A systematic review of the literature. *International Journal of Eating Disorders, 40*, 293-309.

Berninger, V. W., Nielsen, K. H., Abbott, R. D., Wijsman, E., Raskind, W. (2008). Writing problems in developmental dyslexia: Under-recognized and undertreated. *Journal of School Psychology, 46*, 1-21.

Beyers, J. M., Toumbourou, J. W., Catalano, R. F., Arthur, M. W., Hawkins, J. D. (2004). A crossnational comparison of risk and protective factors for adolescent substance use: The United States and Australia. *Journal of Adolescent Health, 35*, 3-16.

Biederman, J., Faraone, S. V. (2005). Attention-deficit hyperactivity disorder. *Lancet, 366,* 237-248.

Biederman, J., Petty, C. R., Dolan, C., Hughes, S., Mick, E., Monuteaux, M. C., Faraone, S. V. (2008). The long-term longitudinal course of oppositional defiant disorder and conduct disorder in ADHD boys: Findings from a controlled 10-year prospective longitudinal follow-up study. *Psychological Medicine, 38,* 1027-1036.

Billstedt, E., Gillberg, C., Gillberg, C. (2005). Autism after adolescence: Population-based 13- to 22-year follow-up study of 120 individuals with autism diagnosed in childhood. *Journal of Autism and Developmental Disorders, 35,* 351-360.

Birmaher, B., Axelson, D. (2006). Course and outcome of bipolar spectrum disorder in children and adolescents: A review of the existing literature. *Development and Psychopathology, 18,* 1023-1035.

Birmaher, B., Axelson, D., Strober, M., Gill, M. K., Valeri, S., Chiappetta, L., Ryan, N., Leonard, H., Hunt, J., Iyengar, S., Keller, M. (2006). Clinical course of children and adolescents with bipolar spectrum disorders. *Archives of General Psychiatry, 63,* 175-183.

Bishop, D. V. M., Snowling, M. J. (2004). Developmental dyslexia and specific language impairment: Same or different? *Psychological Bulletin, 130,* 858-886.

Blanchard, E. B., Scharff, L. (2002). Psychosocial aspects of assessment and treatment of irritable bowel syndrome in adults and recurrent abdominal pain in children. *Journal of Consulting and Clinical Psychology, 70,* 725-738.

Bolte, S., Poustka, F. (2002). The relation between general cognitive level and adaptive behavior domains in individuals with autism with and without co-morbid mental retardation. *Child Psychiatry and Human Development, 33,* 165-172.

Boriskin, J. A. (2004). *PTSD and addiction: A practical guide for clinicians and counselors.* Center City, MN: Hazelton Foundation.

Brennan, P. A., Hall, J., Bor, W., Najman, J. M., Williams, G. (2003). Integrating biological and social processes in relation to earlyonset persistent aggression in boys and girls. *Developmental Psychology, 39,* 309-323.

Briere, J. (1996). *Trauma Symptom Checklist for Children.* Lutz, FL: Psychological Assessment Resources.

Bryson, S. A., Corrigan, S. K., McDonald, T. P., Holmes, C. (2008). Characteristics of children with autism spectrum disorders who received services through community mental health centers. *Autism, 12,* 65-82.

Bulik, C. M., Slof-Op't Landt, M. C. T., van Furth, E. F., Sullivan, P. F. (2007). The genetics of anorexia nervosa. *Annual Review of Nutrition, 27,* 263-275.

Burke, J. D., Loeber, R., Birmaher, B. (2002). Oppositional defiant disorder and conduct disorder: A review of the past 10 years, Part II. *Journal of the American Academy of Child and Adolescent Psychiatry, 41,* 1275-1293.

Butcher, J. N., Williams, C. L., Graham, J. R., Archer, R. P., Tellegen, A., Ben-Porath, Y. S., Kaemmer, B. (1992). *Minnesota Multiphasic Personality Inventory – Adolescent.* Minneapolis, MN: NCS Assessments.

Cadoret, R. J., Langbehn, D., Caspers, K., Troughton, E. P., Yucuis, R., Sandhu, H. K., Philibert, R. (2003). Associations of the serotonin transporter promoter polymorphism with aggressivity, attention deficit, and conduct disorder in an adoptee population. *Comprehensive Psychiatry, 44,* 88-101.

Cameron, C. L. (2007). Obsessive-compulsive disorder in children and adolescents. *Journal of Psychiatric and Mental Health Nursing, 14,* 696-704.

Cannon, M., Jones, P. B., Murray, R. M. (2002). Obstetric complications and schizophrenia: Historical and meta-analytic review. *American Journal of Psychiatry, 159,* 1080-1092.

Caraceni, A., Cherny, N., Fainsinger, R., Kaasa, S., Poulain, P., Radbruch, L., De Conno, F. (2002). Pain measurement tools and methods in clinical research in palliative care: Recommendations of an expert working group of the European Association of Palliative Care. *Journal of Pain and Symptom Management, 23,* 239-255.

Carter, B. D., Kronenberger, W. G., Baker, J., Grimes, L. M., Crabtree, V. M., Smith, C., McGraw, K. (2003). Inpatient pediatric consultation-liaison: A casecontrolled study. *Journal of Pediatric Psychology, 28,* 423-432.

Carter, F. A., McIntosh, V. V. W., Joyce, P. R., Sullivan, P. F., Bulik, C. M. (2003). Role of exposure with response prevention in cognitivebehavioral therapy for bulimia nervosa: Three-year follow-up results. *International Journal of Eating Disorders, 33,* 127-135.

Casavant, M. J. (2002). Urine drug screening in adolescents. *Pediatric Clinics of North America, 49,* 317-327.

Casey, R. L., Brown, R. T. (2003). Psychological aspects of hematologic diseases. *Child and Adolescent Psychiatric Clinics of North America, 12,* 567-584.

Chambliss, C. R., Heggen, J., Copelan, D. N., Pettignano, R. (2002). The assessment and management of chronic pain in children. *Paediatric Drugs, 4,* 737-746.

Charach, A., Volpe, T., Boydell, K. M., Gearing, R. E. (2008). A theoretical approach to medication adherence for children and youth with psychiatric disorders. *Harvard Review of Psychiatry, 16,* 126-135.

Charman, T. (2005). Outcome at 7 years of children diagnosed with autism at age 2: Predictive validity of assessments conducted at 2 and 3 years of age and pattern of symptom change over time. *Journal of Child Psychology and Psychiatry, 46,* 500-513.

Chassin, L., Ritter, J. (2001). Vulnerability to substance use disorders in childhood and adolescence. In: R. E. Ingram , J. M. Price (Eds.). *Vulnerability to psychopathology: Risk across the lifespan* (p. 107-134). New York: Guilford.

Chassin, L., Ritter, J., Trim, K. S., King, K. M. (2003). Adolescent substance use disorders. In: E. J. Mash , R. A. Barkley (Eds.). *Child psychopathology* (2nd ed.,p. 199-230). New York: Guilford.

Chen, E., Joseph, M. H., Zeltzer, L. K. (2000). Behavioral and cognitive interventions in treatment of pain in children. *Pediatric Clinics of North America, 47,* 513-525.

Chorpita, B. F., Moffitt, C. E., Gray, J. (2005). Psychometric properties of the Revised Child Anxiety and Depression Scale in a clinical sample. *Behaviour Research and Therapy, 43,* 309-322.

Chugani, D. C. (2002). Role of altered brain serotonin mechanisms in autism. *Molecular Psychiatry, 7,* S16-S17.

Cohen, J. A., Deblinger, E., Mannarino, A. P., Steer, R. A. (2004). A multisite, randomized controlled trial for children with sexual abuserelated PTSD symptoms. *Journal of the American Academy of Child and Adolescent Psychiatry, 43,* 393-402.

Conners, C. K. (2008). *Conners Third Edition* (Conners 3). Los Angeles, CA: Western Psychological Services.

Conners, C. K. (1999). *Conners ADHD/DSM-IV Scales*. North Tonawanda, NY: Multi-Health Systems.

Conners, C. K. (2000). *Conners Continuous Performance Test-II*. North Tonawanda, NY: Multi-Health Systems.

Coon, K. B., Waguespack, M. M., Polk, M. J. (1994). *Dyslexia Screening Instrument*. San Antonio, TX: Pearson.

Cooper, M. J. (2005). Cognitive theory in anorexia nervosa and bulimia nervosa: Progress, development and future directions. *Clinical Psychology Review, 25*, 511-531.

Corsello, C. M. (2005). Early intervention in autism. *Infants and Young Children, 2*, 74-85.

Crooks, C. V., Wolfe, D. A. (2007). Child abuse and neglect. In: E. J. Mash, R. A. Barkley (Eds.). *Assessment of childhood disorders* (4th ed.) (p. 639-684). New York: Guilford.

Davidson, M. A. (2008). ADHD in adults: A review of the literature. *Journal of Attention Disorders, 11*, 628-641.

Daviss, W. B., Racusin, R., Fleischer, A., Mooney, D., Ford, J. D., McHugo, G. J. (2000). Acute stress disorder symptomatology during hospitalization for pediatric injury. *Journal of the American Academy of Child and Adolescent Psychiatry, 39*, 569-575.

Delprato, D. J. (2001). Comparisons of discrete-trial and normalized behavioral language intervention for young children with autism. *Journal of Autism and Developmental Disorders, 31*, 315-325.

Diler, R. S., Uguz, S., Seydaoglu, G., Erol, N., Avci, A. (2007). Differentiating bipolar disorder in Turkish prepubertal children with attention-deficit hyperactivity disorder. *Bipolar Disorders, 9*, 243-251.

Dilsaver, S. C., Akiskal, H. S. (2004). Preschool-onset mania: Incidence, phenomenology and family history. *Journal of Affective Disorders, 82S*, S35-S43.

Ding, Z., Harding, C. O., Thony, B. (2004). State-of-the-art 2003 on PKU gene therapy. *Molecular Genetics and Metabolism, 81*, 3-8.

Duffy, A., Alda, M., Crawford, L., Milin, R., Grof, P. (2007). The early manifestations of bipolar disorder: A longitudinal prospective study of the offspring of bipolar patients. *Bipolar Disorders, 9*, 828-838.

Dunn, L. M., Dunn, D. M. (2006). PPVT™-4: Peabody Picture Vocabulary Test, Fourth Edition. Bloomington, MN: Pearson.

Durand, V. M. (2001). Future directions for children and adolescents with mental retardation. *Behavior Therapy, 32*, 633-650.

Eaton, W. W., Shao, H., Nestadt, G., Lee, B. H., Bienvenu, O. J., Zandi, P. (2008). Population-based study of first onset and chronicity in major depressive disorder. *Archives of General Psychiatry, 65*, 513-520.

Eberhart, N. K., Hammen, C. L. (2006). Interpersonal predictors of onset of depression during the transition to adulthood. *Personal Relationships, 13*, 195-206.

Eckert, M. (2004). Neuroanatomical markers for dyslexia: A review of dyslexia structural imaging studies. *The Neuroscientist, 10*, 362-371.

Ehrensaft, M. K. (2005). Interpersonal relationships and sex differences in the development of conduct problems. *Clinical Child and Family Psychology Review, 8*, 39-63.

Eisen, A. R., Spasaro, S. A., Brien, L. K., Kearney, C. A., Albano, A. M. (2004). Parental expectancies and childhood anxiety disorders: Psychometric properties of the Parental Expectancies Scale. *Journal of Anxiety Disorders, 18*, 89-109.

Eisler, I., Dare, C., Hodes, M., Russell, G., Dodge, E., Le Grange, D. (2005). Family therapy for adolescent anorexia nervosa: The results of a controlled comparison of two family interventions. *Focus, 3,* 629-640.

Elkins, I. J., McGue, M., Iacono, W. G. (2007). Prospective effects of attention-deficit/hyperactivity disorder, conduct disorder, and sex on adolescent substance use and abuse. *Archives of General Psychiatry, 64,* 1145-1152.

Elliot, D. L., Goldberg, L., Moe, E. L., DeFrancesco, C. A., Durham, M. B., Hix-Small, H. (2004). Preventing substance use and disordered eating: Initial outcomes of the ATHENA (Athletes Targeting Healthy Exercise and Nutrition Alternatives) program. *Archives of Pediatric and Adolescent Medicine, 158,* 1043-1049.

Evans, D. W., Milanak, M. E., Medeiros, B., Ross, J. L. (2002). Magical beliefs and rituals in young children. *Child Psychiatry and Human Development, 33,* 43-58.

Eyberg, S.M., Pincus, D. (1999). *Eyberg Child Behavior Inventory and Sutter-Eyberg Behavior Inventory- Revised: Professional manual.* Odessa, FL: Psychological Assessment Resources.

Faedda, G. L., Baldessarini, R. J., Glovinsky, I. P., Austin, N. B. (2004). Pediatric bipolar disorder: Phenomenology and course of illness. *Bipolar Disorders, 6,* 305-313.

Fairburn, C. G., Harrison, P. J. (2003). Eating disorders. *Lancet, 361,* 407-416.

Faller, K. C. (2005). Anatomical dolls: Their use in assessment of children who may have been sexually abused. *Journal of Child Sexual Abuse, 14,* 1-21.

Faraone, S. V., Lasky-Su, J., Glatt, S. J., Van Eerdewegh, P., Tsuang, M. T. (2006). Early onset bipolar disorder: Possible linkage to chromosome 9q34. *Bipolar Disorders, 8,* 144-151.

Faraone, S. V., Perlis, R. H., Doyle, A. E., Smoller, J. W., Goralnick, J. J., Holmgren, M. A., Sklar, P. (2005). Molecular genetics of attention-deficit/hyperactivity disorder. *Biological Psychiatry, 57,* 1313-1323.

Fergusson, D. M., Boden, J. M., Horwood, L. J. (2006). Cannabis use and other illicit drug use: Testing the cannabis gateway hypothesis. *Addiction, 101,* 556-569.

Fletcher, K. E. (2003). Childhood post traumatic stress disorder. In: E. J. Mash, R. A. Barkley (Eds.). *Child psychopathology* (2nd ed., p. 330-371). New York: Guilford.

Frick, P. J. (2006). Developmental pathways to conduct disorder. *Child and Adolescent Psychiatric Clinics of North America, 15,* 311-331.

Frick, P. J., Cornell, A. H., Barry, C. T., Bodin, S. D., Dane, H. E. (2003). Callous-unemotional traits and conduct problems in the prediction of conduct problem severity, aggression, and self-report of delinquency. *Journal of Abnormal Child Psychology, 31,* 457-470.

Frick, P. J., Morris, A. S. (2004). Temperament and developmental pathways to conduct problems. *Journal of Clinical Child and Adolescent Psychology, 33,* 54-68.

Friedberg, R. D., McClure, J. M. (2002). *Cognitive therapy with children and adolescents.* New York: Guilford.

Garcia-Lopez, L. J., Olivares, J., Beidel, D., Albano, A. M., Turner, S., Rosa, A. I. (2006). Efficacy of three treatment protocols for adolescents with social anxiety disorder: A 5-year follow-up assessment. *Journal of Anxiety Disorders, 20,* 175-191.

Garlow, S. J., Nemeroff, C. B. (2004). The neurochemistry of depressive disorders: Clinical studies. In: D. S. Charney, E. J. Nestler (Eds.). *Neurobiology of mental illness* (2nd ed., p. 440-460). New York: Oxford.

Garner, D. M. (1997). Psychoeducational principles in treatment. In: D. M. Garner, P. E. Garfinkel (Eds.). *Handbook of treatment for eating disorders* (2nd ed., p. 145-177). New York: Guilford.

Garrett, A. J., Mazzocco, M. M. M., Baker, L. (2006). Development of the metacognitive skills of prediction and evaluation in children with or without math disability. *Learning Disabilities Research and Practice, 21,* 77-88.

Geiger, T. C., Crick, N. R. (2001). A developmental psychopathology perspective on vulnerability to personality disorders. In: R. E. Ingram, J. M. Price (Eds.). *Vulnerability to psychopathology: Risk across the lifespan* (p. 57-102).New York: Guilford.

Geller, B., DelBello, M. P. (2003). *Bipolar disorder in childhood and early adolescence.* New York: Guilford.

Geller, B., Craney, J. L., Bolhofner, K., DelBello, M. P., Williams, M., Zimerman, B. (2001). One-year recovery and relapse rates of children with a prepubertal and early adolescent bipolar disorder phenotype. *American Journal of Psychiatry, 158,* 303-305.

Geller, B., Tillman, R., Craney, J. L., Bulhofner, K. (2004). Four-year prospective outcome and natural history of mania in children with a prepubertal and early adolescent bipolar disorder phenotype. *Archives of General Psychiatry, 61,* 459-467.

Gersten, R., Fuchs, L. S., Williams, J. P., Baker, S. (2001). Teaching reading comprehension strategies to students with learning disabilities: A review of research. *Review of Educational Research, 71, 279-320.*

Gilliam, J. E. (2002). *Conduct Disorder Scale.* Austin, TX: Pro-Ed.

Gladstone, G. L., Parker, G. B., Mitchell, P. B., Malhi, G. S., Wilhelm, K., Austin, M.-P. (2004). Implications of childhood trauma for depressed women: An analysis of pathways from childhood sexual abuse to deliberate self-harm and revictimization. *American Journal of Psychiatry, 161,* 1417-1425.

Goldstein, B. I., Strober, M. A., Birmaher, B., Axelson, D. A., Esposito-Smythers, C., Goldstein, T. R., Leonard,H., Hunt, J., Gill, M. K., Iyengar, S., Grimm, C., Yang, M., Ryan, N. D., Keller, M. B. (2008). Substance use disorders among adolescents with bipolar spectrum disorders. *Bipolar Disorders, 10,* 469-478.

Goldstein, H. (2002). Communication intervention for children with autism: A review of treatment efficacy. *Journal of Autism and Developmental Disorders, 32,* 373-396.

Gordis, E. B., Margolin, G. (2001). The Family Coding System: Studying the relation between marital conflict and family interaction. In: P. K. Kerig, K. M. Lindahl (Eds.). *Family observational coding systems: Resources for systemic research* (p. 111-125). Mahwah, NJ: Lawrence Erlbaum.

Gracious, B. L., Youngstrom, E. A., Findling, R. L., Calabrese, J. R. (2002). Discriminative validity of a parent version of the Young Mania Rating Scale. *Journal of the American Academy of Child and Adolescent Psychiatry, 41,* 1350-1359.

Granic, I., Hollenstein, T., Dishion, T. J., Patterson, G. R. (2003). Longitudinal analysis of flexibility and reorganization in early adolescence: A dynamic systems study of family interactions. *Developmental Psychology, 39,* 606-617.

Granic, I., Patterson, G. R. (2006). Toward a comprehensive model of antisocial development: A dynamic systems approach. *Psychological Review, 113,* 101-131.

Gray, L. (2008). Chronic abdominal pain in children. *Australian Family Physician, 37,* 398-400.

Greimel, E., Herpertz-Dahlmann, B., Gunther, T., Vitt, C., Konrad, K. (2008). Attentional functions in children and adolescents with attention-deficit/hyperactivity disorder with and without comorbid tic disorder. *Journal of Neural Transmission, 115,* 191-200.

Griswold, K. S.,Aronoff, H., Kernan, J. B., Kahn, L. S. (2008). Adolescentsubstance use and abuse: Recognitionand management. *American Family Physician, 77,* 331-336.

Guarda, A. S. (2008). Treatment ofanorexia nervosa: Insights andobstacles. *Physiology and Behavior, 94,* 113-120.

Hammen, C., Rudolph, K. D. (2003). Childhood mood disorders. In: E. J. Mash, R. A. Barkley (Eds.). *Child psychopathology* (p. 233-278). New York: Guilford.

Hara, H. (2007). Autism and epilepsy: Aretrospective follow-up study. *Brainand Development, 29,* 486-490.

Harrison, P. L., Oakland, T. (2003). *Adaptive Behavior Assessment System Second Edition.* San Antonio, TX:Pearson.

Hawke, J. L., Wadsworth, S. J., DeFries, J. C. (2006). Genetic influences on reading difficulties in boys and girls: The Colorado twin study. *Dyslexia, 12,* 21-29.

Hayward, C., Wilson, K. A., Lagle, K., Kraemer, H. C., Killen, J. D., Taylor, C. B. (2008). The developmental psychopathology of socialanxiety in adolescents. *Depressionand Anxiety, 25,* 200-206.

Henggeler, S.W., Rowland, M. D., Halliday-Boykins, C., Sheidow, A. J., Ward, D.M., Randall, J., Pickrel, S. G., Cunningham, P. B., Edwards, J. (2003). One-year followup of multisystemic therapy as an alternative to the hospitalization of youths in psychiatric crisis. *Journal of the American Academy of Child and Adolescent Psychiatry, 42,* 543-551.

Heyman, R. E., Chaudhry, B. R., Treboux, D., Crowell, J., Lord, C., Vivian, D., Waters, E. B. (2001). How much observational data is enough?: An empirical test using marital interaction coding. *Behavior Therapy, 32,* 107-122.

Hildyard, K. L., Wolfe, D. A. (2002). Child neglect: Developmental issues and outcomes. *Child Abuse and Neglect, 26,* 679-695.

Hintze, J. M., Stoner, G., Bull, M. H. (2000). Analogue assessment: Research and practice in evaluating emotional and behavioral problems. In: E. S. Shapiro, T. R. Kratochwill (Eds.). *Behavioral assessment in schools* (2nd ed., p. 104-138). New York: Guilford.

Hirshfeld-Becker, D. R., Micco, J., Henin, A., Bloomfield, A., Biederman, J., Rosenbaum, J. (2008). Behavioral inhibition. *Depression and Anxiety, 25,* 357-367.

Hodapp, R. M., Dykens, E. M. (2003). Mental retardation (intellectual disabilities). In: E. J. Mash, R. A. Barkley (Eds.). *Child psychopathology* (2nd ed., p. 486-519). New York: Guilford.

Hopko, D. R., Lejuez, C. W., Ruggiero, K. J., Eifert, G. H. (2003). Contemporary behavioral activation treatments for depression: Procedures, principles, and progress. *Clinical Psychology Review, 23,* 699-717.

Hudziak, J. J. (Ed.) (2008). *Developmental psychopathology and wellness: Genetic and environmental influences.* Washington, DC: American Psychiatric Publishing.

Ivanov, I., Schulz, K. P., London, E. D., Newcorn, J. H. (2008). Inhibitory control deficits in childhood and risk for substance use disorders: A review. *American Journal of Drug and Alcohol Abuse, 34,* 239-258.

Jaffee, S. R., Caspi, A., Moffitt, T. E., Taylor, A. (2004). Physical maltreatment victim to antisocial child: Evidence of an environmentally mediated process. *Journal of Abnormal Psychology, 113,* 44-55.

James, R., Blair, R., Monson, J., Frederickson, N. (2001). Moral reasoning and conduct problems in children with emotional and behavioural difficulties. *Personality and Individual Differences, 31,* 799-811.

Jarrett, M., Heitkemper, M., Czyzewski, D. I., Schulman, R. (2003). Recurrent abdominal pain in children: Forerunner to adult irritable bowel syndrome? *Journal for Specialists in Pediatric Nursing, 8,* 81-89.

Jarvis, P. E., Barth, J. T. (1994). *The Halstead-Reitan Neuropsychological Battery: A guide to interpretation and clinical applications.* Odessa, FL: Psychological Assessment Resources.

Johnson, C. F. (2004). Child sexual abuse. *Lancet, 364,* 462-470.

Johnston, L. D., O'Malley, P. M., Bachman, J. G., Schulenberg, J. E. (2006). *Monitoring the Future national results on adolescent drug use: Overview of key findings, 2005.* (NIH Publication N°. 06-5882). Bethesda, MD: National Institute on Drug Abuse.

Johnstone, S. J., Barry, R. J., Clarke, A. R. (2007). Behavioural and ERP indices of response inhibition during a Stop-signal task in children with two subtypes of Attention-Deficit Hyperactivity Disorder. *International Journal of Psychophysiology, 66,* 37-47.

Judd, L. L., Akiskal, H. S., Schettler, P. J., Endicott, J., Maser, J., Solomon, D. A., Leon, A. C., Rice, J. A., Keller, M. B. (2002). The longterm natural history of the weekly symptomatic status of bipolar I disorder. *Archives of General Psychiatry, 59,* 530-537.

Kagan, J. (2001). Temperamental contributions to affective and behavioral profiles in childhood. In: S. G. Hofmann, P. M. DiBartolo (Eds.). *From social anxiety to social phobia: Multiple perspectives* (p. 216-234). Needham Heights, MA: Allyn and Bacon.

Kandel, D. B. (2003). Does marijuana use cause the use of other drugs? *Journal of the American Medical Association, 289,* 482-483.

Kapornai, K., Vetro, A. (2008). Depression in children. *Current Opinion in Psychiatry, 21,* 1-7.

Kashdan, T. B., Herbert, J. D. (2001). Social anxiety disorder in childhood and adolescence: Current status and future directions. *Clinical Child and Family Psychology Review, 4,* 37-61.

Kaufman, J., Birmaher, B., Brent, D., Rao, U., Flynn, C., Moreci, P., Williamson, D., Ryan, N. (1997). Schedule for Affective Disorders and Schizophrenia for School-Aged Children – Present and Lifetime Version (K-SADS-PL): Initial reliability and validity data. *Journal of the American Academy of Child and Adolescent Psychiatry, 36,* 980-988.

Kaufman, J., Martin, A., King, R. A., Charney, D. (2001). Are child-, adolescent-, and adult-onset depression one and the same disorder? *Biological Psychiatry, 49,* 980-1001.

Kazak, A. E. (2002). Family systems practice in pediatric psychology. *Journal of Pediatric Psychology, 27,* 133-143.

Kearney, C. A. (2001). *School refusal behavior in youth: A functional approach to assessment and treatment.* Washington, DC: American Psychiatric Association.

Kearney, C. A. (2002). Identifying the function of school refusal behavior: A revision of the School Refusal Assessment Scale. *Journal of Psychopathology and Behavioral Assessment, 24,* 235-245.

Kearney, C. A. (2005). *Social anxiety and social phobia in youth: Characteristics, assessment, and psychological treatment.* New York: Springer.

Kearney, C. A. (2007). Forms and functions of school refusal behavior in youth: An empirical analysis of absenteeism severity. *Journal of Child Psychology and Psychiatry, 48,* 53-61.

Kearney, C. A. (2008). School absenteeism and school refusal behavior in youth: A contemporary review. *Clinical Psychology Review, 28,* 451-471.

Kearney, C. A., Albano, A. M. (2007). *When children refuse school: A cognitive-behavioral therapy approach/Therapist's guide* (2nd ed.). New York: Oxford University Press.

Kearney, C. A., Drake, K. (2002). Social phobia. In: M. Hersen (Ed.). *Clinical behavior therapy: Adults and children* (p. 326-344). New York: Wiley.

Kearney, C. A., Vecchio, J. (2002). Contingency management. In: M. Hersen, W. Sledge (Eds.). *The encyclopedia of psychotherapy.* New York: Academic.

Kessler, R. C., Adler, L. A., Barkley, R., Biederman, J., Conners, C. K., Faraone, S. V., Greenhill, L. L., Jaeger, S., Secnik, K., Spencer, T., Ustun, T. B., Zaslavsky, A. M. (2005). Patterns and predictors of attention-deficit/hyperactivity disorder persistence into adulthood: Results from the National Comorbidity Survey Replication. *Biological Psychiatry, 57,* 1442-1451.

Kessler, R. C., Berglund, P., Demler, O., Jin, R., Merikangas, K. R., Walters, E. E. (2005). Lifetime prevalence and age-of-onset distributions of DSM-IV disorders in the National Comorbidity Survey Replication. *Archives of General Psychiatry, 62,* 593-602.

Key, J. D., Brown, R. T., Marsh, L. D., Spratt, E. G., Recknor, J. C. (2001). Depressive symptoms in adolescents with a chronic illness. *Children's Health Care, 30,* 283-292.

Khouzam, H. R., El-Gabalawi, F., Pirwani, N., Priest, F. (2004). Asperger's disorder: A review of its diagnosis and treatment. *Comprehensive Psychiatry, 45,* 184-191.

Kieling, C., Goncalves, R. R., Tannock, R., Castellanos, F. X. (2008). Neurobiology of attention deficit hyperactivity disorder. *Child and Adolescent Psychiatric Clinics of North America, 17,* 285-307.

Kloos, A., Weller, E. B., Weller, R. A. (2008). Biologic basis of bipolar disorder in children and adolescents. *Current Psychiatry Reports, 10,* 98-103.

Konarski, J. Z., McIntyre, R. S., Kennedy, S. H., Rafi-Tari, S., Soczynska, J. K., Ketter, T. A. (2008). Volumetric neuroimaging investigations in mood disorders: Bipolar disorder versus major depressive disorder. *Bipolar Disorders, 10,* 1-37.

Koopman, H. M., Baars, R. M., Chaplin, J., Zwinderman, K. H. (2004). Illness through the eyes of the child: The development of children's understanding of the causes of illness. *Patient Education and Counseling, 55,* 363-370.

Korndorfer, S. R., Lucas, A. R., Suman, V. J., Crowson, C. S., Krahn, L. E., Melton, L. J. (2003). Long-term survival of patients with anorexia nervosa: A population-based study in Rochester, Minn. *Mayo Clinic Proceedings, 78,* 278-284.

Kovacs, M. (1999). Children's Depression Inventory (CDI). North Tonawanda, NY: Multi-Health Systems. Kowatch, R. A., Youngstrom, E. A., Danielyan, A., Findling, R. L. (2005). Review and meta-analysis of the phenomenology and clinical characteristics of mania in children and adolescents. *Bipolar Disorders, 7,* 483-496.

Kroner-Herwig, B., Morris, L., Heinrich, M. (2008). Biopsychosocial correlates of headache: What predicts pediatric headache occurrence? *Headache, 48,* 529-544.

Krug, D. A., Arick, J. R., Almond, P. J. (2008). *Autism Screening Instrument for Educational Planning (ASIEP-3).* Austin, TX: Pro-Ed.

Kupka, R. W., Luckenbaugh, D. A., Post, R. M., Leverich, G. S., Nolen, W. A. (2003). Rapid and non-rapid cycling bipolar disorder: A meta-analysis of clinical studies. *Journal of Clinical Psychiatry, 64,* 1483-1494.

Lachar, D., Gruber, C. P. (2000). *Personality Inventory for Children- Second Edition (PIC-2) manual.* Los Angeles: Western Psychological Services.

La Greca, A. M. (1998). *Social anxiety scales for children and adolescents: Manual and instructions for the SASC, SASC-R, SAS-A (adolescents), and parent versions of the scales.* Miami, FL: Author.

Lahey, B. B., Loeber, R., Burke, J. D., Applegate, B. (2005). Predicting future antisocial personality disorder in males from a clinical assessment in childhood. *Journal of Consulting and Clinical Psychology, 73,* 389-399.

Laszloffy, T. A. (2002). Rethinking family development theory: Teaching with the Systemic Family Development (SFD) model. *Family Relations, 51,* 206-214.

Legenbauer, T., Vogele, C., Ruddel, H. (2004). Anticipatory effects of food exposure in women diagnosed with bulimia nervosa. *Appetite, 42,* 33-40.

Lehn, H., Derks, E. M., Hudziak, J. J., Heutink, P., van Beijsterveldt, T. C. E. M., Boomsma, D. I. (2007). Attention problems and attention-deficit/hyperactivity disorder in discordant and concordant monozygotic twins: Evidence of environmental mediators. *Journal of the American Academy of Child and Adolescent Psychiatry, 46,* 83-91.

Leibenluft, E., Rich, B. A. (2008). Pediatric bipolar disorder. *Annual Review of Clinical Psychology, 4,* 163-187.

Leonard, B. E., McCarten, D., White, J., King, D. J. (2004). Methylphenidate: A review of its neuropharmacological, neuropsychological and adverse clinical effects. *Human Psychopharmacology: Clinical and Experimental, 19,* 151-180.

Leskela, J., Dieperink, M., Thuras, P. (2002). Shame and posttraumatic stress disorder. *Journal of Traumatic Stress, 15,* 223-226.

Leskovec, T. J., Rowles, B. M., Findling, R. L. (2008). Pharmacological treatment options for autism spectrum disorders in children and adolescents. *Harvard Review of Psychiatry, 16,* 97-112.

Li, C., Pentz, M. A., Chou, C. P. (2002). Parental substance use as a modifier of adolescent substance use risk. *Addiction, 97,* 1537-1550.

Lieb, R., Wittchen, H. U., Hofler, M., Fuetsch, M., Stein, M. B., Merikangas, K. R. (2000). Parental psychopathology, parenting styles, and the risk of social phobia in offspring: A prospective-longitudinal community study. *Archives of General Psychiatry, 57,* 859-866.

Lopez, S. R., Nelson Hipke, K., Polo, A. J., Jenkins, J. H., Karno, M., Vaughn, C., Snyder, K. S. (2004). Ethnicity, expressed emotion, attributions, and course of schizophrenia: Family warmth matters. *Journal of Abnormal Psychology, 113,* 428-439.

Lovett, M. W., Lacerenza, L., Borden, S. L., Frijters, J. C., Steinbach, K. A., De Palma, M. (2000). Components of effective remediation for developmental reading disabilities: Combining phonological and strategy-based instruction to improve outcomes. *Journal of Educational Psychology, 92,* 263-283.

Luby, J., Belden, A. (2006). Defining and validating bipolar disorder in the preschool period. *Development and Psychopathology, 18,* 971-988.

Luby, J. L., Heffelfinger, A. K., Mrakotsky, C., Brown, K. M., Hessler, M. J., Wallis, J. M., Spitznagel, E. L. (2003). The clinical picture of depression in preschool children. *Journal of the American Academy of Child and Adolescent Psychiatry, 42,* 340-348.

Lyon, G. R., Fletcher, J. M., Barnes, M. C. (2003). Learning disabilities. In: E. J. Mash, R. A. Barkley (Eds.). *Child psychopathology* (2nd ed., p. 520-586). New York: Guilford.

Maia, A. P., Boarati,M.A., Kleinman,A., Fu-I, L. (2007). Preschool bipolar disorder: Brazilian children case reports. *Journal of Affective Disorders, 104,* 237-243.

March, J. (1997). *Multidimensional Anxiety Scale for Children.* North Tonawanda, NY: Multi-Health Systems.

March, J. S., Franklin, M. E., Leonard, H. L., Foa, E. B. (2004). Obsessive-compulsive disorder. In: T. L. Morris, J. S. March (Eds.). *Anxiety disorders in children and adolescents* (2nd ed., p. 212-240). New York: Guilford.

March, J. S., Silva, S., Petrycki, S., Curry, J., Wells, K., Fairbank, J., Burns, B., Domino, M., McNulty, S., Vitiello, B., Severe, J. (2007). The Treatment for Adolescents with Depression Study (TADS): Long-term effectiveness and safety outcomes. *Archives of General Psychiatry, 64,* 1132-1143.

Martin, C. L., Ruble, D. (2004). Children's search for gender cues: Cognitive perspectives on gender development. *Current Directions in Psychological Science, 13,* 67-70.

Martinez-Gonzalez, M. A., Gual, P., Lahortiga, F., Alonso, Y., de Irala-Estevez, J., Cervera, S. (2003). Parental factors, mass media influences, and the onset of eating disorders in a prospective population-based cohort. *Pediatrics, 111,* 315-320.

Mash, E. J., Dozois, D. J. A. (2003). Child psychopathology: A developmental-systems perspective. In: E. J. Mash, R. A. Barkley (Eds.). *Child psychopathology* (2nd ed., p. 3-71). New York: Guilford.

Masi, G., Perugi, G., Millepiedi, S., Mucci, M., Toni, C., Bertini, N., Pfanner, C., Berloffa, S., Pari, C. (2006). Developmental differences according to age at onset in juvenile bipolar disorder. *Journal of Child and Adolescent Psychopharmacology, 16,* 679-685.

Matsui, D. (2007). Current issues in pediatric medication adherence. *Paediatric Drugs, 9,* 283-288.

McCloskey, L. A., Lichter, E. L. (2003). The contribution of marital violence to adolescent aggression across different relationships. *Journal of Interpersonal Violence, 18,* 390-412.

McFarlane, W. R., Dixon, L., Lukens, E., Lucksted, A. (2003). Family psychoeducation and schizophrenia: A review of the literature. *Journal of Marital and Family Therapy, 29,* 223-245.

McLeary, L., Sanford, M. (2002). Prenatal expressed emotion in depressed adolescents: Prediction of clinical course and relationship to comorbid disorders and social functioning. *Journal of Child Psychology and Psychiatry and Allied Disciplines, 43,* 587-595.

McQuaid, E. L., Howard, K., Kopel, S. J., Rosenblum, K., Bibace, R. (2002). Developmental concepts of asthma: Reasoning about illness and strategies for prevention. *Applied Developmental Psychology, 23,* 179-194.

Mehl, R. C., O'Brien, L. M., Jones, J. H., Dreisbach, J. K., Mervis, C. B., Gozal, D. (2006). Correlates of sleep and pediatric bipolar disorder. *Sleep, 29,* 193-197.

Merline, A. C., O'Malley, P. M., Schulenberg, J. E., Bachman, J. G., Johnston, L. D. (2004). Substance use among adults 35 years of age: Prevalence, adulthood predictors, and impact of adolescent substance use. *American Journal of Public Health, 94,* 96-102.

Miklowitz, D. J., Cicchetti, D. (2006). Toward a life span developmental psychopathology perspective on bipolar disorder. *Development and Psychopathology, 18,* 935-938.

Miller, G. A. (2001). *Adolescent SASSIA2 Substance Abuse Subtle Screening Inventory.* Springville, IN: SASSI Institute.

Miller-Perrin, C. L., Perrin, R. D. (2007). *Child maltreatment: An introduction* (2nd ed.). Thousand Oaks, CA: Sage.

Millon, T., Green, C. J., Meagher, R. B. (1993). *Millon Adolescent Personality Inventory.* Minneapolis, MN: NCS Assessments.

Molnar, B. E., Buka, S. L., Kessler, R. C. (2001). Child sexual abuse and subsequent psychopathology: Results from the National Comorbidity Survey. *American Journal of Public Health, 91,* 753-760.

Monahon, C. (1993). *Children and trauma: A parent's guide to helping children heal.* New York: Lexington.

Moos, R. H., Moos, B. S. (1986). *Family Environment Scale Manual* (2nd ed.). Palo Alto, CA: Consulting Psychologists Press.

Muck, R., Zempolich, K. A., Titus, J. C., Fishman, M., Godley, M. D., Schwebel, R. (2001). An overview of the effectiveness of adolescent substance abuse treatment models. *Youth and Society, 33,* 143-168.

Mufson, L., Dorta, K. P., Wickramaratne, P., Nomura, Y., Olfson, M., Weissman, M. M. (2004). A randomized effectiveness trial of interpersonal psychotherapy for depressed adolescents. *Archives of General Psychiatry, 61,* 577-584.

Muhle, R., Trentacoste, S. V., Rapin, I. (2004). The genetics of autism. *Pediatrics, 113,* e472-e486.

Nelson, H. D., Nygren, P., Walker, M., Panoscha, R. (2006). Screening for speech and language delay in preschool children: Systematic evidence review for the US Preventive Services Task Force. *Pediatrics, 117,* e298-e319.

Newberg, A. R., Catapano, L. A., Zarate, C. A., Manji, H. K. (2008). Neurobiology of bipolar disorder. *Expert Review of Neurotherapeutics, 8,* 93-110.

Nigg, J. T., Goldsmith, H. H., Sachek, J. (2004). Temperament and attention deficit hyperactivity disorder: The development of a multiple pathway model. *Journal of Clinical Child and Adolescent Psychology, 33,* 42-53.

Nihira, K., Leland, H., Lambert, N. (1993). *AAMR Adaptive Behavior Scale – Residential and Community* (2nd ed.). Austin, TX: Pro-Ed.

Nobile, M., Cataldo, G., Marino, C., Molteni, M. (2003). Diagnosis and treatment of dysthymia in children and adolescents. *CNS Drugs, 17,* 927-946.

Odgers, C. L., Caspi, A., Broadbent, J. M., Dickson, N., Hancox, R. J., Harrington, H., Poulton, R., Sears, M. R., Thomson, W. M., Moffitt, T. E. (2007). Prediction of differential adult health burden by conduct problem subtypes in males. *Archives of General Psychiatry, 64,* 476-484.

Olfson, M. (2004). New options on the pharmacological management of attention-deficit/hyperactivity disorder. *American Journal of Managed Care, 10,* S117-S124.

Olson, D. H., Portner, J., Lavee, Y. (1987). Family Adaptability and Cohesion Evaluation Scales (FACES III). In: N. Fredman, R. Sherman (Eds.). *Handbook of measurements for marriage and family therapy* (p. 180-185). New York: Brunner Mazel.

Olsson, M., Hansson, K., Cederblad, M. (2008). A follow up study of adolescents with conduct disorder: Can long-term outcome be predicted from psychiatric assessment data? *Nordic Journal of Psychiatry, 62,* 121-129.

Opipari-Arrigan, L., Stark, L., Drotar, D. (2006). Benchmarks for work performance of pediatric psychologists. *Journal of Pediatric Psychology, 31,* 630-642.

Paul, I., Bott, C., Heim, S., Eulitz, C., Elbert, T. (2006). Reduced hemispheric asymmetry of the auditory N260m in dyslexia. *Neuropsychologia, 44,* 785-794.

Pavuluri, M. N., Birmaher, B., Naylor, M. W. (2005). Pediatric bipolar disorder: A review of the past 10 years. *Journal of the American Academy of Child and Adolescent Psychiatry, 44*, 846-871.

Pavuluri, M. N., Graczyk, P. A., Henry, D. B., Carbray, J. A., Heidenreich, J. L., Miklowitz, D. J. (2004). Child- and family-focused cognitive-behavioral therapy for pediatric bipolar disorder: Development and preliminary results. *Journal of the American Academy of Child and Adolescent Psychiatry, 43*, 528-537.

Perlis, R. H., Miyahara, S., Marangell, L. B., Wisniewski, S. R., Ostacher, M., DelBello, M. P., Bowden, C. L., Sachs, G. S., Nierenberg, A. A. (2004). Long-term implications of early onset in bipolar disorder: Data from the first 1000 participants in the Systematic Treatment Enhancement Program for Bipolar Disorder (STEP-BD). *Biological Psychiatry, 55*, 875-881.

Piers, E. V., Harris, D. B., Herzberg, D. S. (2002). *Piers-Harris Children's Self-Concept Scale (PHCSCS-2). Second edition.* Austin, TX: Pro-Ed.

Pliszka, S. R. (2005). The neuropsychopharmacology of attention deficit/hyperactivity disorder. *Biological Psychiatry, 57*, 1385-1390.

Popolos, D., Hennen, J., Cockerham, M. S., Thode, H. C., Youngstrom, E. A. (2006). The Child Bipolar Questionnaire: A dimensional approach to screening for pediatric bipolar disorder. *Journal of Affective Disorders, 95*, 149-158.

Pratt, H. D., Patel, D. R. (2007). Learning disorders in children and adolescents. *Primary Care, 34*, 361-374.

Prinz, R. J., Foster, S. L., Kent, R. N., O'Leary, K. D. (1979). Multivariate assessment of conflict in distressed and nondistressed motheradolescent dyads. *Journal of Applied Behavior Analysis, 12*, 691-700.

Putnam, F. W. (2003). Ten-year research update review: Child sexual abuse. *Journal of the American Academy of Child and Adolescent Psychiatry, 42*, 269-278.

Quay, H. C., Peterson, D. R. (1996). *Revised Behavior Problem Checklist: PAR edition.* Odessa, FL: Psychological Assessment Resources.

Raine, A. (2002). The role of prefrontal deficits, low autonomic arousal, and early health factors in the development of antisocial and aggressive behavior in children. *Journal of Child Psychology and Psychiatry, 43*, 417-434.

Ramus, F. (2004). Neurobiology of dyslexia: A reinterpretation of the data. *Trends in Neurosciences, 27*, 720-726.

Rapoff, M. A. (2006). Management of adherence and chronic rheumatic disease in children and adolescents. *Best Practice and Research Clinical Rheumatology, 20*, 301-314.

Raven, J. C. (2000). *Raven's Progressive Matrices.* San Antonio, TX: Harcourt.

Reichenberg, A., Harvey, P. D. (2007). Neuropsychological impairments in schizophrenia: Integration of performance-based and brain imaging findings. *Psychological Bulletin, 133*, 833-858.

Remschmidt, H., Global ADHD Working Group. (2005). Global consensus on ADHD/HKD. *European Child and Adolescent Psychiatry, 14*, 127-137.

Reynolds, C. R., Kamphaus, R. W. (2004). *Behavior Assessment System for Children-2.* Circle Pines, MN: American Guidance Service.

Reynolds, W. M. (2004). *Reynolds Adolescent Depression Scale-2: Professional manual.* Lutz, FL: Psychological Assessment Resources.

Rice, M. L., Warren, S. F., Betz, S. K. (2005). Language symptoms of developmental language disorders: An overview of autism, Down syndrome, fragile X, specific language impairment, and Williams syndrome. *Applied Psycholinguistics, 26,* 7-27.

Richter, L., Johnson, P. B. (2001). Current methods of assessing substance use: A review of strengths, problems, and developments. *Journal of Drug Issues, 31,* 809-832.

Robin, A. L., Foster, S. L. (2002). *Negotiating parent-adolescent conflict: A behavioral-family systems approach.* New York: Guilford.

Rodenburg, R., Meijer, A. M., Dekovic, M., Aldenkamp, A. P. (2007). Parents of children with enduring epilepsy: Predictors of parenting stress and parenting. *Epilepsy and Behavior, 11,* 197-207.

Rogers, G., Joyce, P., Mulder, R., Sellman, D., Miller, A., Allington, M., Olds, R., Wells, E., Kennedy, M. (2004). Association of a duplicated repeat polymorphism in the 5'-untranslated region of the DRD4 gene with novelty seeking. American *Journal of Medical Genetics Part B, 126,* 95-98.

Roid, G. (2003). *Stanford-Binet Intelligence Scales, fifth edition.* Chicago: Riverside.

Roid, G., Miller, L. J. (1997). *Leiter International Performance Scale-Revised.* Wood Dale, IL: Stoelting.

Rothbaum, F., Rosen, K., Ujiie, T., Uchida, N. (2002). Family systems theory, attachment theory, and culture. *Family Process, 41,* 328-350.

Rubin, K. H., Burgess, K. B., Kennedy, A. E., Stewart, S. L. (2003). Social withdrawal in childhood. In: E. J. Mash, R. A. Barkley (Eds.). *Child psychopathology* (2nd ed., p. 372-406). New York: Guilford.

Rucklidge, J. J. (2008). Retrospective parent report of psychiatric histories: Do checklists reveal specific prodromal indicators for postpubertal-onset pediatric bipolar disorder? *Bipolar Disorders, 10,* 56-66.

Rushton, J. L., Forcier, M., Schectman, R. M. (2002). Epidemiology of depressive symptoms in the National Longitudinal Study of Adolescent Health. *Journal of the American Academy of Child and Adolescent Psychiatry, 41,* 199-205.

Sawyer, M. G., Whitham, J. N., Roberton, D. M., Taplin, J. E., Varni, J. W., Baghurst, P. A. (2004). The relationship between health-related quality of life, pain and coping strategies in juvenile idiopathic arthritis. *Rheumatology, 43,* 325-330.

Scahill, L., Riddle, M., McSwiggin-Hardin, M., Ort, S., King, R., Goodman, W., Cicchetti, D., Leckman, J. (1997). Children's Yale-Brown Obsessive Compulsive Scale: Reliability and validity. *Journal of the American Academy of Child and Adolescent Psychiatry, 36,* 844-852.

Schaefer, C. E., Kaduson, H. G. (Eds.) (2007). *Contemporary play therapy: Theory, research, and practice.* New York: Guilford.

Schaeffer, J. L., Ross, R. G. (2002). Childhood-onset schizophrenia: Premorbid and prodromal diagnostic and treatment histories. *Journal of the American Academy of Child and Adolescent Psychiatry, 41,* 538-545.

Schenkel, L. S., West, A. E., Harral, E. M., Patel, N. B., Pavuluri, M. N. (2008). Parent-child interactions in pediatric bipolar disorder. *Journal of Clinical Psychology, 64,* 422-437.

Schepis, T. S., Adinoff, B., Rao, U. (2008). Neurobiological processes in adolescent addictive disorders. *American Journal of Addiction, 17,* 6-23.

Schiavenato, M. (2008). Facial expression and pain assessment in the pediatric patient: The primal face of pain. *Journal for Specialists in Pediatric Nursing, 13,* 89-97.

Schiffman, J., Walker, E., Ekstrom, M., Schulsinger, F., Sorensen, H., Mednick, S.

(2004). Childhood videotaped social and neuromotor precursors of schizophrenia: A prospective investigation. *American Journal of Psychiatry, 161,* 2021-2027.

Schopler, E., Reichler, R., Renner, B. (1988). *The Childhood Autism Rating Scale (CARS).* Los Angeles, CA: Western Psychological Services.

Schoppe, S. J., Mangelsdorf, S. C., Frosch, C. A. (2001). Coparenting, family process, and family structure: Implications for preschoolers' externalizing behavior problems. *Journal of Family Psychology, 15,* 526-545.

Schrimsher, G. W., Billingsley, R. L., Jackson, E. F., Moore, B. D. (2002). Caudate nucleus volume asymmetry predicts attention-deficit hyperactivity disorder (ADHD) symptomatology in children. *Journal of Child Neurology, 17,* 877-884.

Shalev, R. S. (2004). Developmental dyscalculia. *Journal of Child Neurology, 19,* 765-771.

Shastry, B. S. (2007). Developmental dyslexia: An update. *Journal of Human Genetics, 52,* 104-109.

Shaywitz, S. E., Shaywitz, B. A. (2005). Dyslexia (specific reading disability). *Biological Psychiatry, 57,* 1301-1309.

Shepard, T. H., Brent, R. L., Friedman, J. M., Jones, K. L., Miller, R. K., Moore, C. A., Polifka, J. E. (2002). Update on new developments in the study of human teratogens. *Teratology, 65,* 153-161.

Shih, R. A., Belmonte, P. L., Zandi, P. P. (2004). A review of the evidence from family, twin and adoption studies for a genetic contribution to adult psychiatric disorders. *International Review of Psychiatry, 16,* 260-283.

Shiner, R. L. (2005). A developmental perspective on personality disorders: Lessons from research on normal personality development in childhood and adolescence. *Journal of Personality Disorders, 19,* 202-210.

Silani, G., Frith, U., Demonet, J. F., Fazio, F., Perani, D., Price, C., Frith, C. D., Paulesu, E. (2005). Brain abnormalities underlying altered activation in dyslexia: A voxel based morphometry study. *Brain, 128,* 2453-2461.

Silverman, W. K., Albano, A. M. (1996). *Anxiety disorders interview schedule for DSM-IV: Child version.* San Antonio, TX: The Psychological Corporation.

Silverman, W. K., Saavedra, L. M., Pina, A. A. (2001). Test-retest reliability of anxiety symptoms and diagnoses with the Anxiety Disorders Interview Schedule for DSM-IV: Child and Parent Versions. *Journal of the American Academy of Child and Adolescent Psychiatry, 40,* 937-944.

Simons-Morton, B., Haynie, D. L., Crump, A. D., Eitel, P., Saylor, K. E. (2001). Peer and parent influences on smoking and drinking among early adolescents. *Health Education and Behavior, 28,* 95-107.

Singh, S. P. (2007). Outcome measures in early psychosis: Relevance of duration of untreated psychosis. *British Journal of Psychiatry, 50,* s58-s63.

Skinner, H., Steinhauer, P., Sitarenios, G. (2000). Family Assessment Measure (FAM) and process model of family functioning. *Journal of Family Therapy, 22,* 190-210.

Slomine, B. S., Gerring, J. P., Grados, M. A., Vasa, R., Brady, K. D., Christensen, J. R., Denckla, M. B. (2002). Performance on measures of 'executive function' following pediatric traumatic brain injury. *Brain Injury, 16,* 759-772.

Southall, D., Roberts, J. E. (2002). Attributional style and self-esteem in vulnerability to adolescent depressive symptoms following life stress: A 14-week prospective study. *Cognitive Therapy and Research, 26,* 563-579.

Spanier, G. (2001). *Dyadic Adjustment Scale.* North Tonawanda, NY: Multi-Health Systems.

Sparrow, S. S., Cicchetti, D. V., Balla, D. A. (2005). *Vineland Adaptive Behavior Scales, Second Edition*. Bloomington, MN: Pearson.

Spence, S. H., Reinecke, M. A. (2004). Cognitive approaches to understanding, preventing and treating child and adolescent depression. In: M. A. Reinecke D. A. Clark (Eds.). *Cognitive therapy across the lifespan* (p. 358-395). New York: Cambridge University Press.

Steele, M. M., Doey, T. (2007). Suicidal behaviour in children and adolescents. Part 1: Etiology and risk factors. *Canadian Journal of Psychiatry*, 52 (6 Suppl 1), 21S-33S.

Stein, D., Kaye, W. H., Matsunaga, H., Orbach, I., Har-Even, D., Frank, G., McConaha, C. W., Rao, R. (2002). Eating-related concerns, mood, and personality traits in recovered bulimia nervosa subjects: A replication study. *International Journal of Eating Disorders*, 32, 225-229.

Stein, M. B., Stein, D. J. (2008). Social anxiety disorder. *Lancet*, 371, 1115-1125.

Taylor, H. G., Anselmo, M., Foreman, A. L., Schatschneider, C., Angelopoulos, J. (2000). Utility of kindergarten teacher judgments in identifying early learning problems. *Journal of Learning Disabilities*, 33, 200-210.

Thorell, L. B., Wahlstedt, C. (2006). Executive functioning deficits in relation to symptoms of ADHD and/or ODD in preschool children. *Infant and Child Development*, 15, 503-518.

Thurber, S., Hollingsworth, D. R., Miller, L. (1996). The Hopelessness Scale for Children: Psychometric properties with hospitalized adolescents. *Journal of Clinical Psychology*, 52, 543-545.

Tims, F. M., Dennis, M. L., Hamilton, N., Buchan, B. J., Diamond, G., Funk, R., Brantley, L. B. (2002). Characteristics and problems of 600 adolescent cannabis abusers in outpatient treatment. *Addiction*, 97(Suppl 1), 46-57.

Todd, R. D., Huang, H., Todorov, A. A., Neuman, R. J., Reiersen, A. M., Henderson, C. A., Reich, W. C. (2008). Predictors of stability of attention-deficit/hyperactivity disorder subtypes from childhood to young adulthood. *Journal of the American Academy of Child and Adolescent Psychiatry*, 47, 76-85.

Torgesen, J. K., Alexander, A. W., Wagner, R. K., Rashotte, C. A., Voeller, K. K. S., Conway, T. (2001). Intensive remedial instruction for children with severe reading disabilities: Immediate and long-term outcomes from two instructional approaches. *Journal of Learning Disabilities*, 34, 33-58.

Toumbourou, J. W., Stockwell, T., Neighbors, C., Marlatt, G. A., Sturge, J., Rehm, J. (2007). Interventions to reduce harm associated with adolescent substance use. *Lancet*, 369, 1391-1401.

Treasure, J., Sepulveda, A. R., MacDonald, P., Whitaker, W., Lopez, C., Zabala, M., Kyriacou, O., Todd, G. (2008). The assessment of the family of people with eating disorders. *European Eating Disorders Review*, 16, 247-255.

Troisi, A., Massaroni, P., Cuzzolaro, M. (2005). Early separation anxiety and adult attachment style in women with eating disorders. *British Journal of Clinical Psychology*, 44, 89-97.

Tull, M. T., Gratz, K. L., Salters, K., Roemer, L. (2004). The role of experiential avoidance in posttraumatic stress symptoms and symptoms of depression, anxiety, and somatization. *Journal of Nervous and Mental Disease*, 192, 754-761.

Vakalahi, H. F. (2001). Adolescent substance use and family-based risk and protective factors: A literature review. *Journal of Drug Education*, 31, 29-46.

Vargas, D. L., Nascimbene, C., Krishnan, C., Zimmerman, A. W., Pardo, C. A. (2005). Neuroglial activation and neuroinflammation in the brains of patients with autism. *Annals of Neurology*, 57, 67-81.

Vervaet, M., Audenaert, K., van Heeringen, C. (2003). Cognitive and behavioural characteristics are associated with personality dimensions in patients with eating disorders. *European Eating Disorders Review, 11,* 363-378.

Voeller, K. K. S. (2004). Attentiondeficit hyperactivity disorder (ADHD). *Journal of Child Neurology, 19,* 798-814.

Wagner, F. A., Anthony, J. C. (2002). Into the world of illegal drug use: Exposure opportunity and other mechanisms linking the use of alcohol, tobacco, marijuana, and cocaine. *American Journal of Epidemiology, 155,* 918-925.

Walters, G. D. (2002). The heritability of alcohol abuse and dependence: A meta-analysis of behavior genetic research. *American Journal of Drug and Alcohol Abuse, 28,* 557-584.

Warden, D., MacKinnon, S. (2003). Prosocial children, bullies and victims: An investigation of their sociometric status, empathy and social problem-solving strategies. *British Journal of Developmental Psychology, 21,* 367-385.

Watts, M. (2007). High expressed emotion, severe mental illness and substance use disorder. *British Journal of Nursing, 16,* 1259-1262.

Wechsler, D. (2002). *Wechsler Preschool and Primary Scale of Intelligence – Third Edition.* San Antonio, TX: The Psychological Corporation.

Wechsler, D. (2003). *Wechsler Intelligence Scale for Children-Fourth Edition Integrated.* San Antonio, TX: Psychological Corporation.

Weiss, M., Worling, D., Wasdell, M. (2003). A chart review study of the inattentive and combined types of ADHD. *Journal of Attention Disorders, 7,* 1-9.

Weller, E. B., Calvert, S. M., Weller, R. A. (2003). Bipolar disorder in children and adolescents: Diagnosis and treatment. *Current Opinion in Psychiatry, 16,* 383-388.

Weller, E. B., Weller, R. A., Fristad, M. A., Rooney, M. T., Schecter, J. (2000). Children's Interview for Psychiatric Syndromes (ChIPS). *Journal of the American Academy of Child and Adolescent Psychiatry, 39,* 76-84.

White, W., Savage, B. (2005). All in the family: Alcohol and other drug problems, recovery, advocacy. *Alcoholism Treatment Quarterly, 23,* 3-37.

Wilens, T. E. (2007). The nature of the relationship between attentiondeficit/hyperactivity disorder and substance use. *Journal of Clinical Psychiatry, 68 (Suppl 11),* 4-8.

Wilens, T. E., Biederman, J., Brown, S., Tanguay, S., Monuteaux, M. C., Blake, C., Spencer, T. J. (2002). Psychiatric comorbidity and functioning in clinically referred preschool children and school-age youths with ADHD. *Journal of the American Academy of Child and Adolescent Psychiatry, 41,* 262-268.

Wilens, T. E., Biederman, J., Forkner, P., Ditterline, J., Morris, M., Moore, H., Galdo, M., Spencer, T. J., Wozniak, J. (2003). Patterns of comorbidity and dysfunction in clinically referred preschool and school-age children with bipolar disorder. *Journal of Child and Adolescent Psychopharmacology, 13,* 495-505.

Wilkinson, G. S., Robertson, G. J. (2006). *Wide Range Achievement Test 4.* Lutz, FL: Psychological Assessment Resources.

Willcutt, E. G., Pennington, B. F. (2000). Comorbidity of reading disability and attention-deficit/hyperactivity disorder: Differences by gender and subtype. *Journal of Learning Disabilities, 33,* 179-191.

Willoughby, M. T. (2003). Developmental course of ADHD symptomatology during the transition from childhood to adolescence: A review with recommendations. *Journal of Child Psychology and Psychiatry, 44,* 88-106.

Wilson, C. T., Fairburn, C. C., Agras, W. S., Walsh, B. T., Kraemer, H. (2002). Cognitive-behavioral therapy for bulimia nervosa: Time course and mechanisms of change. *Journal of Consulting and Clinical Psychology, 70,* 267-274.

Wilson, G. T., Becker, C. B., Heffernan, K. (2003). Eating disorders. In: E. J. Mash, R. A. Barkley (Eds.). *Child psychopathology.* (2nd ed., p. 687-715). New York: Guilford.

Wilson, S. T., Stanley, B., Oquendo, M. A., Goldberg, P., Zalsman, G., Mann, J. J. (2007). Comparing impulsiveness, hostility, and depression in borderline personality disorder and bipolar II disorder. *Journal of Clinical Psychiatry, 68,* 1533-1539.

Winston, F. K., Kassam-Adams, N., Vivarelli-O'Neill, C., Ford, J., Newman, E., Baxt, C., Stafford, P., Cnaan, A. (2002). Acute stress disorder symptoms in children and their parents after pediatric traffic injury. *Pediatrics, 109,* e90.

Winters, K. C., Fahnhorst, T., Botzet, A. (2007). Adolescent substance use and abuse. In: E. J. Mash, R. A. Barkley (Eds.). *Assessment of childhood disorders* (4th ed.) (p. 184-209). New York: Guilford.

Wolfe, D. A., Crooks, C. V., Lee, V., McIntyre-Smith, A., Jaffe, P. G. (2003). The effects of children's exposure to domestic violence: A meta-analysis and critique. *Clinical Child and Family Psychology Review, 6,* 171-187.

Wolfe, V. V. (2007). Child sexual abuse. In: E. J. Mash. R. A. Barkley (Eds.). *Assessment of childhood disorders* (4th ed.) (p. 685-748). New York: Guilford.

Wong, B. Y. L. (1996). *The ABCs of learning disabilities.* New York: Academic.

Wong, B. Y. L. (Ed.) (2004). *Learning about learning disabilities* (3rd ed.). New York: Elsevier.

Woolfenden, S. R., Williams, K., Peat, J. K. (2002). Family and parenting interventions for conduct disorder and delinquency: A metaanalysis of randomised controlled trials. *Archives of Disease in Childhood, 86,* 251-256.

Wright, D. A., Bobashev, G., Folsom, R. (2007). Understanding the relative influence of neighborhood, family, and youth on adolescent drug use. *Substance Use and Misuse, 42,* 2159-2171.

Young, M. E., Fristad, M. A. (2007). Evidence based treatments for bipolar disorder in children and adolescents. *Journal of Contemporary Psychotherapy, 37,* 157-164.

Youngstrom, E. (2007). Pediatric bipolar disorder. In: E. J. Mash, R. A. Barkley (Eds.). *Assessment of childhood disorders* (4th ed.) (p. 253-304). New York: Guilford.

Youngstrom, E. A., Findling, R. L., Danielson, C. K., Calabrese, J. R. (2001). Discriminative validity of parent report of hypomanic and depressive symptoms on the General Behavior Inventory. *Psychological Assessment, 13,* 267-276.

Zacny, J., Bigelow, G., Compton, P., Foley, K., Iguchi, M., Sannerud, C. (2003). College on Problems of Drug Dependence taskforce on prescription opioid non-medical use and abuse: Position statement. *Drug and Alcohol Dependence, 69,* 215-232.

Índice remissivo

A

AAMR Adaptive Behavior Scales, 146
Abuso de substância, 113-126
    avaliação, 115
    aspectos do desenvolvimento, 120
    questões para discussão, 126
    fatores de risco e variáveis mantenedoras, 118
    sintomas, 113
    tratamento, 123
Abuso sexual, efeitos do. *Veja* Efeitos do abuso sexual
Acetilcolina, 176
Adaptive Behavior Assessment System, 146
Adolescent Drinking Inventory, 117
Adolescent Drug Involvement Scale, 117
Adolescent Substance Abuse Subtle Screening Inventory, 117
Alucinações, 199
Amenorreia, 59, 60
Androstenediona, 105
Ansiedade e retraimento social, 15-28
    aspectos do desenvolvimento, 22
    avaliação, 17
    fatores de risco e variáveis mantenedoras, 20
    questões para discussão, 27
    sintomas, 15
    tratamento, 25
Anxiety Disorders Interview Schedule for Children, 5, 18, 201
Armadilha do reforço negativo, 108
Armadilha do reforço positivo, 108
Autism Screening Instrument for Educational Planning, 145
Autismo e retardo mental, 141-154
    aspectos do desenvolvimento, 149
    avaliação, 143
    fatores de risco e variáveis mantenedoras, 146
    questões para discussão, 153
    sintomas, 141
    tratamento, 150
Avaliação sociométrica, 19

B

Bayley Scales of Infant and Toddler Development, 145
Behavior Assessment System for Children, 76
Bonecas anatômicas, 174
Brief Pain Inventory, 158
Bulimia nervosa. *Veja* Transtornos alimentares

C

Caso misto 1, 1-14
    avaliação, 4
    aspectos do desenvolvimento, 8
    questões para discussão, 13
    fatores de risco e variáveis mantenedoras, 6
    sintomas, 1
    tratamento, 11
Caso misto 2, 183-196
    avaliação, 185
    aspectos do desenvolvimento, 190
    questões para discussão, 195
    fatores de risco e variáveis mantenedoras, 188
    sintomas, 183
    tratamento, 192
Caso misto 3, 197-210
    avaliação, 199
    aspectos do desenvolvimento, 204
    questões para discussão, 209

fatores de risco e variáveis mantenedoras, 202
sintomas, 197
tratamento, 206
Child Behavior Checklist (CBCL), 5, 9, 34, 47, 76, 103, 187
Child Bipolar Questionnaire, 47
Childhood Autism Rating Scale, 145
Children's Depression Inventory (CDI), 33, 103, 186
Children's Interview for Psychiatric Syndromes, 32
Children's Yale-Brown Obsessive Compulsive Scale, 201
Comportamento de recusa escolar, 187
Compulsões, 201
Conduct Disorder Scale, 103
Conflict Behavior Questionnaire, 131
Conners ADHD/DSM-IV Scales, 76
Conners Rating Scales (Cornners 3), 103
Contrato de contingências, 138
Conflito familiar e transtorno desafiador de oposição, 127-140
    aspectos do desenvolvimento, 134
    avaliação, 129
    fatores de risco e variáveis mantenedoras, 132
    questões para discussão, 139
    sintomas, 127
    tratamento, 136

D

Dieta, 65
Dopamina, 177
Dyadic Adjustment Scale, 5
Discalculia, 92
Dislexia, 92
Dyslexia Screening Instrument, 88
Despertar muito cedo, 32
Deformações, 148
Delírios, 199
Depressão, 29-42
    aspectos do desenvolvimento, 37
    avaliação, 31

fatores de risco e variáveis mantenedoras, 34
questões para discussão, 41
sintomas, 29
tratamento, 39
Depressão exógena e endógena, 34
Desamparo aprendido, 36
Dificuldade de aprendizagem, 85-98
    aspectos do desenvolvimento, 92
    avaliação, 87
    fatores de risco e variáveis mantenedoras, 90
    questões para discussão, 97
    sintomas, 85
    tratamento, 94
Dependência de substâncias, 115
Decodificação e reconhecimento de palavras, 95
Doença pediátrica/dor, 155-168
    aspectos do desenvolvimento, 162
    avaliação, 157
    fatores de risco e variáveis mantenedoras, 160
    questões para discussão, 166
    sintomas, 155
    tratamento, 164
Desobediência. *Veja* Conflito familiar e transtorno desafiador de oposição

E

Eating Attitudes Test, 62
Ecolalia, 144
Economia de fichas, 82
Efeitos do abuso sexual e transtorno de estresse pós-traumático, 169-182
    avaliação, 171
    aspectos do desenvolvimento, 177
    questões para discussão, 181
    fatores de risco e variáveis mantenedoras, 174
    sintomas, 169
    tratamento, 179
Episódio depressivo maior, 31
Episódio maníaco, 46, 200
Esquizofrenia, 199
Estágios da psicose, 204

Estudos sobre alto risco, 204
Etapas de desenvolvimento da compreensão das doenças, 162
Exames e técnicas toxicológicas, 116
Eyberg Child Behavior Inventory, 103

F

Family Adaptability and Cohesion Evaluation Scale, 131
Family Assessment Measure, 131
Family Coding System, 131
Family Environment Scale (FES), 5, 131
Fatores proximais e distais, 10
Fatores psicológicos que afetam o quadro clínico, 157-159
Fenfluramina, 147, 151
Fobia social, 17
Funções do comportamento de recusa escolar, 183-189

H

Halstead-Reitan Neuropsychological Test Battery, 145
Hierarquia social, 25
Hiperatividade. *Veja* Transtorno do déficit de atenção/hiperatividade
Hiperfagia, 58, 60, 61, 63, 68
Hipersonia, 32
Home and School Situations Questionnaires, 76
Hopelessness Scale for Children, 33

I

Inibidores seletivos de receptação da serotonina, 39
Inversão do pronome, 144
Imaginação emotiva, 180
Inibição comportamental, 21, 22
Intervenção paradoxal, 138

L

Leiter International Performance Scale, 145
Linguagem de sinais, 151
Livro de figuras, 142, 150
Ludoterapia, 179

M

Malformações, 148
Manejo da dor, 159
McGill Pain Questionnaire, 158
Medicamentos antidepressivos, 39, 67, 151, 202
Medicamentos estabilizadores do humor, 53
Medicamentos para a dor, 163
Metacognição, 96
Metilfenidato (Ritalina) e outros medicamentos para TDAH, 81
Millon Adolescent Personality Inventory, 201
Minnesota Multiphasic Personality Inventory for Adolescents (MMPI-A), 200
Modelagem, 151
Modelo de autocontrole da depressão, 36
Modelo de estágios do uso/abuso de substâncias, 122
Modelo de Minnesota, 123
Multidimensional Anxiety Scale for Children, 186

N

Noradrenalina, 34, 49, 62, 176, 203

P

Parent General Behavior Inventory-Hypomanic/Biphasic, 48
Parent Young Mania Rating Scale, 48
Parent-Adolescent Communication Scale, 131
Parental Expectancies Scale (PES), 5
Peabody Picture Vocabulary Test (PPVT-4), 145
Pediatric Pain Questionnaire, 158
Pensamento obsessivo, 63, 201
Percepção da dor e comportamento de dor, 158
Personal Experience Screening Questionnaire, 117
Personality Inventory for Children (MMPI-A), 159, 200
Perspectiva biopsicossocial, 158
Perspectiva sociocultural (transtornos alimentares), 65
Piers-Harris Children's Self-Concept Scale, 159, 187
Prevenção de abuso de substâncias, 125
Psicólogos pediátricos, 157

Psicopatologia do desenvolvimento, 8
Psicose, 199

R

Rapid Marital Interaction Coding System, 131
Raven's Progressive Matrices, 145
Reenquadramento, 138
Retardo mental. *Veja* Autismo e retardo mental
Retirada da escola, 185
Revised Behavior Problem Checklist, 103
Revised Child Anxiety and Depression Scales, 5
Reynolds Adolescent Depression Scale, 33
Ritalina. *Veja* Metilfenidato
Rutgers Alcohol Problem Index, 117
Rupturas, 148
Retraimento. *Veja* Ansiedade e retraimento social

S

Schedule for Affective Disorders and Schizophrenia for School-Aged Children (SADS), 200
School Refusal Assessment Scale-Revised, 187
Short Leyton Obsessional Inventory for Children and Adolescents, 201
Serotonina, 34, 39, 49, 62, 105, 118, 147, 151, 176, 203
Social Anxiety Scale for Children-Revised, 18
Social Phobia and Anxiety Inventory for Children, 18
Stanford-Binet Intelligence Scale, 144

T

TDAH. *Veja* Transtorno do déficit de atenção/hiperatividade
Teacher's Report Form (TRF), 6, 19, 76, 103, 187
TEPT. *Veja* Transtorno de estresse pós-traumático
Terapia ambiental, 39
Terapia de grupo, 15
Teste de desempenho contínuo, 6, 176
Teste de supressão com dexametasona, 32
Testosterona, 105

Tipos de anorexia nervosa:
   compulsão periódica/purgativo, 59, 60, 70
Transtorno alimentar sem outra especificação, 60
Transtornos alimentares, 57-70
   aspectos do desenvolvimento, 65
   avaliação, 59
   fatores de risco e variáveis mantenedoras, 62
   questões para discussão, 70
   sintomas, 57
   tratamento, 67
Transtorno bipolar com início precoce, 43-56
   aspectos do desenvolvimento, 50
   avaliação, 45
   fatores de risco e variáveis mantenedoras, 48
   questões para discussão, 56
   sintomas, 43
   tratamento, 53
Transtorno de conduta e agressão, 99-112
   aspectos do desenvolvimento, 107
   avaliação, 101
   fatores de risco e variáveis mantenedoras, 104
   questões para discussão, 112
   sintomas, 99
   tratamento, 109
Transtorno do déficit de atenção/hiperatividade, 71-84
   aspectos do desenvolvimento, 79
   avaliação, 73
   fatores de risco e variáveis mantenedoras, 77
   questões para discussão, 84
   sintomas, 71
   tratamento, 81
Transtorno de estresse agudo, 156, 161
Transtorno de estresse pós-traumático, 169
Transtorno de personalidade antissocial, 168
Transtorno de personalidade borderline, 201
Transtorno de personalidade esquizoide, 201, 203
Transtorno de personalidade esquizotípica, 201, 203
Transtorno de personalidade paranoide, 201
Transtorno de personalidade, 201

Transtorno desafiador de oposição, 107, 129
Transtorno obsessivo-compulsivo, 201
Trauma Symptom Checklist for Children, 176
Treinamento de habilidades de comunicação, 110, 138
Treinamento em solução de problemas, 138

V
Via final comum, 147
Vineland Adaptive Behavior Scales (VABS), 146

W
Wechsler Intelligence Scale for Children, 6, 88, 144
Wechsler Preschool and Primary Scale of Intelligence, 144
Wide Range Achievement Test-4, 89

Y
Youth Self-Report, 103